中青年经济与管理学者文库

本书受到河北大学管理学院培育项目资助

普惠金融包容性增长效果及其保障治理机制研究

佘军 著

中国财经出版传媒集团
中国财政经济出版社

图书在版编目（CIP）数据

普惠金融包容性增长效果及其保障治理机制研究 / 余军著. -- 北京：中国财政经济出版社，2023. 6
（中青年经济与管理学者文库）
ISBN 978 - 7 - 5223 - 2195 - 0

Ⅰ. ①普…　Ⅱ. ①余…　Ⅲ. ①金融业 - 经济增长 - 研究 - 中国 ②金融业 - 保障体系 - 研究 - 中国　Ⅳ. ①F832

中国国家版本馆 CIP 数据核字（2023）第 073583 号

责任编辑：武志庆　　　　责任印制：党　辉
封面设计：智点创意　　　　责任校对：张　凡

普惠金融包容性增长效果及其保障治理机制研究
PUHUI JINRONG BAORONGXING ZENGZHANG XIAOGUO JIQI BAOZHANG ZHILI JIZHI YANJIU

中国财政经济出版社 出版

URL：http：//www. cfeph. cn
E - mail：cfeph@ cfeph. cn

社址：北京市海淀区阜成路甲 28 号　邮政编码：100142
营销中心电话：010 - 88191522
天猫网店：中国财政经济出版社旗舰店
网址：https：//zgczjjcbs. tmall. com
北京财经印刷厂印刷　各地新华书店经销
成品尺寸：148mm × 210mm　32 开　7. 75 印张　200 000 字
2023 年 6 月第 1 版　2023 年 6 月北京第 1 次印刷
定价：36. 00 元
ISBN 978 - 7 - 5223 - 2195 - 0
（图书出现印装问题，本社负责调换，电话：010 - 88190548）
本社质量投诉电话：010 - 88190744
打击盗版举报热线：010 - 88191661　QQ：2242791300

策划人语

题记：一个人的精神成长史，取决于他的阅读史。只有阅读能最有效地培养精神生活习惯，而好的习惯又培养性格，性格决定人生。

——我们自豪，因为我们就是创造这精神产品的人。

选择了飞翔，总能看到蓝天；选择了远航，总能感受大海。人生不仅要作出选择，也要坚持住自己的选择。学会计、当编辑是我的意外选择。人说编辑是为人作嫁，可是这一选择我坚持了30年，苦在其中，乐在其中，也算是有声有色。每当我把一本本好书呈献给人们的时候，我觉得我是“富贵”的人：富，不是你身上的钱财，而是你心里的满足；贵，不是你地位的显赫，而是你被人需要的程度。

书海探寻，情怀永恒

我要说，做编辑我幸运，因为我不仅是第一个读者，可以对作品"品头论足"，也可以对作品"生杀予夺"；更重要的是，这是一个有很高层次的平台，在多年与名家的交往和名著的"对话"中，深深地为他们的人格和才学所感动，被作品的精彩所吸引，这不仅使我"下笔如有神"，更使我的思想和灵魂也受到一次次洗礼和震撼，得到一次次升华。对于我的作者我的书，如数家珍，作者中不乏才学和为人同样过人的多位泰斗和"颜值高责任大"的众多才子佳人；策划的作品不仅立足专业还兼顾人文，也是情怀所在，专业加人文路才会更宽更远。

多年的体会是，作为一名编辑，起码要"三心二意"，即"责任心、细心、耐心"和"服务意识、创新意识"。要多策划一些拳头产品，用一个选题推动一个系统工程，用一个系统工程培养一个出版社品牌。给新入职编辑讲座时我做过一个比喻：编辑两项基本功，审稿——甚至要比博导审批学生论文还要全面、细致；选题策划——要像电影导演一样做"星探"，善于发现优秀作者和挖掘好的原创作品。记不清30年来我策划和编辑了多少书，组织和策划了大批教材、业务培训用书、通俗读物、理论专著等，有的获得过国家、省部级各类奖项，有的以其填补空白、社会热点、风格新颖、开拓尝试等特点受到读者的欢迎。正是：

一入书门情似海，
探寻经典职责在。
苦辣酸甜何其乐，
编辑人生也精彩。

想是问题，做是答案

众所周知，目前的图书出版业在行业竞争和纸质图书受到严重冲击的情况下，出版人无不感到莫大的危机。在这种背景下，我们还要积极应对，完善纸质图书的固有特质，拓宽纸媒的功能，挖掘出版内容和形式都精彩的原创作品，适应新形势下读者的更高需求。2017年至今，在新的时代环境下不断出新，我又策划了多套系列丛书和单本图书，不乏名家著作、教材、学术专著和实务丛书等，继续为扶持学术研究和总结实践最新成果，在高端研究与专业知识普及和应用之间搭建一座座有益的桥梁。

每一个时代的经济环境不同，理论研究和实务探索所需要解决的问题也有所差别。当前我国处于新的历史时期，市场环境和组织模式不断演变发展、推陈出新，经济、管理、财税等领域的新理论、新思想、新方法、新工具也层出不穷。乱花渐欲迷人眼，击水三千浪几何？这些领域的研究人员被时代赋予了更艰巨的责任，也面临着更高、更多元的要求，我们不仅要具备更广阔的学术视野，而且要有更严谨的学术思维。

输在犹豫，赢在行动

《中青年经济与管理学者文库》的作者，都是我国经济与管理领域的中坚力量，也是未来的大家。他们中有些人潜心从事理论研究，有些人则深耕在实务一线，但无论现实身份如何，视野全都没有被拘泥在“象牙塔”内。他们从不同视角对市场经济的不同要素进行细致审视，然后汇聚于“财经版”这面旗帜之下，相互碰撞，彼此激荡，力求在市场经济转型升级的关键时期留下最新鲜的“中国印记”。

这些经济与管理领域的中青年学者，就是我国市场经济发展的潜力与优势，他们的研究成果，不仅将引领市场经济的各个组成环节向更科学、更先进的方向发展，而且将成为我国政府和企业在未来经济世界扮演更重要角色的支点与动力。祝愿这些中青年学者能攀上更高的学术之山，走向更远的研究之路，也期待宏观、中观、微观各个层面的市场参与者都能从这套文库中得到切实的启发与指引，在全面深化改革、增强发展活力的关键时期，发挥正能量和积极作用，为经济社会发展增添新的动力！——这也是我策划此套丛书的初衷。

作始也简，毕也必巨

2021 年，是一个非凡之年，纵观世界风云，抗击疫情“风景这边独好”，“十四五”规划开局，我们喜迎建党百年。“其作始也简，其将毕也必巨。”从“开天辟地”“改天换地”到“翻天覆地”“惊天动地”，我们党经历了四个历史时期——救国大业、兴国大业、富国大业、强国大业，四件大事铸就了中国共产党百年辉煌。我们不禁感叹——风雨百年创辉煌，“天地”之间“有杆秤”。

2021 年，还是一个纪念之年，出版社成立 65 周年和我从事编辑工作 30 周年。65 年来，财经出版社始终坚持正确的舆论导向和鲜明的出版特色，努力为经济建设和财政工作服务，致力于为读者奉献经典作品，在中国财经出版传媒集团旗下发挥着更大的作用，取得更大的成就。作为一个有着 20 多年党龄的党员，我是生在新中国长在红旗下的幸运的一代，怀着对党无限的热爱和感恩，浓情做事、淡泊做人，用 30 年的情怀和坚守见证了出版业的转型，践行了编辑的天职，向党递交一份努力的答卷。

2017 年策划出版《中青年经济与管理学者文库》至今已五年，得到了众多中青年学者的热烈响应与大力支持，文库诞生至今已囊括专著 60 余种，为中青年学者们提供了展示学术研究成果的平台，作者队伍不断壮大，作品陆续出版。如果您认可，如果您有意愿，欢迎您和您的朋友加盟我们的作者队伍！在中国财经出版传媒集团的“旗舰”下，中国财政经济出版社这“老字号”，一定励精图治，谱写新的篇章。敬请关注“龙媒玉制新书坊”微信公众号，我们用“龙的精神，玉的品质”来助力您实现梦想！

策划人：樊清玉

邮箱：qingyuf@ sina. com

2021 年 12 月 31 日

前言

中国经过多年的快速发展，如今已经进入工业中后期。当前，中国城镇化率已突破60%，制造业增加值占比仍处于较高水平，服务业比重不断上涨，人均收入有了较大幅度提升，国内消费向追求个性化、品质化和智能化趋势转变，小企业的创业创新发展需求旺盛，脱贫攻坚任务落下帷幕，农业农村现代化进程不断加快，数字金融技术已迈入世界前列，现代化进程正在加速推进。所有这些都为推动普惠金融从局部化向规模化发展提供了坚实的物质基础，也为中国普惠金融发展迎来一段黄金发展阶段。工业中后期是一个追求高质量包容性发展的过程，要实现让更多民众共享经济发展成果目标，这就需要关注中小企业的蓬勃发展和中低收入群体促业增收的民生问题。与此同时，普惠金融在当前的经济发展功能也备受关注。过去，我国的普惠金融主要用于政府主导下的金融扶贫，今后则需要赋予其包容性增长的价值理念，以期达到激发广大长尾群体共同参与经济建设、共享经济发展文明成果的目的。欧美发达国家历经了近70年的信用民主，金融普及与深化伴随着其工业中后期和后工业时代的全过程，逐步建立了相应的立法体系、征信体系、监管体系等，这些为推行其信贷民主提供了必要的制度保障，但这些制度在实现包容性增长方面仍存在诸多问题，甚至酿成了严重的经济危机。中国在借鉴发达资本主义国家经验的同时，须警惕这些潜在的风险，深入研究和探索更适合中国国情的普惠金融发展路径和保障制度变得十分必要。

本书详细梳理了以美国为代表的近70年和中国近40年的发展历程。从两国工业发展背景出发，深入探讨了普惠金融的起源、服务与产品、制度创新和运营模式等方面的内容。然后，基于两国的宏观时间序列数据，分别构建VEC模型和VAR模型进行协整关系检验和格兰杰因果检验。实证研究结论如下：

（1）美国70余年跨越工业中后期和后期的检验结果表明：按商业化运行的普惠金融通过自由化市场配置方式向全社会大力推广时，很明显地产生了收入再分配的逆向改善作用，产生了贫富差距的致贫趋势，其中，第二次世界大战后工业中后期时代的全民理财是一个例外；借贷、保险和理财基本上对中低产阶层收入和小企业就业产生了正向“涓滴”作用，但这是在美国政府强大的包容保障机制的支撑下所维系出来的效果，而这种效果正在逐渐势微。由此可以得出，在自由市场化配置下的普惠金融呈现出追求“单一效率”的经济属性，该模式下的普惠金融难以解决结构失衡的问题，风险或经济危机的发生几乎不可避免。

（2）中国40年跨越工业初期和中期的检验结果为：当政府主导的普惠金融资本向社会逐步普及时，个人借贷从无到有的过程中产生了收入再分配的改善效果，且在农民收入和中小企业就业方面有正向“涓滴”作用；保险服务的增加有拉大收入差距的微弱趋势，效果尚不十分显著，但对农民收入和中小企业就业则有较为显著的负向“涓滴”作用。股市可获得性并未形成改善收入分配的显著趋势，对农民收入亦如是，但因为中国“新三板”中小资本市场的建立为小企业解决融资、扩增就业岗位方面产生了正向“涓滴”效果。由此可得出，有政府规划指导下的普惠金融具有

“稳结构、兼顾效率”的经济特征，有助于实现阶段发展目标和可持续增长。

中美为代表的普惠金融包容性经济增长的迥异性与两国的发展理念和保障治理制度息息相关。中美两国具有鲜明对比的包容发展观：前者追求对社会民众的实质性包容，注重公平分配和减贫；后者追求民主形式上的包容，关注市场机制和个人自由。因此，两国在金融配置、运行方式及保障治理机制上存在显著区别。在中国，政府主导普惠金融政策，缩小社会经济差距；美国侧重市场机制、鼓励金融泛化。美式普惠金融追求形式上解放所有阶层的金融权利，但最终却异化为少数富人敛财的新工具，其益贫增长性已显现出边际效用递减趋势。美国的普惠金融难以解决结构性恶化问题，只能依靠福利保障与风险转移来加强治理。西方包装的民主包容发展观必将会持续输出至全球，尤其是发展中国家，为其金融资本寻找风险转嫁之地和更广阔的财富“洼地”。在中国即将扩大普惠金融发展规模之际，须谨慎开放金融资本，防止以美国为首的西方金融资本对我国下沉市场的渗透与蚕食。中国一定要掌握金融话语权，立足普惠金融为民的原则，加强政策激励、行政约束和支小支农均衡保障治理机制的建设，赋予普惠金融“调结构、缩差距，兼顾效率改善”的经济功能，才能稳健地实现包容性增长的发展目标。

中国普惠金融的发展确实慢了美国半个多世纪，且一直以普惠信贷为主，高质量、多层次普惠服务供给体系尚未建立。但实证检验证实了，中国的普惠信贷已经出现了双包容的良好增长效果，普惠保险和普惠理财也在近几年产生了稳结构的趋势，但“涓滴效应”严重不足也是事实，这需要进一步加强金融效率性方面的改革创新。总之，本书通过不同经济体制下的两国对比，厘清了中国普惠金融建设应立足的根本和发扬的优势是什么，以及短板和不足在哪里。中国的普惠金融要以民为本，而不是以自由民主为本，发扬中国群策群力、共同治理的优势；中国也要补足效率短板，继续保持普惠信贷生产性引导，同时适度加大保险市场储蓄账户规模和提高基金理财投资效率方面。当前中国的普惠金融服务的最大短板在于农村个体金融服务不足方面，须予以重点关注和改善。

本书是河北省社会科学基金项目“三位一体农村综合合作社金融交互扶贫模式研究”（项目编号：HB17YJ016）的重要成果。本书的撰写借鉴和参考了许多相关研究成果，并力求在参考文献中详尽列出，但仍会挂一漏万，敬请广大专家学者海涵。另外，受自身研究水平、条件限制，书中难免存在争议和不足之处，竭诚欢迎各界专家学者批评指正。

本书得益于河北大学管理学院培育项目的鼎力支持，以及中国财政经济出版社樊清玉团队在修改、编审、出版等环节的专业建言与辛勤付出，谨此致以诚挚谢意。

目录

第1章 绪 论

1.1 研究问题与研究意义

1.1.1 研究问题

20世纪90年代以来，随着信息、通信技术的高速发展和世界贸易组织的建立，使经济全球化的浪潮不断加快，世界经济有了快速增长，但是世界经济发展不协调的问题也进一步加剧。经济发展的全球性链条越深入，西方发达国家、跨国公司、精英阶层获得的利润就越丰厚，贫穷国家、中小企业和低收入者就愈加贫困。美欧发达国家通过金融资本操控世界经济及国际贸易，导致全球贫富差距不断扩大。联合国开发计划署的数据显示，这种鸿沟正在不断加深，不仅在发展中国家如此，包括美国在内的许多发达国家亦如是。用包容性经济增长模式来解决国内与国际间日益突出的不均衡问题已然成为国际共识。金融参与经济不均衡治理的重要手段就是在各国建立普惠金融体系，打破原有对弱势群体的金融排斥，赋予他们平等的金融权利和发展机会，通过自营创业增收来摆脱贫困境地。

事实上，自2005年联合国首次提出普惠金融以来，已经有18

个年头。各国尤其是发展中国家积极投身创建普惠金融扶贫事业，从最初的小额信贷扶贫项目到现在构建普惠金融体系，致力于解决更加多样化、多层次的不公平问题。很显然，贫困程度较高的新兴经济体将普惠金融应用于解决绝对贫困问题，其作用范围大多是地区性的、局部的；经济增长较快的发展中国家，如中国，普惠金融实践早已从少数群体扩展到所有人，其内涵和外延更接近于发达工业化中后期时代普惠金融的发展要求，未来也将逐步聚焦于解决国内更大范围的相对贫困问题。相对贫困是经济发展到一定程度，在摆脱了绝对贫困层面之后所面临的不平等主题，与绝对贫困发展到一定程度可以消除相比，它将是一个长久的和规模化的存在。参与相对贫困治理的普惠金融，其内涵和外延也必然随之扩大，所面临的贫困减缓的复杂程度和难度也将比以往更甚。

普惠金融规模化发展是一个国家发展到工业化中后期，金融深化的必然产物，也是世界各国采用金融方式治理经济结构不均衡的可行性选项。作为世界最大的两个经济体，美国和中国，分别是全球化的开启者和受益者，通过 40 多年的贸易互通，资本和资源的优势互补，两国都获得了巨大的经济利益增长。美国和中国的 GDP 分别位列世界第一和第二，美国走的是“高科技 + 消费”经济增长路线，中国走的是“工业 + 供给”经济增长路线。显然，两国的经济发展阶段和程度不尽相同，但都在参与经济全球化的过程中都获得了强劲的发展动力。自 20 世纪 90 年代开始的这一轮经济全球化，以比较优势和规模报酬递增为基础的全球贸易合作所取得的经济成果十分惊人。尤其是改革开放 40 多年来，中国在世界 GDP 上的排名已经从 1980 年的第 13 位跃升为现在的第 2 位，而且已经建立了世界门类最齐全的工业体系，不可谓不震撼。但与此同时，两国低收入群体在这场头部资本的全球化盛宴中并未得到同步的提升，反而贫富差距越来越大、阶层固化矛盾也在不断蓄积和深化。尽管两个国家的社会体制、工业化进程和市场化程度都有较大差异，但全球化背景下愈发突出的不平等问题是相通的。并且，两国都相继选择了建立普惠金融体系，金融去权力化、去阶层化早已成为两国从上至下的共识。普惠金融似乎是发达经济体和发展经济体在平衡经济发展矛盾、减缓不平等方面不约而同的选择。

事实上，美国在第二次世界大战结束之后的工业化强盛时期，就已经开始倡导信贷民主化了，在里根时期立法消除金融歧视。那时候的金融机构逐渐放开对低收入群体、移民群体、妇女和老人的服务。金融的广泛普及与贫富差距缩小在同步发生，原因就在于产业工人与制造业高度融合，国家的经济增长符合最广大工人阶级的利益，形成了包容经济增长的最佳产业结构机制。然而，20 世纪 80 年代以后，美国放弃了凯恩斯主义，选择了新自由主义，将国内实体资产不断向海外转移，彻底走上了一条资本金融化的道路，美国也随之进入后工业化时代。国内虚拟经济盛行的同时，美国民众的金融普及率达到空前水平，60% 以上的家庭都拥有银行账户、股票账户和银行借贷，几乎每个美国公民的日常消费、理财收益和财产积累都与金融息息相关。但是，金融泛化带来了一系列问题：金融过度普及导致金融市场与实体经济脱钩，经济周期波动加剧，金融风险大增；此外，随着金融普及不断提高，金融市场中的财富主要集中在了富人手中，使财务分配不均，整个社会面临诸多挑战。

作为工业化的落后者和追赶者，中国用 40 余年的时间基本完成了国家工业资本积累，7 亿人口脱贫攻坚任务也已落下帷幕。接下来，中国即将步入工业中后期，高端技术产业已上升到国家战略层面，落后技术产业将面临逐步淘汰或转移，服务业占 GDP 的比重也在不断提升。过去，金融一直是作为助力产业资本积累的工具，中小业者和弱势个体备受排斥。现如今，随着国民生活物资水平的不断提高和财富盈余的不断积累，一个巨大的个人理财需求市场已经形成。如何在满足人们对财富增值需求的同时，配置好这笔庞大的个人资金池，使之成为关切广大长尾群体发展、调整经济结构、促成各阶层共同进步、共享经济成果的包容性经济发展资金，是值得进一步深入研究的重大课题。

本书主要围绕四个问题来展开研究：①在不同的社会经济体制下，所选择的发展观必然有所差异，由此形成的信贷民主和信贷为民两种普惠金融模式是否存在不同的包容性增长范式？②从国家治理角度出发，维持普惠金融包容性增长和应对包容性异化时，应采取哪些保障治理机制？③资本主义发达国家的经验和教训能为中国带来何种借鉴与启示？④在深化中国未来普惠金融包容性增长功能方面有何建议？

1.1.2 研究意义

（1）现实意义

中国普惠金融的发展要立足于未来工业中后期经济发展的需要，而不能仅停留在过去由政府主导下的局部地区金融扶贫的阶段，要参与到国家未来再均衡发展治理和经济效率的提高中去。党的十九大四中全会公报提出："要推进国家治理体系和治理能力现代化，须着力固根基、扬优势、补短板、强弱项、构建系统完备、科学规范、运行有效的制度体系。"普惠金融参与包容性发展亦如是，需要结合完整经历过工业中后期的发达国家进行对比研究，才能找到本国普惠金融体系的短板和弱项是什么，以及本国需要巩固的根本和发扬的优势在哪里。美国历经了 70 年左右的信贷民主主义，以小企业和弱势个体为服务对象的普惠金融融合了美国工业中后期和后工业化时代的全过程。美国建立了一个全面而成熟的小额信贷保障治理体系，是一个值得研究的国家范本。然而，在借鉴过程中，我们需要关注国家之间的制度差异和实际情况，并根据不同国家的国情进行调整。

中国现阶段与美国工业化中后期有很多相似的社会经济环境：

工业产值比不断收缩，保留高端制造工业的同时，低端产业在不断地向海外转移；城镇化率已经突破了60%；越来越注重个体经济发展，服务业产值占比不断增加；货币市场创新理财产品涌现；个人收入水平大幅改善，对内逐渐形成低、中、高消费格局，消费信贷获得较大推广等特点。这些经济物质条件的成熟，意味着中国具备了规模化发展普惠金融的巨大潜力，与美国工业中后期迎来普惠金融的发展黄金期一样，中国普惠金融也将步入拓展阶段。然而，就在中国积极推动普惠金融体系构建的同时，美国作为一个拥有近70年普惠金融发展史的国家，却在2008年经历了因穷人金融溢流引发的世界级经济危机，进一步恶化了美国社会的贫富差距。这种情况让人开始怀疑和思考：普惠金融是否能实现包容性增长效果？初衷为帮助弱势群体的普惠金融为何反而导致了贫富矛盾激增？我们需要深入探讨中国普惠金融的包容性增长道路，同时还需要认真思考使中国普惠金融按照包容性经济增长路径运行的制度保障是什么。通过中美两国的对比研究，或许能揭晓其中的答案。

（2）理论意义

对普惠金融经济功能的研究属于金融发展理论的应用前沿，这一前沿领域吸引了众多学者的关注。目前，相关研究成果主要聚焦于普惠金融对地域经济、村落经济、个体经营等的改善方面；而跨国研究主要集中于普惠金融在发展中国家和发达国家的减贫效果对比。这些研究可归为现代福利经济学的“贫困与不平等”范畴。然而，对于中国这个世界第二大经济体而言，普惠金融与资本、技术相结合的规模化发展趋势日渐明显，突破地域和经济功能维度的研究，以及拓展相关的制度经济学的研究迫在眉睫。在这方面，与发达国家普惠金融发展历程和保障治理机制进行对比分析具有重要意义，既可拓展学术界的研究视野，又可助推普惠金融的现实发展。

包容增长理论是本书研究的重要基础。自阿玛蒂亚·森提出权利贫困理论以来，从益贫式增长到包容式增长的理论演进中，无不蕴含着权利贫困的内核。然而，不同国家的增长理论有着各自对特定平等主义的诉求。森的权利贫困理论关注贫困人群平等参与功能性活动的权利，体现了以人为本的发展观；与西方所奉行的形式自由权或功利主义的自由权不同，森的实质自由权更强调发展是为了扩展人的自由与福利。在全面研究以人为核心的包容增长观和西方民主主义包容增长观的基础上，本书提出了社会包容增长观和资本包容增长观两个观点，并深入阐述了这两种不同的增长理念对普惠金融的价值导向带来的异质性影响。本书既是一次跨国对比分析，更是一次将金融深化理论与包容增长观深度融合的研究，旨在形成新的学术观点和新的学术判断。

1.2 文献研究现状与述评

1.2.1 普惠金融相关概述

（1）概念演进

普惠金融（inclusive finance）一词正式出现于2005年“国际小额信贷”年会上，联合国从可负担成本的角度出发，将其定义为向社会各阶层和群体提供适当、有效的金融服务。世界银行则以包容性为核心，将其定义为旨在让每个金融需求者都能够以合理的价格获得及时、便利、有尊严、高质量的金融服务。联合国与世界银行的定义均强调了“各个阶层”和“每一个人”，体现了金融平等和金融民主的理念，把金融权利视为对“人权”的解放。白钦先、张坤（2017）认为，金融的起源本来就是包容性的，它应该是一种非排他的公共资源，应服务于所有阶层并激发他们改造社会、创造价值的能力。然而，服务费用和金融设施成本带来的金融竞争性和排他性与金融的本源背道而驰，剥夺了许多有劳动能力弱势群体创造财富、服务社会的机会，导致他们陷入贫困或阶层固化，这是非正义的。

由于金融资源的稀缺性，以及发展中国家尚不具备将金融作为一种完全公共物品的条件，有必要引入一个更“接地气”的概念，否则普惠金融会因为服务客体过于宽泛而成为无效概念（星焱，2016）。于是，各个国家将普惠金融的核心服务群体界定在贫困人群或有一定经济基础和偿还能力但不符合当前金融服务条件的其他人群。焦瑾璞教授在其撰写的《普惠金融基本原理与中国实践》一书说将普惠金融定义为：“在金融机构财务可持续、金融消费者成本可负担的前提下，通过政策扶持、市场竞争和金融创新，使中小微企业、欠发达地区、弱势群体逐步获得适当金融产品和服务。”我国国务院印发的《推进普惠金融发展规划（2016—2020年）》也将普惠金融阶段性的服务客体界定为低收入者、小微企业、老年人和残障人士等特殊群体。2021年，由中国银保监会、人民银行、财政部、发展改革委、工业和信息化部、农业农村部等7个部门共同提出的《中国普惠金融发展规划（2021—2025年）》将普惠金融定位为服务于全社会，着重服务于农村、小微企业、个体工商户、低收入群体、科技型中小企业等薄弱领域，注重服务于贫困地区和民族地区。此举进一步突出了普惠金融服务的普及性和覆盖面，关注到了更多群体的金融需求。

相较于国际组织的广义定义，我国普惠金融在早期更倾向于精准化的界定，以符合政策任务实施和绩效考核。但随着普惠金融供给侧改革的迅速发展，我国已步入构建普惠金融体系的阶段。为了适应我国工业化中后期服务业的发展，普惠金融将不可避免地向着服务更广大内生市场的方向发展。因此，我国普惠金融服务的范围正在不断扩大，并有进一步扩大的趋势。尹兴宽（2019）提出，普惠金融应从最初为弱势群体提供金融服务的小额信贷，发展成为为所有群体提供有商业可持续性的金融服务体系。央行原副行长、清华大学五道口金融学院院长吴晓灵在2015年中国普惠金融国际论坛上也曾讲过：“普惠金融不仅是面对低收入人群的金融服务，其真正内涵是要让每一个有金融需求的人都能享受到可负担的、便捷的、有尊严的、高质量的金融服务。”从20世纪80年代以来，对全球低收入人群的金融服务实践来看，国际组织做出了很多努力，但真正要做好这项工作，需要保证普惠金融服务机构在财务上是可持续的基本条件，光是依靠国际援助和财政补贴的普惠金融服务是难以推行下去的，或者说是走不远的。因此，现阶段我国普惠金融的内涵和外延也做出了相应调整，尤其是在我国完成了普惠金融第一个五年发展规划之后，为适应下一个发展期做出必要的概念调整。这种改动并不是一次对概念的简单泛化，而是对适度拓展金融供给体系，形成包容增长规模效应的需要，也是实现普惠金融可持续化的必要条件。但普惠金融并没有改变扶持弱势群体的初衷，中国普惠金融研究院院长贝多广认为，普惠金融的经济功能还是通过提供可持续的、公平的金融服务，使弱势群体融入共同发展的经济轨道上来。因此，普惠金融其实是一个“先普再惠”的过程，“普”是前提，“惠”是最终目的。

（2）配置主体

普惠金融发展初期，主要借助政府力量来调配资源，其效果可能并不理想。因为多数金融机构为完成政治责任而盲目推出产品与服务，并未认真考虑弱势群体的真实需求，从而导致金融效益低下、甚至产生负效果。例如，泰国万铢乡村基金计划、尼日利亚中小企业股权投资计划均由政府主力推行，在一定程度上确实取得了一些成效，给贫困参与人和中小企业客户带来了好处，但由于高昂的财政支付成本以及未能对中小客户进行充分了解，最终导致惨淡收场。黎四奇（2016）认为，在安排普惠金融资源时，应少借助强制手段，尽可能发挥市场的主导作用。我国的农业银行、邮储银行、乡镇银行、股份制信用合作社等是公认的推动普惠金融的主力军，但许多文献证实这些机构在完成行政指标后普遍存在“使命漂移”的现象，即有明显的资金外流，难以与当地的经济和产业形成有机融合，实质发挥着“储蓄—抽离”的作用（熊芳，2017；王伟、朱一鸣，2018；邢乐成，2018）。

普惠金融资源配置主体是政府还是市场，属于福利主义与营利主义之争。福利主义认为，无借贷条件和还款能力的底层穷人，由政府或公益型组织来救助；盈利主义则认为，在保障金融机构获得正常商业利益的基础之上，选择具有一定成长性的穷人或企业提供改善性金融产品或服务。福利主义和营利主义本质并无冲突，反而是一种互补机制，两者应成为有机组合，形成一种混合主义或互补主义。星焱（2015）认为，在中国普惠金融资源配置需要“政府引导、市场运作”式的“双轮驱动”。胡国晖（2015）提出，具体的双驱动配置手段为：①政府要降低农村等金融市场的准入门槛，对现有金融体系中实力相对较弱的机构出台激励性政策，加强金融监管防止普惠金融体系向优势经济领域净输出资源。②引入民间资本，将一些资质较好的非正规金融机构改组为正规金融机构。

（3）供给机构

在配置主体一定的情况下，什么样的金融机构有助于提高金融资源的配置效率呢？国内外学者均发现发展中国家的二元金融市场结构使非正式市场的金融自由度较高，有利于发挥资金市场配置效率。Levitsky（1993）认为，可以让民间私营金融机构成为小贷资金供给的有益补充，Hellman，Murdock 和 Stiglitz（1997）倡导发展中国家应采取激励政策刺激民间金融部门增加金融服务，以弥补正规市场的不足。

林毅夫（2001）通过对大银行体系的金融排斥特征进行分析后，指出解决我国中小企业客户和低收入客户借贷难题的根本出路是发展中小微型金融机构。彭建刚等（2005）从二元金融结构入手，证明了发展地方小微金融机构有利于提高金融资源配置效率。王曙光（2011）提出了我国二元金融结构的合理性，正规金融与非正规金融存在对立统一的关系。在农村金融组织建设方面，中国乡建院院长李昌平在信阳市平桥区郝堂村创办了“内置金融”合作村社，为破解农村金融难题开启了一把钥匙。我国在广大农村地区正在推广“三位一体”农协组织，这是集供销合作社、信用合作社和专业合作社为一体的新型农村合作形式，是我国对金融资本与经营生产共生融合机制的积极探索。我国众多学者则提出，中国应按资金需求的不同主体形成以商业银行为主体、影子银行为补充、传统民间金融机构为有机组成的三元金融供给体系（郑中华、特日文，2014）。目前，《中国普惠金融发展规划（2021—2025 年）》明确指出，中普惠金融的供给主体不仅包括商业银行、农村信用社、小额贷款公司等传统金融机构，还有通过互联网、大数据等技术手段提供普惠金融服务的新型金融机构（王泽山等，2022）。

（4）金融科技

除了资源配置主体、供给机构之外，将现代数字技术与金融行业融合所形成的金融科技（FinTech）也是促进普惠金融发展的重要因素。这种技术将会对传统金融经营模式带来颠覆性的影响，有助于引入规模化、多元化金融力量，从而提升金融的包容度和普及度。

1866—1987 年，电报技术和跨大西洋电缆传感技术开启了金融全球化时代。Barberis 等（2017）跟踪了 1987—2008 年的互联网和移动技术，发现全球金融服务有了创新性发展，金融包容性水平有了巨大的提高。Ghosh（2017）发现，2009—2012 年的移动技术对金融包容性和贷款行为产生了积极影响。2013—2017 年，通过互联网连接设备和成熟的技术应用，出现了共享经济新型商业模式，融资共享模式 P2P 平台网贷也运营而生。随着，通过与区块链技术的高度整合，互联网金融公司构建了一个与银行模式互动的新金融服务框架。

放眼全球再着眼中国，以网络借贷为代表的金融科技在中国发展得如火如荼。据高盛2017年报告数据显示，2013—2016年，中国网络借贷量增长了36倍[①]。2016年，中国非银行借贷规模（约为660亿美元）几乎是美国的4倍，英国的10余倍，中国很可能将成为全球最大规模的可替代借贷市场。据统计，2016年，中国金融科技独角兽公司总市值已超过960亿美元，远超世界其他地区，且世界最大的四家独角兽公司都在中国（蚂蚁金服、陆金所、京东金融、趣分期）[①]。2016年第一季度中国在金融科技公司风险投资资金总额高达24亿美元，占全球金融投资总额的49%，比北美和欧洲各国相加总额还要多。这一时期，我国互联网金融监管相对宽松，跨地区的网络小贷遵循的是属地监管原则，即由各级地方政府组织授权批准，并履行监管职责。截至2017年全国共批准了213家网络小贷牌照，其中有189家完成工商登记[②]。正是近年来，中国数字金融发展走在世界前列，才使中国普惠金融发展加速进入“快车道”，从金融基础设施建设的上半场进入完善普惠金融高质量供给体系的下半场（伍锦峰，2017；袁道强、王燕，2018；陈文琪，2018；盛天翔、范从来，2020）。根据中国互联网金融协会发布的《中国互联网金融行业发展报告2019》数据显示，2015—2018年底，中国网络借贷行业累计成交额超9万亿元人民币。但是，自2019年以后，我国对于P2P网贷平台进行了大规模整顿，相关政策法规不断加强，P2P网贷行业的规模和规范度都发生了较

---

① 资料来自2016年9月19日熊珊翻译的文章《中国金融科技独角兽公司市值总额跃居世界第一》，原文是 *LET'S TALK PAYMENTS*，网址：http：//www. weiyangx. com/206779. html。

② 资料来自2017年11月24日搜狐财经文章《全国213张网络小贷牌照，这些平台涉足（名单）》。

大的变化。据中国互联网金融协会发布的数据，截至 2021 年 6 月，全国 P2P 网贷机构累计成交量为 10.7 万亿元，较 2018 年底增长了仅 9.3%。

（5）制度规范

普惠金融业务的开展少不了法律制度的激励、引导和规范，国内外在这方面出台了不少政策文件和法律条文。1974 年美国国会通过的《平等信贷机会法案（ECOA）》是一种反歧视法案，该法案禁止金融机构在信贷和其他金融交易中歧视贷款人或借款人的个人特征，如性别、种族、肤色、宗教、民族、年龄、婚姻状况、是否怀孕等因素。在平等信贷法案基础上再颁布具体奖惩规定，如美国在 1977 年颁布的《社区再投资法（CRA）》规定，银行必须满足社区内家庭和个人的信贷需求，防止低收入家庭和信用评级较低的客户被银行拒绝。CRA 还规定了相应的惩罚措施，如给予差评或取消银行当年的评优（黎四奇，2016）。随后，英国也出台了类似的反金融歧视的《消费者信贷法案》（1974），欧盟颁布了《金融服务平等指令》（2004），澳大利亚则是《平等机会法案》（2010）。事实上，在近几年，西方发达国家仍不断出台相关法律继续支持金融机会公平：美国的《经济平等法》（2020）、英国的《金融服务和市场法》（2020）、欧盟的《金融服务消费者保护法》（2019）等。

中国政府为推进普惠金融发展也密集性地出台了一系列的法律和政策条文。我国在 2002 年通过的《中小企业促进法》在 2017 年进行了法律责任专章的修订。2003 年颁布的《中华人民共和国农村信用社法》规定了农村信用社的设立、组织形式、经营范围和管理等方面的内容，鼓励农村信用社向农村、农民和农村企业提供金融服务。2007 年，《中华人民共和国小额贷款公司管理条例》规定了小额贷款公司的设立、注册资本、经营范围、管理制度等方面的内容，支持小额贷款公司为小微企业和个体工商户等提供小额贷款和担保服务。2013 年 11 月，我国首次将普惠金融引入党的决议文件。同年，《中华人民共和国消费者权益保护法》明确了消费者的权利和利益，禁止金融机构歧视消费者，规定金融机构应当诚实守信、公平合理地提供金融服务。2015 年 12 月，国务院下发了《推进普惠金融发展规划（2016—2020）》，旗帜鲜明地提出了金融包容性发展理念，要加大对中小企业发展、城市中低收入阶层和三农的金融支持。2015 年《中国互联网金融行业发展规划》提出了发展互联网金融的总体目标和发展思路，鼓励互联网金融平台创新金融产品和服务模式，为小微企业和个人提供融资服务。2016 年《“十三五”普惠金融规划纲要》明确了发展普惠金融的总体目标和任务，提出了完善普惠金融体系、提高金融服务质量、推进金融科技创新等方面的具体措施，旨在推进普惠金融的可持续发展。同年，人民银行印发了《金融消费者权益保护实施办法》（2016）。除了上述法律和政策文件外，我国出台了其他关于普惠金融的规定和指导文件，例如《中国人民银行关于促进金融机构服务实体经济进一步加强普惠金融工作的通知》（2018 年）、《中央财经领导小组关于推进普惠金融发展的指导意见》（2018 年）等。2020 年我国 7 个部门共同提出了《中国普惠金融发展规划（2021—2025 年）》，对普惠金融新需求、新情况和新问题进行了修订和增补。

尽管中国的普惠金融发展较晚，但目前已成为国家经济战略日程的重要组成部分。普惠金融的理念在国家各级政策制定中得到了广泛关注和重视，施政纲领、部门规章和专项法律制度也在逐步构建和完善中（余军和康书生，2018）。

1.2.2　普惠金融与包容性增长的关联性研究

（1）包容性增长理念的起源

在 2006 年发布的《世界发展报告：公平和发展》中，世界银行提出了“人人机会均等”对发展中国家减贫的战略意义。随后，亚洲开发银行于 2007 年正式提出了以追求社会机会平等为主题的包容性增长理念，旨在倡导更加和谐、可持续发展的增长方式。2009年，国务院总理温家宝在中国大连举行的2009年新领军者年会（也称为“夏季达沃斯”）上提高了包容性增长概念，总理强调了促进惠及社会各阶层特别是弱势群体的包容性增长的重要性。习近平总书记在2017年党的十九大报告中仍在强调，要把惠及各地区、各阶层的包容性发展放在首位。他还呼吁努力减少贫困和不平等，提高全体中国人民的生活质量和福祉。

经济学家林毅夫（2008）在《以共享式增长促进社会和谐》一书中，分析了我国30年来的增长特点和贫富差距扩大的问题与原因，提出了共享增长、构建和谐社会的发展观。蔡荣鑫（2009）认为，包容性增长理念的形成于20世纪八九十年代人们对权利贫困[①]和社会排斥方面的深切关注。权利贫困是阿玛蒂亚·森对传统贫困观的突破，他将经济发展观扩展到以自由为核心的人的发展观上，认为只有建立在人类自由这一最高价值理念之下消除权利不平等和社会排斥，才能从根本上消灭贫困（Amartya Sen，2001，2002）。蔡荣鑫（2009）认为，阿玛蒂亚·森的理念是强调穷人不应因其个人背景的不同而遭受社会歧视和对其应有发展权的剥夺，更不应被排除在经济增长进程之外。21世纪初，权利贫困问题也得到我国众多学者关注，并针对我国农民权利缺失导致的贫困问题进行了热烈讨论（王雨林，2004；段匀雪，2004；李世平等，2006；周明海，2009），以及城市低收入群体权利排斥问题进行了个别对象的应用型研究（文建龙、肖泽群，2007；曾敏，2009）。

阿玛蒂亚·森的自由发展观和权利贫困理论是对穷人的基本发展权利的深度关切，他的学术成果也因此荣获了1998年诺贝尔经济学奖，在国际广受赞誉，也引起世界各国对本国底层民众基本发

① 权利贫困是针对在政治、经济、文化等领域应有的功能性权利遭遇排斥所导致的贫困。

展权的高度重视，也确实推动了各国高层对权利减贫、脱贫政策、福利政策的制定。但也要看到不同国家在制定政策时会有对特定平等权利的诉求。程龙（2018）强调，森所提出的自由平等权是对“实质自由”平等权利的解放，即对人们可行能力，包括饥饿、营养不良、可避免的疾病、过早死之类，以及识字算数、享受政治参与等功能性自由权利的解放，与西方所奉行的“形式自由”权是根本不同的。西方追求的平等权利具有强烈的“功利主义”和“自由至上”主义的特征，这是森所批判的。因此，可以看到以民主、自由权利为优先原则的美国，并没有全面实现如阿玛蒂亚·森所说的权利除贫。美国1998年的贫困率为11.91%，2008年金融危机爆发的年份为13.48%，2020年更是达到了16.4%的历史高位。显然，权利均等所形成的贫困减缓似乎不是绝对的，穷人的基本权利如果被资本利用还可能演变为更深层次的权利致贫问题。

于是，进入21世纪初期，亚洲开发银行和世界银行先后提出了包容性增长的理念，它是在吸收了权利贫困理论内核的基础上，对益贫式增长理论的深化。益贫式增长（pro - poor growth）强调要提供有利于穷人获得经济利益和人力资本提升的机会，最接近于权利贫困的内核（蔡荣鑫，2010；张庆红，2014）。包容性增长（inclusive growth）则强调的是形成一种调动穷人共同参与经济发展，做出应有贡献，并合理分享增长成果的良性发展机制（杜志雄等，2010；Ali，2011）。包容性增长不仅关注穷人发展权的提升，还强调建立贫富阶层和谐共生发展机制的必要性。目前，对包容性增长概念的解读有两种方式。第一种认为，包容性增长的内涵要义是强调人的机会均等，认为平等权利对经济发展有重要影响。贫困人口应获得与其他人一致的社会、经济、文化等各项权利；因为机会不对等而导致能力缺失、分配不足和贫困固化等问题是对经济发展的阻碍（蔡荣鑫，2009；邓慧慧、桑百川，2010）。这显然是保留了权利贫困理论的基本内核，蔡荣鑫（2010）强调贫困人口可以也应该成为经济增长的积极推动者，而不是消极被动的受助者或被怜悯者。另一种解读则是认为，包容性增长是因为促进了社会公平正义制度的完善而推动了经济向前发展的。这一层面的视角注重对所有人，包括穷人的多维度平等权利保障治理机制的构建，运用规范、法律、政策等社会契约手段来实现对最广泛群体的权利保障，以此激发贫富所有阶层共同参与社会化大生产，形成合理共享经济成果的良好发展机制。于是包容性增长必然会形成一系列保障治理制度方面的延伸，例如，福利机制的构建（蔡向东，2010；张丛军，2011）、社会保障性立法（卢明威、罗华，2011）、包容性财政政策设计（孟久儿，2014）、包容性分配机制设计（李中建，2013）、教育发展机制（刘笔利，2013）等。这两种解读实际上是站在人权经济学和制度经济学两大视角所得出的观点。前者是对权利贫困理论的内核隐现，强调权利平等对经济增长的重要意义，认为社会歧视和排斥会导致贫困问题滋生，无益于经济发展的全面提高；后者是对权利贫困理论的制度深化，强调包括穷人在内的所有人权的保障制度建设的重要性，制度要素才是激发人力、资本、技术等其他要素参与包容性发展，产生规模化经济增长的关键。

21 世纪初，我国学者主要对权利贫困理论展开局部应用型研究，直到“让一部人和地区先富起来，先富带动后富”的效率发展模式产生的贫富差距问题日益突出后，伴随着亚洲开放银行和世界银行在 2007 年所提出的包容式增长倡议，我国领导人开始将消除权利不平等和社会歧视上升到治理中国发展结构失衡上来（林毅夫等，2008；李炯，2011；龙静云，2012）。“包容性增长”不仅要解决我国的权利致贫问题，更要与经济结构调整相结合，形成一套具有中国特色的和谐、稳定、健康和可持续发展的新思路。

（2）普惠金融与包容性增长的“天然关联”

①两者的内核一致。包容性增长源于对多维度权利不平等导致

的贫困问题的解决；普惠金融则是源于对金融排斥致贫问题的应对。Collard 和 Kempson（2005）认为，低收入家庭很少有抵押物、收入水平低、信用评级模糊等原因导致银行机构收取较高利息费用，使他们易陷入“金融贫困陷阱”。王叔华、杨有振（2012）对 2100 户农户 2005—2009 年的微观面板数据研究发现，金融资源对初始财富禀赋较低的农户信贷的高门槛效应是造成农户收入差距不断扩大的一大重要诱因。金融排斥概念的提出比阿玛蒂亚·森的权力排斥要更早，它诞生于 20 世纪 50 年代，是在西方国家掀起金融地理交叉学热潮的时候被提出来的，在之后的几十年间，国内外学者也都纷纷证实了金融服务在各个国家和地区均存有显著的地理差异，尤其是发展中国家，由于经济发展的不均衡使这一问题显得尤为突出。直到目前为止，世界银行的金融包容指数和我国普惠金融测度体系中仍采用金融服务覆盖率的指标。但是，Elaine（2000）认为，金融排斥问题远远不是消除地理差异就能解决，它是社会经济复杂分化的产物。发展中国家被排斥的大部分是低收入、低资产、低学历，或遭受破产、失业、贫困、重大疾病、残障等问题的社会弱势群体（Jappelli，1990；Orozco，2004；Moser et al.，2004；Carbó，2005）。Devlin（2005）、Buckland 和 Dong（2008）证实了英国、加拿大等欧美发达国家也存在金融排斥，儿童、老年人、妇女、离婚者、单亲人群、亚洲人种或非洲加勒比人种、低教育者都是容易被传统银行排斥的对象。总之，弱势群体的金融排斥现象无论在发展中国家还是发达中国家都客观存在，有着政治、经济、文化等多方面的因素，属于社会排斥的一个子集。直到 1974 年，孟加拉国的尤努斯教授成功创办了乡村小额信贷银行，通过包容性金融实践有效地解决了贫困人口的金融致贫问题。此后，无论是学术界还是实务届都将金融排斥转移到对包容性金融的研究和应用上来。

②两者的出现有着相同的国际经济发展背景。普惠金融与包容

性增长两大概念仅时隔2年被国际组织相继提出，两者的出现有着相同的国际经济发展渊源。在第三次经济全球化的推动下，国与国之间，各国内部均出现了贫富差距扩大的问题，贫困群体的发展权缺失与社会排斥问题越来越受到国际人权机构的高度重视。包容性增长是一种全新的发展理念，倡导机会均等，使发展成果能够广泛惠及所有人，最基本任务就是要让贫困人口和弱势群体获得共同发展利益。所倡导的平等机会包容经济、金融、政治、文化等多个维度，而普惠金融是通过增加贫困群体或弱势群体的金融权利维度来达到促进其自我发展、消除贫困的目的。总之，普惠金融是包容性增长理念付诸实践的具体手段之一。

③两者均关注对特殊群体从权力到利益的改善。陈凯（2019）认为，普惠金融与包容性增长的内核高度契合，两者都非常重视“边缘群体”的权力与利益的改善，且都提倡将经济发展成果要分享到社会每一个阶层。无论是包容性增长，还是包容性金融，最终都要落脚到对广大弱势群体经济利益的提升上，释放权力只是手段，最终还要看权力是否能转化为对穷人经济利益的改善上，这是检验两者是否成功的关键。

总之，普惠金融不仅要实现对弱势群体金融权的释放，还要考量其是否能够带来稳定可持续的经济利益增长。但如果只强调对贫困群体经济利益的绝对增长，不考虑可持续性条件的话，普惠金融也不是包容性金融，因为福利金融模式难以持久。因此，一定要让普惠金融对标一个经济绩效指标的话，那一定不是纯粹的益贫增长指标，而应是包容性增长指标。因为包容性增长不仅关注穷人利益的增加，还强调可持续性和良性发展。王冠华（2019）提出，普惠金融应该实现包容性增长的目标，金融既要有利于穷人利益提升，还要保证供给主体的盈利性，形成供需双方都共同发展的格局。

（3）对普惠金融包容性增长效果的质疑

小额信贷是普惠金融最基础的金融服务形态，但这种小规模的信用供给真的能起到包容性增长效果吗？有许多专家学者对此表示了质疑，甚至认为可能连穷人本身的利益都难以保障。其中，主要的质疑点有如下四个方面：

①小额信贷主要支持的非正规活动，这些活动往往回报低，市场需求小，难以形成对整个社会效益的改善上。Khandker（2003）认为，小额供资对贫困者有一定边际效益的改善，但对社会总体影响不大，甚至根本不存在影响。事实上，小额贷款最多只能使穷人借此脱离贫困线，大额贷款才能通过扩大穷人的劳动力需求来为社会增益。小额信贷有时候甚至对于贫困申请者本身的效果也不显著，Coleman（1999）对1995—1996年泰国东北部的小额信贷项目进行调查发现，这种计划对贫困参与者几乎没多少影响。可见，小额债务并不是绝对改善穷人经济状况的有效工具，穷人之所以贫穷，还有除了信贷以外的其他原因。

②大部分小额信贷被用于促进消费，尤其是极端贫困家庭将其作为了平滑消费的手段。用于非生产性项目的信贷不会产生任何收入，这对于贫困家庭来说，是以牺牲经济状况的长期改善为代价的。Amin等（2003）对孟加拉国北部的229个家庭月收入和消费的面板数据进行分析发现，小额信贷对帮助贫困线以下的穷人方面有积极意义，但对贫困线以上的弱势群体却并不那么有效。Swain（2004）在研究小额信贷的减贫效果时提到，2001年的世界银行报告也承认了小额信贷对减贫影响的证据是不确定的——小额信贷项目的目标定位并不普遍成功。

③小额信贷对就业的影响优劣参半。小额信贷主要支持的是自营项目或小型商贸企业，这种类型的经营一般在家庭以外不会创造太多就业机会。而且，还可能因为经营性收入效应导致工资性收入为主的劳动力供应的减少，可能会对特定类型的劳动力供应产生负面影响，例如男性劳动力供应的减少。Khandker和Shahidur（1998）对孟加拉国三家小额信贷机构的研究证据表明，乡村银行

确实对农村男性工作供应减少产生了重大影响，并导致工资上涨了13.5%。Khandker和Shahidur（1998）还研究了小额信贷对农业部门和非农业部门工资率的影响，结果发现自营职业的增长降低了农业部门的工资就业率。可见，小额信贷对就业的净影响是好是坏尚无定论。

④经济长期缺乏增长动力的国家或地区，小额信贷的扶贫程度往往存在一定的阈值。经济缺乏增长动力的国家或地区，穷人由于知识水平、基本技能、劳动能力都很欠缺，小额信贷虽然也提供一些基础识字和技能方面的培训，但这些方案对最贫困者仍然是有限的。对金融的认知不足或不信任也会阻碍一大批穷人参加信贷扶贫项目。Swain（2004）在孟加拉国这个世界最大的小额信贷业务的发源地进行了实地调查发现，1998年全国有50%的贫困人，只有22.5%的总人口受益于小额信贷计划，其中每年仅有1%的人口通过该计划摆脱了贫困。尽管小额信贷产生了降低了贫困人口的微弱趋势，但贫困人口的数量增加得更高。所以，从总体层面来看，小额信贷并没有有效解决经济长期缺乏动力的国家或地区的贫困问题。

（4）对普惠金融包容性增长效果的证实

小额信贷是普惠金融的一个经典产品，但并不代表普惠金融的全部。普惠金融不只针对低于或接近贫困线的穷人，而是针对所有被传统金融所排斥的群体，为他们提供可负担的、有尊严的多元化金融服务。普惠金融的服务规模和产品范围要远远超过小额信贷，因此，在促进包容性增长效果方面，普惠金融所起到的作用会更加突出。

①普惠金融的诸多理财服务扩大了低收入者的财产性收入渠道，还促进了穷人权益收益方面的制度改善。Wood和Jovanovic（1990）提出，金融中介机构天生具有充分搜集信息的优势，可以获得比个人投资更高的期望收益，但前提是个人要能够承担金融中

介的服务成本。而穷人既没有投资理财的本钱，也没有抵御风险的实力，更没有支付这一高昂中介成本的能力，因而难以赚取理财投资回报。现如今，财产性收入已经拉大贫富差距的重要贡献因素之一。田翰（2019）提出，普惠金融的产生将有利于创新出适合低收入者的微理财和微保险产品，创新这些产品的金融中介还能获得国家给予的定向补贴，对金融机构也同样可获得适当的收益。此外，当普惠金融不断在落后地区扩大影响力后，还会促发有关穷人权益性资产的制度性改革。林丽娟（2015）提出，农村金融是农村产权制度改革的重要推手。彭魏倬加（2016）基于湖南县域的实证研究发现，农村土地确权是推动农村金融发展的内生因素，是实现农村金融现代化的基础条件。总之，随着农村金融在我国的不断推进，土地确权和集体资产产权改革也随之跟进，使越来越多的农民拥有了可入股、可转租权益性资产，这将大幅提增农民财产收入的构成比例。

②在世界区域性跨国经济合作的背景下，构建普惠金融体系已经获得各国共识，这将有利于提高发展中国家的减贫效率。普惠金融的概念由联合国于2005年提出后，已被世界各国广泛所采用。近十几年来，通过不断的倡议已经推动了全球和区域普惠金融的深度发展。亚洲减贫任务艰巨，亚洲金融合作协会则提议将普惠金融纳入全局战略定位，鼓励和动员合作国家建设高质量、多元化的金融基础设施，推动完善征信体系、构建健康数字化金融生态体系，利用区域化合作带动各国普惠金融的协同发展，加强亚洲各国普惠金融的交流与合作。我国在2013年已经将普惠金融确定为国家战略定位，并建立起了三层普惠金融体系：第一层是国有大行起到扩量增面的带头作用，引领普惠金融聚焦“三农”领域、迎合国家创业创新的规划以及脱贫攻坚任务；第二层是各个中小商业银行，发挥小法人机构的区域优势，通过做小做熟承接业务量低且较为分散的农户、个体户、小微企业等客户群，与它们相伴而生，成为更

能了解和满足弱势群体的下沉金融单位；第三层则是互联网金融机构，通过数字化技术手段可以不受时间、空间的限制，几乎可以为任何群体随时提供线上服务，不但极大地覆盖了无抵押品、无保险的偏远农村地区的农户，还极大地提升了普惠金融的减贫效率。

③普惠金融是顺应现代化农业产业变革的产物，是帮助农户向农业服务业者身份转化的重要工具。吴军、杨玉玲（2007）认为，小额信贷被人质疑只能创造短暂和局部的减贫效果，这是因为它与低收益、低效率的小农经营时代相适应。一些农民有机会获得小额贷款做起个体商贸项目并借此发迹，但还有很多农户并不具备创业精神和经营能力，小额贷款未必会成为他们脱贫致富的工具。如果小额信贷主要用于支持个别自营业者资金所需的话，确实难以形成规模性减贫效应。所以，小额信贷适应的是小农经济生产关系，其减贫空间注定是狭小的。但是，陆彩兰、张郁（2020）认为，普惠金融是适应现代化农业生产关系和城镇化发展背景下的产物，一大批农民，以及城市低收入群体将逐渐向个体服务从业者的身份转化，这意味着会有大量的自营业者产生创新创业巨量资金需求，普惠金融这个时代发展和经济结构转型的需要，其产生的经济效益规模是小额信贷无法比拟的。

④覆盖率和持续性高的小额信贷有助于个体和小微企业就业率的增加。Beatriz（2009）认为，欧洲工业化国家的小额信贷是帮助弱势个体就业脱贫的重要工具，有时候还被视为减轻高福利国家重担的一种有益选择。但欧洲的小额信贷与发展中国家的不同，服务对象的范围非常广泛，几乎涵盖了所有在金融上被排斥的群体。小额信贷不但会为他们提供昂贵的创业指导和培训，还提供了低息创业贷款，通过自营创业项目的增加为欧洲带来不错的减贫效果。除了自营项目外，小额信贷还扩大了小微企业的社会型就业。对于自身缺乏经营企业技能的个体来说，还通过参加工作获得打工收入也是减贫的重要途径。Erhardt（2017）考察了东欧的小额信贷项目

之后，认为普惠金融对自营职业以外的就业有非常积极的作用。参与小额信贷项目的公司在两年后比未参与者平均多出2.5名员工（平均就业增长率为33%）。而且，Erhardt还发现这种信贷对提升最小的公司就业率影响最大，由此可见，扩大对小微企业的持续性的小额信贷支持是提高社会就业率的非常重要的途径。

1.2.3　普惠金融包容增长的基础保障条件研究

有不少学者认为，不强调基础保障条件就谈普惠金融的包容性增长是没有意义的，甚至是昙花一现的。这个基础条件就是需要社会经济发展和个人素质达到一定条件才能真正发挥作用。

（1）向有劳动能力和创业精神的弱势群体授信是保障包容性增长的客体条件。Shahidur（2003）利用孟加拉国的面板数据考察了小额信贷对个人和所在地区的减贫影响。结果表明，小额资金的供给创业女性贫困者的减贫效果非常显著，还延伸到村庄一级的全面减贫。即小额信贷不仅帮助了贫困参与者本身，还促进了当地经济的发展。Shahidur提出，小额信贷与其他转移支付的减贫方式不同，需要授信者本身具有一定的创业精神，在一个经济欠发达的经济体中（如落后的农村），穷人可以通过借贷来改善收入的再分配。Brahm（2008）认为，如果贫困者自身缺乏创建和维持一个自营项目或企业所需的技能，小额信贷方案的扶贫能力是非常有限的，甚至是有害的。

（2）普惠金融的减贫工作需要配备具有奉献精神和敬业精神的专职信贷人员。Mawa（2008）认为，信贷扶贫是一个长期的过程，并不是完成贷款发放和催收就完成了任务，是需要经常深入了解贫困者的情况，甚至需要定期组织交流会，时时掌握和搜集他们的业务状况和偿还能力，并在他们出现自然灾害或意外时予以帮助。不具备这种奉献精神或敬业精神的信贷人员是难以将扶贫工作推行下去的，信贷减贫效果也不太可能持续太久。因此，必须制定高水平的经济激励、晋升和社会荣誉计划，以充分调动他们的积极性投身扶贫的伟大事业。此外，如果出现穷人无力偿还贷款的情况，则需要制定除经济惩罚之外的其他处罚措施，否则会致使他们陷入更加脆弱的境地。

（3）普惠金融的包容增长功效必须具备与之相适应的宏观经济结构变革的基础。新兴市场国家小额信贷实践已经充分证明了这一点。Morduch（1999）对孟加拉国1991—1992年的1800户家庭进行横截面调查发现，真正降低贫困率的最好方式是提高一国或地区整体经济的增长和就业率水平。格莱珉银行、孟加拉国农村促进委员会（BRAC）和孟加拉国农村发展委员会（BRDB）三家机构的小微信贷项目并没有多少证据表明它会推动这些过程，但可以帮助授信者很好地利用这些过程。Morduch（1998）提出，如果信贷项目能够建立农业与非农业之间的前后强大的联系，那么对农村地区的减贫和收入增长的影响将是相当可观的。许多国家和地区的农村非农产业是通过农业现代化促进发展的（如农村的生态产业、旅游产业、养老产业、健康产业等），这些非农产业可以拉动农村经济的发展和创业的增加。而穷人因缺乏利用先进技术的技能而相对滞后于非农产业的发展，小额信贷可以成为增加技术培训、技能提高、非农经营所需的资金支持，从而起到连接农民与非农产业共同增长的重要桥梁。但这一切的前提是需要发生导致农业生产率发生技术变革的推动力或政府规划的干预，由此形成大幅可以减少农村贫困和提高农民收入的契机，然后小额信贷项目再顺势成为非农产业和农民之间融合剂。Osmani（1989）认为，农业部门的收入、就业和减贫需要集中力量去促成农村非农经济结构的转变，形成非农产业与农业共同增长的机制，否则，小额信贷项目的扶贫成果将是短暂的，或不太可能会有太大希望的。

（4）普惠金融需要搭配社会福利制度才能长久惠及贫困人群。Matin 和 Hulme（2003）研究了来自孟加拉国农村发展委员会（BRDB）

的IGVGD计划（一种专门为弱势群体创造收入的发展计划）的证据，该计划通过将保障（粮食援助）和生计促进（技能培训和小额信贷）的要素结合起来，力求惠及孟加拉国的“核心贫困人群”。尽管他们发现，IGVGD计划可以比纯粹保障推广计划更能长期深入地造福贫困人口，但它不能完全取代纯粹的社会保障方案。一小部分极端贫困人口和预防性需求将永远需要传统型的“社会福利”支持，以避免持续性贫困和返贫的发生。IGVGD计划证明了，要实现小额信贷长期的减贫目标，保险和储蓄计划是必不可少的。在发生重大意外和灾情的时候，只有小额信贷是远远不够的，还需要配合社会公共福利计划和储蓄计划安排（除了存款外，还包括为贫困者建立资产性账户、降低对低收入者的透支消费限额等）。

1.2.4 文献述评

综合上述文献研究成果，普惠金融和包容性增长的概念都与对人的权利排斥问题相关，两者均致力于解决边缘群体权利不平等和贫富差距问题。普惠金融是实现包容性增长的金融手段，而包容性增长则是普惠金融的经济功能化赋予。然而，普惠金融是否能实现包容性增长却引起了学术界的争议。其主要原因在于，小额信贷作为普惠金融的初级形态，其减贫效果有限，对整体收入分配改善效果不足。此外，普惠金融实现包容性增长还需要一些基本条件的支撑，例如服务对象具备基本的劳动能力和信用素质、执行人员具备较高的职业素养、现代化非农产业的变革和基础福利设施的配套等方面。如果这些基本条件不充分或不成熟，普惠金融的包容性增长效果就有可能大打折扣，甚至只能成为短暂缓解局部贫困的工具，而非长效减贫的有效手段。总之，上述文献主要关注于发展中国家小额信贷对减贫效果及其保障条件的研究。

随着中国经济步入工业中后期和经济内循环战略的提出，普惠金融将成为助力中国经济发展布局的一环，并且在促进包容性增长上发挥更重要的作用。当前的研究已经表明了小额信贷在发展中国家具有条件性的减贫效果，然而，普惠金融在实现更多维度的包容性增长（例如减贫、就业和增收等方面）以及保障治理机制方面的研究仍然不足。随着经济内循环的推进，普惠金融将更加注重服务中小微企业、农民和其他弱势群体，以促进就业、提高收入水平和扩大消费水平，从而推动经济内循环的发展。但这也为普惠金融带来新的机遇和挑战，需要规范和指导普惠金融机构的业务模式创新、风险控制能力提升和服务质量提高。因此，必须建立科学的保障治理机制，满足不断增长的市场需求和客户需求，长效、稳健、高质量地提升普惠金融的经济效益和社会价值。

1.3 研究思路与结构安排

1.3.1 研究思路

（1）深入探讨包容性增长理论，以及不同国家的包容性增长理念对普惠金融价值旨向的影响。包容增长观是对益贫增长观的深化，益贫增长观强调经济对贫困群体的绝对增益表现，包容性增长则强调在可持续发展基础之上对弱势群体形成合力化的经济利益增长。普惠金融的益贫增长旨在金融扶贫，而包容增长旨在消除金融排斥，弱势群体在谋求共同发展过程中获得合理收益的增加。由于不同国家发展理念不同，本书还深入探讨了包容性增长观的国别差异性，并对不同的普惠金融价值旨向做出了相应预判。

（2）全面解析普惠金融福利增进与非稳态，为后续研究普惠金融包容性增长的保障治理机制奠定理论基础。普惠金融旨在追求弱势群体的金融平权，比传统金融更强调社会福利功能。然而，由于普惠金融本质上是金融，供给主体存在盈利空间，这可能就会导致普惠金融社会福利的减损。例如，普惠金融在初期，出现有民间高利贷；中期是金融过度创新；深化时期则又演化为区域性、全国性甚至世界级的金融危机。因此，在关注普惠金融效率的同时还须警惕出现的各种福利异化问题。

（3）梳理中美两国普惠金融的发展历程。本环节的分析旨在实现两个目的：第一，对中外两个案例国家的普惠金融进行整体“画像”，深入了解其产生的由来，包括经济发展背景、金融运行方式、服务群体、金融创新、金融风险、金融制度等，以便揭示普惠金融在不同工业发展中的特征；第二，通过回顾历史，为后续中外实证检验的结果进行溯源分析提供参考依据。

（4）对中外两个案例国家的普惠金融包容增长效果进行实证检验。基于中外时间序列数据，选取信贷、保险和理财三种普惠金融指标，通过构建 VEC 模型和 VAR 模型分别对中美两国收入基尼系数、中低收入水平和小企业就业数量进行长期均衡趋势、调节传导强度和因果关系的分析。

（5）对中外两个案例国普惠金融表现出来的不同包容性特征进行制度性溯源分析。中国一直强调“均衡＋相机抉择”的经济发展理念，因此对于普惠金融包容性增长采取的是政策激励、行政约束和“扶贫支农”并举的均衡保障治理机制，与国外“市场原教义”理念下的市场激励、立法约束和福利保障/风险转嫁的保障治理机制形成鲜明对比。此外，两国在信贷、保险和理财三方面还存在微观运行机制的巨大差异。总之，在中国在步入工业中后期，迎来普惠金融高速发展之际，中国仍将“摸着石头过河”，走出一条符合中国国情的、行稳致远、利国利民的普惠金融发展道路；不能盲目跟从欧美那种效率优先、非均衡性的自由民主式普惠金融模式。当然，国外先进的金融创新和制度建设经验还是值得借鉴的。

（6）深化中国普惠金融包容性增长机制的相关建议。中国普惠金融的结构性调整还未完结，还需要进一步予以深化。就目前来说，普惠金融还需要在缩小中国城乡个体金融需求差距、财产性收入差距和征信差距方面发挥调节功能。

1.3.2 结构安排

（1）第 1 章绪论提出本书的研究问题和研究意义，并对普惠金融、包容性增长理念，以及两者的关联性等相关内容进行文献综述。

（2）第 2 章主要介绍普惠金融包容性增长问题的理论基础。该章将分两个部分进行讨论。首先研究增长理论，并讨论中美增长观对普惠金融价值导向的影响。其次提出普惠金融的两面性：福利增进和福利非稳态。

（3）第 3 章和第 4 章分别回顾中外案例国普惠金融的发展历程。基于两国工业发展阶段，对普惠金融的起源、运行方式、相关制度等方面进行梳理。

（4）第 5 章以时间序列数据为依据，进行实证检验，以此考察两国普惠金融在效率和结构方面的包容性效果。

（5）第 6 章安排了中外普惠金融包容性增长的保障治理机制比较研究。本章有两个层面的比较：第一，从激励、约制和均衡三方面对保障治理框架机制进行对比；第二，从信贷、保险和理财三个维度对微观运行机制进行对比。

（6）第 7 章对完善我国普惠金融结构性包容的保障治理机制提出深化建议。

1.4 研究创新与不足之处

1.4.1 研究创新

创新之一：通过对以美国为例的资本主义国家的案例研究，本书提出了这样一个创新观点："普惠金融若能撬动产业工人劳动剩余和产业资本生产剩余，将产生良好的包容性增长效果；若撬动的是人们的消费剩余和金融资本的生产剩余，那么实现包容性增长将变得困难，而且容易导致不平等问题加剧"。该观点是对普惠金融经济功能研究领域的理论深化。

从美国的案例中发现，在凯恩斯主义工业中后期阶段，普惠金融表现出良好的包容性增长效果，是普惠金融兼顾社会福利性和效率性的黄金发展期。此时，普惠金融主要服务于工业型小企业实体，工业型小企业实体依附于美国强大的工业产业体系，通过推出一系列包罗万象的小企业金融扶持计划，为扩大并稳定了社会就业基础，让美国顺利度过了经济滞胀期，奠定了美国第三次工业革命的创新基础。小企业自身经营平稳、工人薪酬上涨、社会福利丰厚等无不代表着良性包容增长的特征。虽然，此时美国普惠金融对收入分配产生逆向改善趋势，但总归来说这是一种良性的贫富差距扩大。因为，此时美国工人与产业资本家形成的是你中有我，我中有你的紧密联系，普惠金融产生的那部分收差扩大从某种意义上反而强化了这种紧密连接。工人可以通过与小企业主谈判、签订劳资契约获得薪酬和福利改善，小企业主则通过提供更多的社会就业、创新项目而获得政府更多金融支持和税收优惠。总体来说，工业中后期的普惠金融服务小微经济实体，具有明显的生产功能性，是促进经济增长和社会发展的重要手段。在美国政府经济规划的支持下，普惠金融的实践确实产生了良好的经济包容性，包括让更多的工人和小产业资本家参与社会化大生产，从中共享经济发展的成果。这种包容性增长效果源于普惠金融撬动的小产业生产剩余和工人劳动剩余，这就是普惠金融在该时期发挥重要作用的原因。

然而，在美国进入新自由主义时期，即工业化后期之后，美国的金融泛化失去了激发社会生产功能性的作用，逐步演变为开发小企业服务剩余和广大人民群众消费剩余的工具。随着美国产业结构以第三产业为主，普惠金融依然为小企业服务，甚至比过去投入了更加多金融扶持计划，但是此时的小企业变为服务型产业，与头部产业资本失去了依附关系；产业工人也逐渐转变为小型服务业从业人员。过去的“铁锈带”工人群体失去了与产业资本家共同成长的机会和谈判的资本，两者之间的紧密连接逐渐消失。但与此同时，美国对个人的金融需求达到空前高涨，从信贷消费、商业养老保险到个人理财全方位占据了个人的消费领地，普惠金融机构最大化地攫取着人们的消费剩余。当金融泛化失去了激发连接一个国家长尾群体（包括个人和企业）的生产功能时，包容性异化现象就不断滋生，贫富差距也在不断扩大。

创新之二：通过中外对比发现，普惠金融在欧美发达国家基本是被纳入了顺周期发展过程的，在我国则是纳入了逆周期做多的顺周期过程。这意味着我国普惠金融体系对于经济波动的应对能力更强。同时，中外分别建立了各具特色的风险外溢型保障治理机制和风险内控型保障治理机制，这反映了在金融风险管理方面的不同思维方式和实践方法。这些研究成果为从国家治理视角研究普惠金融运行机制提供了有益参考，填补了这一领域的研究空白。

我国与其他很多新兴发展中国家不同，我国有政治、经济自主权，有举党举国体制，能形成至上而下的行政联动传导机制，具备实现普惠金融供给侧改革、服务实体经济、支小支农、金融创新转化、平抑风险的逆周期调节能力。美国则是任由私人资本广泛参与普惠金融领域，并颁布法律对此予以激励，包括政府担保、税法优惠、福利补贴等。顺周期安排的结果是，金融不断向个体全方位的渗透与“绑架”，不断产生金融对社会生产的排拒效应；金融创新演变为金融衍生泛滥，银行倒闭、破产、金融危机的发生；美国政府则开启强大的社会福利保障机制和美元的风险转嫁机制来应对金融泛化带来的风险。我国的普惠金融并没有采用西方自由主义市场经济那一套，而是将其纳入顺周期尝试、逆周期做多的过程。在私人资本准入方面，我国政府进行尝试，允许私人资本参与到金融普惠服务中来，这才有了互联网金融创新、数字金融技术的迅速发展，成就名列世界前茅。然而，这些私人资本的金融机构只能发挥“鲶鱼效应”为国家金融资本服务所用，不给予其做大做强、造成风险外溢的机会。于是，2015 年我国正式将普惠金融纳入国家顶层规划设计，组建国家银行梯队建立普惠金融事业部，统一纳入国家为引导的、市场为主导的中国特色的金融体系中。

创新之三：中国是一个公权为主、注重社会关系的社会。在我国农村很难推行以私有财产为信贷标准的金融配置体系。因此，本书提出了以乡规民约为基础的农村家庭信用体系，在农村建立一套非财务标准的征信体系，或许可切实改善农民金融服务覆盖难的问题。具体来说，随着全国农村社会综合治理工作的推进，将信用建设与农村基层治理结合起来，可挖掘以乡规民约为标准的农村家庭行为大数据，以此建立基于乡村社会道德行为的非财务征信体现。这既有利于农村移风易俗、文化风尚的建设，还能破解农户金融拓展难的历史问题，是符合我国乡村人文特征的可行性征信实践。

1.4.2 不足之处

本书的局限性在于发达国家仅关注了美国普惠金融的包容性增长案例，未涉及更多发展中国家和发达国家，难以揭示普遍规律，所得结论仅供参考。此外，文中未考虑绿色环保、社会治理、劳动力自由流动等层面，而这些因素同样对包容性增长具有重要影响，值得进一步研究。

第 2 章

普惠金融包容性增长的理论基础

普惠金融致力于解决弱势群体面临的金融难题，以此推动金融平权和社会公正。然而，普惠金融本身存在着潜在的问题和风险，如何实现普惠金融的福利增进、促进包容性增长是本书的核心议题。为此，本章将从两个方面展开理论研究。首先，深入探讨普惠金融的包容性价值旨向问题。我们将详细分析中美不同的包容性增长观，以及对普惠金融价值导向的影响。其次，全面解析普惠金融福利增进与非稳态的两面性，为第 6 章普惠金融包容性增长的保障治理机制研究奠定理论基础。

2.1　增长理论深化与普惠金融价值旨向

2.1.1　从益贫式增长观到包容性增长观

（1）益贫式增长观

包容性增长观是对益贫式增长观的深化，需要理解益贫式增长观才能掌握其要义。益贫式经济增长的前期研究侧重于穷人利益的绝对增长。例如，Dollar 和 Kraay（2001）认为，使穷人（底层 20%）人均绝对收入提高的经济增长是益贫的，并提出通过法治建设、财政政策和国际贸易等措施来实现经济的高速增长，以达到穷人群体增益的目的。Ravallion 和 Chen（2003）与 Dollar 和 Kraay 的观点类似，也认为快速的经济增长有利于绝对贫困的减少。Kakwani 和 Pernia（2000）认为，穷人收入的绝对增长不能作为益贫增长判定的依据，还要看是否超过了人均收入均值这个界限。从此，益贫式增长开始进入穷人相对增益的思考层面。White 和 Anderson（2001）注意到即使经济增长了也不一定会有利于减贫。Kakwani，Khamdker 和 Son（2004）三位学者发现其中一个很重要的原因是分配结构不合理导致的，于是他们将总贫困效应分解成绝对贫困效应和相对贫困效应。绝对贫困效应来自分配结构一定情况下，经济增长带来的穷人收入的减贫效应；相对贫困效应则来自经济增长一定情况下，收入结构不平等变动带来的致贫效应。并且他们还提供了一套计算"益贫增长率（PROG）"指标的完整算法，该指标被国内外很多学者广泛用于判定国家或地区的益贫式增长状态。Ravallion（2004）提出，如果初始不平等程度较高的话，那么无论经济增长率有多高，都难以对穷人的相对收入增长产生显著影响，因此需要关注再分配结构的合理性问题。此外，有的学者还关注到公共服务和政府补贴等会对穷人产生增益性，因此经济增长是否益贫还须考察公共服务方面的因素。最后，Tsuruga（2015）总结了益贫式经济增长应全面提升穷人的生活水平和发展能力，即在经济层面增加穷人绝对收益、改善不平等结构；同时在非经济层面则须提高穷人的发展能力。以上观点可整理为表 2－1 所示内容。

（2）包容性增长观

在 2007 年全球金融危机爆发的背景下，包容性增长理念得到了各国的广泛的倡导和推广。这场危机加深了各国对贫富差距扩大和不平等增长的认识，促使国际机构和政策制定者采纳包容性增长战略，致力于实现更加公平、可持续的经济增长。

金融危机爆发后，全球经济平衡被再次打破，以投资和出口为两大经济增长极的中国在这场危机中受到明显冲击。随后，制造业

表2-1　益贫式经济增长观一览

益贫式经济增长类型	作者	观点
穷人利益的绝对增长	Dollar 和 Kraay（2001）	使最底层20%穷人平均收入增加的经济增长
	Ravallion 和 Chen（2003）	使穷人获得绝对收入增加的经济增长，收入分配结构未强调同步改善
	Ravallion（2004）	任何能减少贫困的GDP的增长
	Kakwani 和 Pernia（2000）	当穷人人均收入增长超过平均收入时，则为益贫式经济增长
穷人利益的相对增长	White 和 Anderson（2001）	尽管经济增长对穷人有利，但减贫效果不一定明显
	Kakwani，Khamdker 和 Son（2004）	经济增长对穷人的好处应大于非穷人
	Ravallion（2004）	初始不平等较高的话，经济增长对穷人的作用并不大
公共服务的增长	Bangladesh Institute of Development Studies（2001）	经济增长促进了公共服务的增加，有利于穷人增收和妇女赋权
	Sen 等（2004）	通过加强公共服务领域的投资和支持，可以实现经济增长与贫困减少的双赢效果
经济和非经济增长	Ippei Tsuruga（2015）	在经济和非经济两大层面使穷人收入获得提升

资料来源：作者根据文献资料整理而来。

产能过剩、库存积压、过快投资导致杠杆率高企、成本增加、短板突出等各种结构性问题不断显现。此外，我们还要面对来自美国从经济、外交等各方面对中国崛起的遏制与打击。在这种形势下，中国领导人早已经开始了深层次结构调整的布局谋划，提出了包容性增长的发展理念与变革思维，对中国未来10年、20年的发展方向进行了大体判断：中国要走一条和谐、可持续、公平分配、缩小贫富差距、惠及全体人民的健康发展道路。

包容性增长已经成为一种全新的经济学概念、发展理念和价值导向，受到了各国学者、执政者和国际机构的广泛关注和探索。在包容性增长的核心、目标和策略层面，不同国家和机构提出了符合自身国情的观点和策略建议。这些观点和建议已被作者整理并归纳在表2－2中。

表2－2　　包容性增长的各种观点

作者	观点	策略
Ali, Zhuang (2007)	日益加剧的不平等会破坏经济增长的可持续性。包容性增长强调通过创造公平机会和赋予平等权利来降低社会不平等	保持高速和可持续性增长；创造生产性就业机会；建立社会安全保障网络
亚洲开发银行 (2007)	包容性增长提倡机会平等，旨在让全球化经济成果要最大限度地让普通民众受益	加强中小企业和个人能力建设；保持平衡性经济结构；投资和贸易自由化；重视社会稳定
联合国开发计划署 (2008)	GDP和人均收入实现双增长，各类型经济组织都能公平合理获得利益成果	实现机会与规则平等；保障微观组织利益
Zhuang J (2008)	亚洲发展中国家以包容性增长为发展战略，重点是创造经济机会和确保平等机会的获得	保持高速和可持续增长；注重收入再分配政策；加强社会治理；创建公平竞争的社会经济环境
世界银行 (2009)	包容性增长是消除限制增长的不平等因素，创造公平竞争环境；要加入减贫议程；应由市场驱动的增长源推动而成，政府只是其中起到促进作用	高速增长是对减贫贡献最大的因素；提高生产力，创造新的就业机会；重点关注生产性就业，而不是收入再分配
汤敏 (2010)	包容性增长的核心要义是让低收入群体受益，最好是让其多受益	增加工资收入；增加农民收入

续表

作者	观点	策略
马晓河（2010）	包容性增长包括经济、政治、文化、社会、生态各个方面形成互相协调、科学的增长；其次要对低收入人群有利；财富分配要让大家都受益	全面型包容增长；关注低收入人群是否获益
杜志雄（2010）	包容性增长实质是一种倡导和保证机会平等以使增长成果广泛惠及所有民众，尤其是贫困和弱势群体的发展理念和理论体系	基础设施和人力资本投资；技术创新；资源、劳动力合理流动；金融市场适度开放；确保国家经济体系稳定运行；实行再分配政策、提供广泛公共服务等

资料来源：作者根据文献资料的整理。

虽然上述各方表述不一，但对包容性增长有一个基本共识，那就是以平等的社会机会来促进经济增长，并实现全社会、各阶层共享经济发展成果的目标。本书汇总了各方观点，总结出包容性增长的五大内涵要点如下：

（1）经济快速发展和可持续增长是实现包容性增长的基础。因为高速增长可以提供广泛的就业机会，对减贫的贡献最大。发展中国家要实现包容性增长，实现经济长期高速发展是必要的（Zhuang，2007；世界银行，2009）。过去经济增长和减贫是分开研究的，包容性增长将其合二为一，通过构建高速发展并且可持续性的市场和非市场合力，才能革除贫困问题，实现真正的包容性增长的结果目标（Alfredo，2010）。

（2）社会机会平等是包容性增长的核心。高速、可持续增长的内生源泉强调“每个人的重要性（people matter）”，每个阶层和每个地区的人有获得平等社会机会的权利，这是带动市场合理良性竞争，开拓新市场、创造新经济和构建新文明的动力源泉。强调机会均等、消除社会排斥是包容性增长不同于以往经济增长模式的最大特点，这一核心将改变一个国家或地区的经济发展理念和社会价值观。过去把优先发展权放在少数人或少数地区的经济模式的边际效用已经呈递减趋势，现在让更多人和更多地区获得发展权将成为创造更大边际效用的重要实践。

（3）让穷人和弱势群体多受益是包容性增长的人权基底。穷人和弱势群体是过去发展模式中最不容易获得发展权和经济共享权的一群人，作为一项发展战略，包容性增长是对益贫式增长理论的扩展，让低收入群体从经济增长中获益，最好是多受益，使他们过上有尊严的幸福生活（汤敏，2010；胡锦涛，2009，2010），这是人权平等的重要体现。所以，包容性增长必然要将减贫和对弱势群体的社会关切放在首要位置。能否消灭绝对贫困和缩小日益增加的相对贫困，能否增加弱势群体收入、就业和财富积累，是检验包容性增长模式是否可行与成败的关键。

（4）提供就业机会和实现公平分配是包容性增长的重要渠道。实现包容性增长的途径有很多，但最终要落实到对广泛民众劳动力的提升与所得公平分配上。通过创造生产性就业（Ali and Zhuang，2007；世界银行，2009）、加强劳动力合理流动（杜志雄，2010）和中小企业和个人能力建设（亚洲开发银行，2007）来增加普通居民收入在国民收入中的比重，以及劳动报酬在初次分配中的比例。同时，也需要通过所得税收调整、工资调整、产权改革等方式做好收入再分配工作，尤其是增加农村部门的人均收入（汤敏，2010）。

（5）营造公平竞争的生态环境、建立社会安全网络是实现包容性增长的制度保障。包括加强社会诚信治理、知识产权保护、环境生态建设、公平税收政策实施、社会分配制度和福利制度完善、金融自由化等方面。总之，实现包容性增长需要全方位的制度保障，从而营造公平竞争的生态环境，确保人人享有平等发展机会，推动经济社会持续健康发展。

上述内容涵盖了包容性增长的五个重要方面，它们之间相互依存，缺一不可，形成一个有机的整体。中国未来实施经济内循环战略，更要注重包容性增长。其中，经济快速发展和可持续增长、社会机会平等、重视人权、提供就业机会和促进公平分配以及制度支持是关键点。中国需要持续推进技术创新和结构调整，加强教育、医疗等社会公共服务，关注边缘化或弱势群体的发展和权利，提高中小企业的竞争力和生产效率，构建完善的制度支持体系。只有全面落实这些关键点，才能实现经济高质量发展和社会可持续进步，促进包容性增长，让每个人都能参与经济增长并共享发展成果。

2.1.2　普惠金融的经济功能拓展：从“益贫”到“包容”

最初的普惠金融主要是通过以下策略来实现益贫式增长的：首先，为穷人提供扶贫贷款，帮助他们建立个体自营项目。此外，为了提高穷人的生产经营能力，还为他们提供相应的培训、企业管理、理财等辅助服务。其次，为了减轻穷人的经济负担，为他们提供政策担保、用政策补贴和优惠条件，激励商业银行机构为穷人开辟服务窗口。需要注意的是，益贫式增长下的金融服务常常与国际扶贫合作计划以及各个国家的扶贫项目安排相关联，因此，其本质是一种政策性任务和非市场化行动。

在包容性增长背景下，普惠金融的服务对象已经从单一的弱势群体转变为全阶层（弱势群体仍然是核心对象）。因此，普惠金融的角色也应由政府主导的项目计划逐渐转变为政府引导、市场主导的商业化活动。这不仅有利于提高金融资源的配置效率，还有助于推动全社会信用机制的建立、消除金融排斥、拓展弱势群体的发展机会，并改善相对收益结构。具体策略有：①建立覆盖全社会的信用体系，加强社会综合信用治理能力，提升全民诚信品质素养；②建立全阶层的普惠金融供给体系，消灭弱者资金缺口，创新金融产品，最大化满足全民多元化金融需求；③通过创建社会保障制度、公平法案、反垄断立法营造一个适合普惠金融深化的安全有序的生态环境，以维护普惠金融的可持续运行。

2.1.3 普惠金融的价值旨向：社会包容观与资本包容观

一个国家的经济体制和发展理念决定了其对包容性增长和普惠金融的思路与实践。在全球范围内，虽然普惠金融和包容性增长被广泛认可并作为政策目标被倡导，但具体实践中存在着显著差异，其中就包括不同国家在普惠金融价值的认知、政策框架、市场机制等方面。中美是两个具有不同社会体制和发展模式的国家，两国对于普惠金融和包容性增长的理解和实践存在鲜明对比。

（1）“北京共识”和“华盛顿共识”下的包容性增长观比较

包容性增长的理念最初是由联合国、世界银行、亚洲开发银行为代表的国际机构对发展中国家经济低增长困境提出的应对之道。虽然各国发展中国家的体制、国情和所处发展阶段不尽相同，但第三世界国家逐渐在21世纪对包容性增长的发展理念达成了普遍共识。自20世纪90年代以来，许多建立西方自由化市场经济体系的发展中国家逐渐对“市场原教旨主义”的原华盛顿共识产生质疑（段龙龙、李杰，2012）。尤其是亚洲金融危机和次贷危机爆发后，新自由主义所主张的“政府角色最小化、快速私有化、自由化和市场化”的教条受到挑战，其中强有力的两个挑战分别来自“后华盛顿共识”和“北京共识”（毛增余，2006）。

①“后华盛顿共识”关注增长的平等性、均衡性、可持续性和政府力量。在20世纪90年代，以“华盛顿共识”为代表的西方资本主义意识形态开始在拉美及东南亚等国家推广。借助国际货币基金组织和世界银行的巨额投资和援助等条件，这些国家走上了对资本开放、私有化、自由化和透明化的经济发展道路，逐渐将“华盛顿共识”作为主流的发展观念。但硬性照搬新自由主义理论后的10年内，许多经济体遭遇了经济危机的破坏，付出了高昂的

代价，且国内贫富差距也越来越大。20 世纪末以来，以新制度经济学为代表的美国经济学家斯蒂格利茨提出与发展相关的制度因素，认为“原华盛顿共识”所使用的经济学工具有局限性，发展目标也较为狭隘。经济增长应以“发展和改造社会为其核心目标”，必须关注贫困、收入分配、自然资源和环境生态等的可持续；要追求平等发展，让所有阶层都能平等分享经济发展成果；从信息不对称的角度指出市场力量不能自动实现资源的最优配置，需要发挥政府在促进社会全面发展中的重要作用（毛增余，2004）。斯蒂格利茨的这一套发展观被称为“后华盛顿共识”，这一共识强调发展的平等性、均衡性和可持续性，是使全社会各个集团都能分享发展结果的发展观（钱启东，1999）。这一发展观在发挥政府作用、关注贫困、可持续性和成果共享方面触及包容性增长的思想内核，得到了国际机构和学术界的高度讨论和广泛认同，影响力巨大。

②“北京共识”强调增长的科学性、和谐性、可持续性、公平性以及政府与市场的关系。继“后华盛顿共识”后，以科学、和谐发展观为主题的“北京共识”也对“原华盛顿共识”提出了挑战。“北京共识”这一提法来自美国高盛公司资深顾问乔舒亚·库博的调查论文，他将艰苦奋斗、自主创新、大胆实践，摸索适合中国国情的发展模式称为“北京共识”（《实事求是》杂志评论员，2016）。曾任美国《时代》杂志海外版主编的拉莫对“华盛顿共识”和“北京共识”两大发展模式进行了比较。他发现，“华盛顿共识”在拉美国家结合之后的 10 年中有十几个经济体遭到了严重破坏，而中国不仅没有遭受到全球经济危机致命性冲击，还走出了一条高速发展道路（田春生，2008）。这是因为改革开放后，中国虽然也建立了市场经济制度，但是并没有走全盘西化的自由化发展道路，并且在经济上保持了高度独立自主权。通过几十年的不断摸索，中国逐渐形成了一条适合本国国情的发展路径，一条更可持

续、更公开、更包容的和谐发展道路。近年来，中国经济发展不再以 GDP 的增长作为唯一考核指标，而是将资源消耗、社会公平、扶贫以及人的发展质量等发展目标纳入考察范围，中国愈发重视增长模式的全面、协调和可持续性（张晋武，2004；李韬，2013）。总之，中国形成了符合本国国情的包容性增长观，强调科学、和谐、可持续、公平的发展理念（罗诗钿，2011）。

中国不会照搬“原华盛顿共识”的“市场原教旨主义”，该发展观只关注经济增长而忽视公平、可持续性和政府作用，但又与斯蒂格利茨提出的“后华盛顿共识”有所不同。尽管“后华盛顿共识”也加入了公平、民主、平等、减贫、可持续发展的理念，并强调政府的规划作用，但是美国的政治体制本质是维护政治精英派和华尔街大资本家利益的，与中国的“立党为公，执政为民”的执政理念存在显著差异。所以，“北京共识”下的包容性增长体现的是“为民、利民、强民”的发展内核，具有广大的群众基础，是符合立国根本的科学发展观。

而“华盛顿共识”下的包容性增长即使有对公平、公正、民主、减贫等的倡导，但终归阻止不了“自由市场经济的无序和失灵”（徐俊峰，2009）。因此，美国需要建立风险外溢机制和内部福利机制来保障包容性增长效果。与此不同，中国采取的是“和而不同，兼容并蓄”的和谐共生模式。对外，中国倡导与全球“共享经济成果”的发展理念；对内，则依靠本国人民齐心协力、艰苦奋斗、自主创新和大胆摸索的包容性增长模式。以解放最广大劳动人民的生产力为根本出发点，提供平等的社会发展机会，促成大众创业、万民创新的发展局面；重视乡村经济的开拓与发展，关注最广大农村人口的就业规划和收入分配。因此，中国的包容性增长体现的是人与人的协作、国与国的共生、谋求共同发展的、持久长远的包容性增长范式。美国的包容性增长模式追求的则是个体独立、控制他国、谋求一国独大的霸权威慑式的包容增长范式。

显然，中美两国不同的包容发展观形成的经济增长实践必然会呈现截然不同的特点。美国倡导的包容性增长虽然表面上对国人赋予了公平机会，对其他国家提供技术支持和帮助，但实际上是为了让资本获得更广泛的谋利基础，本质上是一种对资本的包容。相比之下，中国的包容性增长更注重对人的社会属性的包容，同时对个体的利己和自由也有一定倡导，但一旦利己行为侵害到大多数群体利益时，政府会果断出面干预与制止。中国经济运行允许私有制经济主体的存在，同时高度重视国有企业作为代表政府意志的重要组成部分，并强调政府在经济规划和调节方面的作用，以确保整体经济平稳运行，实现可持续发展。此外，中国还注重对人的劳动属性的开发，关注乡村经济开拓和最广大农村人口的就业规划和收入分配。总的来说，美国和中国的包容性增长观存在着根本性的差异，反映两国不同的价值取向和发展路径选择。

当前，华盛顿共识所倡导的经济增长模式已经显露出一些明显的问题。由于政策选择的错误，导致资源和技术的丰富并未能实现公平、可持续的经济增长，反而加剧了收入和权利的不平等现象，剥削也不断延续和加剧。这种经济增长模式阻碍了大部分中低收入群体潜力的发挥，实现的成果也远低于穷人可以达到的预期水平（扬 · 普里韦等，2006）。事实上，美国整整一代低收入人口几乎没有从近几十年的快速发展中获得相对收益的提升。中国在过去的 40 多年改革开放中取得了高速经济增长，但仍面临一些高速增长遗留下来的挑战，需要解决好以确保未来的任务和目标得以顺利实现。当前，收入分配差距较大，地区发展不平衡问题日益凸显。同时，产能过剩、库存高企、杠杆水平较高、成本上升和某些领域的短板问题仍然存在。在“十四五”规划中，应继续坚定地以供给侧结构性改革为主线，充分发挥市场在资源配置中的决定性作用。政府在市场中的作用应主要体现在提供生活保障、创造培训机会以及帮助转岗和再就业等方面。政府还应继续优化财政支出结构，重点支持扶贫、环境治理等相对薄弱的领域，为经济发展和社会和谐营造良好环境。

总之，包容性增长不仅是解决贫富差距的问题，而是建立一个既能实现经济增长又能兼顾社会公正的发展模式。这个模式的核心是提供平等的社会机会，以民主方式动员大多数人来促进经济增长，实现大众创业和万众创新（任迎伟 等，2016）。这个过程在实现包容性增长的过程中，政府与市场的关系至关重要。美国的问题在于过去几十年缺乏政府的统筹规划，而中国在这一时期又过于依赖政府的统筹与执行，导致市场和个体的参与活力受限。追求包容性增长需要平衡好政府与市场的关系，既要充分发挥市场配置资源的决定性作用，也要有效地发挥政府功能来实现经济社会的整体发展（郑尚植等，2020）。

（2）不同包容性增长观下普惠金融价值旨向对比

目前已经有很多文献揭示了社会和资本包容性增长观的差异，但鲜有将包容增长观融入普惠金融发展理论研究的。然而，将两个领域结合起来对展开本书的研究至关重要。基于以上论述，可以推知资本主义普惠金融的包容性必然带着强烈的个人利己主义和小政府色彩，其在推动普惠金融发展的过程中，注重开发个人金融可获得性和私有化市场渠道，通过扩大个体金融交易量为金融资本家筑造剥削穷人剩余价值“底盘”。这种发展模式很可能最终导致普惠金融成为致贫而非减贫的工具。此外，为了维持这种微金融获利土壤，资本精英和银行家们会通过游说国会来推行强有力的社会福利保障制度，让穷人可以得以继续被“隐秘”地盘剥。资本主义制度下的金融平权过程和维持机制并不是为穷人创造生产性机会，而是通过最大化促成穷人消费能力的提升来实现资本主义包容性增长。

社会主义普惠金融的包容性则是以社会群体意识和大政府为特征，旨在实现人人获得公平金融权利，以促进和激发个人的劳动生产力和创新力。与西方国家不同的是，金融供给方不会是私有化的大金融资本，而是由代表国家意志的国有控股银行和非垄断化的小型金融机构所组成。这些机构将获得一定合理化的食利空间，但要以不显著增加贫富差距为基准。为了保障这种微金融机制得以持续运行，需要有为政府采取激励手段和风险兜底来保障，以避免穷人的金融权利被滥用和变为食利者的获利工具。在中国，最大化释放弱势群体的生产动能才是社会主义包容性增长的终极要义。

总之，不同社会经济体制下的普惠金融价值取向存在差异。资本主义制度注重个人利益和市场化，普惠金融可能导致致贫而非减贫；社会主义制度注重社会公平和政府作用，普惠金融旨在解放弱势群体的生产动能。

2.2　普惠金融福利增进与福利非稳态

无论是什么样的社会经济体制和发展观，采用普惠金融工具都是为了获得其经济福利增进，但其本质仍是金融，存在福利非稳态的一面。因此，除了关注普惠金融的效率外，我们还须警惕各种福利异化问题。本节的研究对于后续制定普惠金融保障治理机制至关重要。

2.2.1　普惠金融福利增进模型解说

本节的相关模型参考了我国学者赵建（2018）在《普惠金融的现实困境与突破思路——基于技术可能性曲线与机制设计理论》一文中的构建思路，将社会金融总服务划分为两大类：普惠金融（I）和主流金融（M），然后在此基础上构建出技术可能性曲线和社会偏好曲线，并在新古典情形下分析普惠金融的社会福利增进问题。

（1）金融体系的生产函数

假设在某一经济发展阶段，金融体系产出的服务或产品需要投入人力资源、资本、技术和制度四项基本要素，形成的标准化生产函数为：

$$Q = f(L, K, A, I) \tag{2-1}$$

其中，Q 为金融服务或产品的产出，L 为人力资源，K 为资本，A 为技术、I 为制度。

一般认为，当上述四项要素投入充足的前提下，会产生一个竞争市场机制内所能容纳的最大金融机构数量和最多元化的产品服务创新。

①人力资源层面。普惠金融是一种新金融服务模式，旨在将金融服务扩展到原本没有得到服务的人群中，以提高社会的金融包容性和普及性。实现普惠金融需要一批具备高水平金融知识和专业素养的从业者，同时具有强烈的社会责任感和耐心，愿意为客户提供个性化、灵活、低成本的金融服务。

②资本层面。实现普惠金融需要投入资本来扩大金融服务的覆盖面和深度。这些资本可以用于增加金融分支机构、ATM机、服务网点、网银系统等基础设施；此外，还需要设计和扩大包括低端客户群体的信贷、保险、理财等各种产品，以满足他们的金融需求。这些投入可以来自政府、金融机构、社会资本等各方面。

③技术层面。普惠金融需要现代化技术支持，如大数据、云计算、人工智能、区块链等，以提高服务效率和质量。大数据分析客户需求，云计算提高数据处理和存储效率，人工智能提高服务质量和降低风险，区块链保障资金安全。应用这些技术不仅可以扩展普惠金融的覆盖面和深度，同时也可以降低服务成本和风险。

④制度层面。普惠金融制度建设方面需要政府出台相关政策，设立监管机构和基础设施建设，为普惠金融机构提供贷款和资金来源，推动普惠金融的市场化、专业化和规范化发展，以及建立可持

续的监管和风险防控体系等。此外，普惠金融机构也需要自我规范，建立健全的内部管理制度和风险管理机制，加强信息披露和社会责任管理，为行业的长期发展打下坚实的基础。

（2）金融生产可能性曲线和社会福利曲线

本书根据赵建（2018）的思路将金融划分成主流金融和普惠金融两大体系，即 $Y = I + M$。图2-1横坐标代表普惠金融供给体系，纵坐标代表主流金融供给体系。赵建（2018）认为，这两大金融的生产可能性曲线为图中的 M_0I_0，是一条凹向原点的无差异曲线 $S = S(I,M)$。其中，之所以形成这样的形态，是因为根据现实情况，主流金融服务的大多为具有财务优势和低风险特征的优质客户，包含大型工商业企业和政府背书项目等，为这些客户提供金融服务，其生产效率必然较高；而普惠金融面对的是没有太大信用优势和高风险特征的客户，包含小微企业、农民、城镇低收入群体等，相较而言，这类客户的风险大、贷后管理成本高、对金融机构利润贡献低等，这些因素均会导致普惠金融的供给者积极性不高，因此银行向社会推出的普惠金融产品将十分稀缺。由此可见，主流金融和普惠金融这两大供给体系不具有可替代关系，普惠金融长期被主流金融所排挤而处于边缘地带，因此可将普惠金融视为主体金融体系不愿意提供的厌恶品。厌恶产品的特点就是即使增加其数量产生的效率也不是很大。当一国处于工业经济发展的初期和中期时，普惠金融厌恶品的特征尤为突出，因为这一时期金融机构主要为工业产业和城镇化建设提供服务，而中小企业和个人被排除在正规金融服务体系之外。因此，可以认为，在经济发展的某个阶段中，两大金融配置体系产生的金融供给无差异曲线便会呈如图2-1所示凹向原点的形态。

虽然两个金融体系提供的金融产出能力有较大差距，但均对社会边际福利改善有贡献。一般来说，主流金融通过发挥强大的产业金融为经济增长助力，再以“涓滴”效应来逐渐改善收入的不平

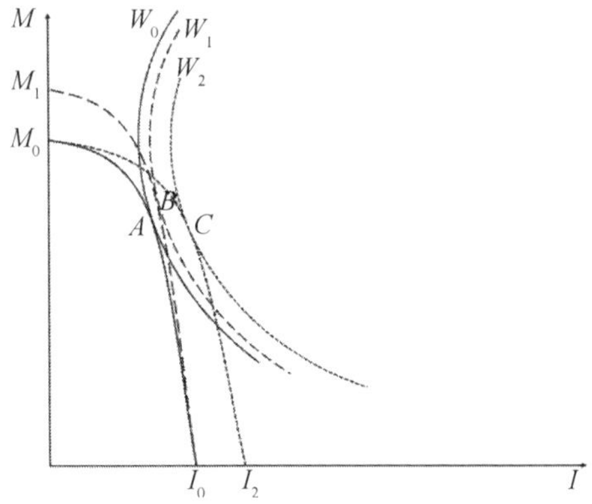

图 2-1 普惠金融的一般性福利增进

等和提升弱势阶层的收入水平；普惠金融则是通过直接对弱势阶层提供金融服务来提升其经营能力、创业机会、理财技能等来广泛增加其收益和财富积累。然而，随着全球金融危机的屡屡爆发，全球财富和收入越来越向大资本家手里集中，主流金融所产生的“涓滴效应”将越来越弱。现阶段，以联合国、世界银行、亚洲开发银行为代表的国际性组织正在致力于研究和制定包容性增长理念和应用框架，普惠金融也被同时倡导为贫困治理的重要手段。由此可见，这两种金融体系在减贫方面存在替代关系，换成一种更为直接的金融减贫方式亦可达到社会福利的无差异水平。假设社会减贫福利函数为 $U = U(I,M)$，图形如图 2-1 所示的 $W_i(i = 0,1,2)$。

下面分析两类金融供给的技术性改进对社会福利的影响。假设一国支持金融发展有两个制度方向：第一个是继续加大对传统主流金融产业的制度建设投入，在保持普惠金融产出水平 I_0 的基础上，主流金融产业的最大供给水平将从图 2-1 中的 M_0 扩展到 M_1，与社会福利曲线的切点则从 A 点转移到 B 点，新的社会福利水平亦从 W_0 提升到 W_1；第二是增加普惠金融产业的制度成本投入，在保持原主流金融供给水平的基础上，可使普惠金融的供给水平从 I_0 提升至 I_2，与社会福利曲线的切点变为 C 点，社会福利水平变为

W_2。从设定的供给可能性曲线和社会福利曲线的形状可以看出，制度调整在对两大金融供给提升水平相等的情况下，社会效用产生了很大差别。很明显，供给量已经很高的主流金融的福利增进空间有限（$A \rightarrow B$），而普惠金融的福利改进空间更大（$A \rightarrow C$），即当“涓滴式”金融边际福利出现递减效应之时，启用“下沉式”金融体系的社会福利增进效果会更大。

由于本书将重点讨论保障治理机制的制度要素，因此假设在其他三项要素投入不变的情况下，中美两个国家不同的制度要素投入所带来的包容性经济福利增长的差异。美国遵从市场化自由经济体制，根据金融深化理论可知这种体制下的普惠金融资源配置效率可达到帕累托最优，因此图 2-2 中普惠金融体系的生产可能性曲线会向右移到 I_3 曲线，社会福利水平曲线为 W_3，与 I_3 曲线的相切与均衡点 D 点，福利增进空间将比 C 点更大。中国虽然也进行了 40 多年的市场经济改革，也在逐步放开金融市场，但政府的监管严格和干预较多，金融自由化市场程度相较美国仍较低。当前，中国的技术、资本和人力三要素达到了与美国相当的水平。事实上，中国的金融科技水平已达到了世界领先水平，社会资本总量也较为充足，金融从业者的知识水平也较高。然而，相对于美国，中国的金融自由化市场程度仍然较低，存在一定的局限性。普惠金融的市场运营环境、创新环境和商业模式都存在制度上的约束，其福利增量空间与美国存在一定差距。

2.2.2 普惠金融福利增进的现实表现

国际机构对普惠金融产生的社会福利考核主要集中在促进弱势客户权益、为弱势群体创造价值和保障弱势客户利益三个层面上。除了增进特殊群体福利外，普惠金融还对调整贫富差距、促进科技创新、拓展金融业务方面有积极影响。

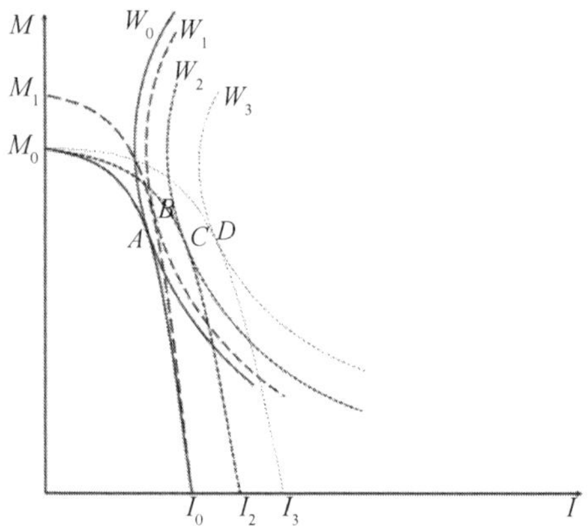

图 2-2　普惠金融制度差异的福利改进

（1）高度关注特殊群体的基本发展权

通常情况下，金融资源过度集中在头部企业和政府部门，会使越来越多的中小微企业、低收入群体因缺乏必要的金融服务而丧失发展机遇。不平衡的金融结构很难说是强国利民的，如果结果严重失衡的话甚至会出现贫富分化、经济乏力的征兆。普惠金融践行的是包容性金融，聚焦于被传统金融体系排斥或忽视的弱势群体，宗旨是通过普及金融服务将各阶层纳入共同发展的经济增长轨道，并公平分享经济增长成果。2013 年，世界银行与国际扶贫咨询协商组织发布题为《2012 年普惠金融：加深全面了解》报告中指出，高收入国家基本已拥有较为发达的中小金融市场，低收入国家的中小金融市场则相对弱小，但大部分国家的普惠金融发展势头强劲。自 2004 年以来，银行分支机构和自动取款机的数量在全球范围内迅速增加，银行服务的覆盖面明显提高。2014 年，全球已有 5.15 亿成年人开设了金融账户，38 亿人可以访问手机银行账户。2014—2017 年，全球使用电子收、付、汇款的用户比例从 67% 上升到 76%，发展中国家从 57% 上升到 70%，中国拥有数字支付账户的人口比例当时已达到 57%（根据人行数据，成年人该比例在

2019 年已升至 82.9%）。获得金融服务是保障特殊群体基本发展权利、改善经济福利的关键一步。2016 年《小额信贷社会影响力评估报告》显示，公益性小额信贷带动中国农户家庭经营收入较贷前增加约三成，户均收入平均增加 16850 元。相当于农民每借 100 元，家庭平均总收入会增加 27 元。

此外，普惠金融发展近半个世纪以来，特别关注贫困妇女的发展权。据调查，全球 13 亿绝对贫困人口中，妇女约占 70%。由于农村家庭妇女普遍没有多少财产自主权，是弱势群体中更弱者。但在实施小额扶贫过程中，贫困妇女却被证实是非常优质的贷款对象。尤努斯教授曾在创建格兰民银行之初将一半的扶贫比例确定为农村贫困妇女，后来发现她们不但创业积极，还款率还相当高，于是后来把这一比例提升为 97%。小额贷款在很大程度激发了申请妇女的创造力和生产力，让她们不仅为家庭谋得福利，还带动了所在村的经济发展。在中国，农村妇女占所有劳动力的 65% 以上，保障她们的经济发展权是具有维护农村社会经济稳定、建设社会主义新农村的重要意义的。中国也相应展开过诸多女性小额信贷试点项目，如四川农村发展组织的妇女小额信贷、木兰县妇女小额信贷、云南师宗县妇联小额贷款、内蒙古赤峰市妇女扶贫发展项目等。2007 年 9 月，中国妇联还专门印发了《关于进一步做好农村妇女小额信贷工作的意见》，体现了中国政策制定者对金融助力女性发展的高度重视。2016 年《小额信贷社会影响力评估报告》显示，小额信贷对农村贫困女性的家庭经济、家庭福利及妇女赋权等方面均带来了显著改善。

（2）在持续性减贫方面大有可为

尤努斯教授曾比喻金融之于贫困人群就像氧气一样重要。在现如今这个社会里，没有金融服务，就很容易造成财务困境，甚至引发致贫危机。格莱珉乡村银行模式用全球 40 多个国家千万低收入家庭的金融实践证实了贫困者是可以有信用的（99% 以上还款率），金融宜可有效消除贫困并保持可持续减贫。这一模式甚至也引入美国这样一个发达国家，公益性组织格莱珉美国（Grameen America），截至2015年为64290名少数族裔贫困妇女发放了贷款，还款率也达到99%。通过过去几年精准扶贫、脱贫攻坚战，中国基本实现了绝对脱贫，日后要实现可持续脱贫，还须为脱贫人口能力建设提供条件。其中一个非常重要的条件就是提供金融机会，普惠金融日后必然在持续性减贫、脱贫方面大有可为。事实上，普惠金融与贫富差距之间是可以达成某种长期均衡的，它可以被视作一种收入公平的微调机制。由于普惠金融重点服务的是被传统金融排斥的弱势长尾群体，不仅为他们提供启动和维持创收活动的融资、担保、保险等基本服务，还会在中小微企业管理、生产技能、认知教育、投资理财等方面提供多种辅助服务。穷人通过边学边做的过程不断增加自身的生产创造能力，金融服务与穷人脱贫致富必然能够形成某种长期稳定的均衡关系。

事实上，已有多位学者证实了上述均衡关系的存在。Kai（2009）通过对61个发展中国家的跨国数据进行检验得出，金融不均衡是造成发展中国家收入高度不均衡的重要原因之一，小额信贷可以在一定程度上减少收入的不平等，它在创造具有均衡效应的金融体系中发挥重要作用。Hermes（2014）采用70个发展中国家数据也证实了小额信贷参与度的提高对改善收入不平等结构有一定效果，虽然这个效果较为微弱，但是对穷人的直接减贫效果仍旧显著。因为小额信贷通过直接帮助穷人，促使他们自谋职业、拥有增加收入的机会和扩大财富基础而摆脱贫穷境地。Lacalle - Calderon等（2019）则在Hermes和Kai研究基础上进行了补充。他选取了85个国家2001—2012年的面板数据考察了小额信贷对降低收入差距的时间动态贡献。研究结果显示，小额信贷对收入不平等的影响比Hermes和Kai等得出的结果要高得多。这表明增加小额信贷规模可以成为改善该国收入不均衡的有效手段之一，这一结论尤其对发展中国家的政策制定者来说意义重大。

（3）大幅缩减中小微企业融资缺口

中小微企业对任何国家都是重要的经济活力和创新源泉，但在传统金融体系中的支持度较低，这为普惠金融提供了改进空间。《G20中小企业融资行动计划落实框架》介绍了许多国家的成功经验，这些经验包括大力改善中小企业的征信体系和破产制度改革，《框架》显示了中小微企业是普惠金融政策受益最多的群体。

根据世界银行、中小企业金融论坛、国际金融公司2018年联合发布的中小企业融资缺口报告的数据，全球128个发展中国家的小企业融资缺口为4.5万亿美元，微型企业的融资缺口为7000亿美元。中小微企业的融资缺口总规模已经达到128个发展中国家GDP的19%。中国普惠金融在这几年走在了大多数发展中国家前列，2019年中国小微企业贷款余额达到36.9万亿元的总量，是同年GDP（98.6515万亿元）的37.40%，远远超过了发展中国家19%的比例。这源于中国政府十分重视对中小微企业融资方面的大力支持。2019年《政府工作报告》首次明确提出了大型商业银行的小微企业贷款业务增量要达到30%以上的任务目标。全国工商联发布的《2019—2020小微融资状况报告》显示，82.3%的小微经营者明显感觉到贷款可获得性比3年前更加容易、更便捷。发达国家的普惠金融体系发展较为成熟，小企业的融资缺口本就不大，根据2018年中小企业融资缺口报告显示，高收入国家中小微企业融资缺口仅3000亿美元，占GDP的比重往往很低。2013年美国小企业（500人以下）的贷款缺口仅占全国GDP比重的1.12%～2.25%，德国为2.70%～6.04%，法国为3.37%～5.16%。发达国家很早就重视解决中小企业融资缺口问题，如英国1931年成立的麦克米伦委员会专门为小企业融资制定解决方案，是世界最早关注弱势企业的国家；美国联邦政府于1953年成立小企业管理局，此后每年都拨付贷款基金和担保预算。虽然，发展中国家和发达国家中小微企业融资缺口不同，普惠金融福利改进空间存有差异，但很显然各国政府都对普惠金融予以了大力支持。

（4）推动穷人金融权益保障制度的完善

普惠金融作为金融平权的重要实践，对完善弱势群体的权益保障体系起到了巨大的推动作用，其中最著名的就是金融消费者保护方面的法规。弱势群体的金融认知水平、风险防范意识和避险能力普遍有限，为防止其权益遭受侵害，需要出台保护金融消费者权益的法律规范，以防止供给环节可能发生的不道德行为。美国金融消费者保护法规历史悠久且成熟，至今已颁布10余部相关法律。这些法案包括《诚实信贷法案》《平等信贷机会法案》《社区再投资法案》《金融隐私权法案》《金融服务现代化法案》《公平债务催收作业法案》《多德－弗兰克华尔街改革和消费者保护法案》。2010年，美联储内部还设立了一个独立的金融消费者保护机构，这些法律规定和做法均可成为发展中国家的有益借鉴。近年来，随着我国普惠金融服务群体的不断扩大，金融消费者队伍发展迅速，金融消费者权益也不断提上日程，我国也陆续出台了有关条例和指引。但总体来说，我国金融消费者的法律体系还较初级，目前的金融立法仍侧重于规范金融机构运行秩序方面，对金融消费者合法权益的法律规定不够明确，尤其对弱势群体消费者不够重视，更是长期缺乏承担和履行相关保护职责的监管机构。2016年，中国人民银行印发了《中国人民银行金融消费者保护实施办法》，在2020年又进行给了修订和增补。该办法将中国人民银行及其分支机构作为承担和履行投诉处理、监督检查、评估等管理职责，但仍没有一个独立的专门机构负责此事，这就容易造成行政人员职责交叠和低效的局面。

随着普惠金融生态系统的不断发展，除了金融消费权益的显性保障外，还不断产生了种种隐性的配套权益，如赋予弱势群体财产所有权。长期以来，传统金融机构排斥弱势群体的主要原因是他们缺乏可作为抵押品的财产。在资本主义国家，财产私权制度可促进金融资金流通；但在像中国这样以公有制为主体的国家中，农民的土地和宅基地都归属集体，农民很少拥有合格的产权抵押给银行。普惠金融主攻小额信贷，很少涉及弱势群体的中长期资金需求。事实上，普惠金融是很难在农村地区深入推进的，农村可能将长期停留在政策性贷款和社会关系担保的小额信贷阶段。不过，乘着我国工业化、城镇化发展的东风，这一问题已经逐步纳入解决日程。2014 年“三权分置”改革开启了我国农村土地财产权的再次认定，村集体拥有土地所有权，农民则将拥有土地承包权和经营权，《民法典》规定经确权的经营承包可入股、抵押和流转。紧随其后，2016 年，中国农村又开展了一项重大改革，即集体资产股份和权能的改革。简单来说，就是实现了集体资产的股份化和村民的股民化。这项改革赋予了农民多项权利，包括对集体资产股份的占有、收益、退出、抵押、担保、继承等。这一制度改革正在中国农村展开，预计将使 7 亿农民充分享受改革红利，他们将拥有更多具有金融属性的财产权益。

（5）助推金融创新和金融机构业务拓展

由于目标群体多、个体规模小、地理空间分散等特点，普惠金融一直存在覆盖率低、风控难的问题。为了解决这一问题，很多创新企业、互联网平台以及传统银行纷纷投入研发力量，招揽技术人才、创建金融科技实验室等，将大数据、人工智能、区块链、物联网等技术与普惠金融服务进行深度融合。全球金融科技创新和应用越发突出，美国以 FinTech 公司为代表，开发了移动支付、财富管理和网贷业务；中国则是以互联网企业为代表，推出了第三方支付、P2P 网贷等业务。

金融技术升级带来的新的商业模式、产品以及市场，将极大地拓展普惠金融生态系统内公司的业务量，这些公司包括互联网平台、传统银行普惠金融事业部、金融技术维护公司、商业模式孵化器等。2018年，安永最新发布的大中华区调研报告显示，普惠金融不仅有益于个人和当地经济发展，还对金融机构利润产生着积极影响，可维持营收稳企的趋势，尤其是亚太区新兴市场的金融机构将迎来难得的战略增长机遇。该报告预计，如果普惠金融服务能够覆盖到60个新兴国家所有排斥的小企业和消费者的话，预计2020年全球银行业年度收入可增长2000亿美元；亚太区新兴市场银行年度收入可增长880亿美元；而中国金融行业则可能成为全球普惠金融营收增幅最快的国家，2020年预计年度收入可增长634亿美元。据中研普华产业研究院预测，中国2021年普惠金融产业规模可达到114.25万亿元，是2020年的1.25倍，2025年预计还能在2021年基础上再翻一番，达到221.33万亿元的规模量级。

2.2.3 普惠金融福利非稳态的现实证据

上海交通大学邱慈观教授（2018）提出过一个观点：“金融普及性与稳定性之间存在抵让关系，普惠金融有助力包容性经济发展，提升社会福利的一面，但也蕴含不稳定因子。如何在二者之间取得平衡，是普惠金融未来探索的方向。”在配合快速可持续增长的发展过程中，普惠金融必然要通过市场机制作用来扩大其包容影响力。普惠金融的出发点是提携有劳动能力的长尾群体一起进入发展轨道。但市场化运作模式又极易放大其金融的剥削本质，从而使普惠金融产生包容性异化问题。

（1）普惠金融业务“右移”倾向显著

普惠金融的出现虽然有利于金融人权和经济发展，但它本身是金融，不是财政转移支付，更不属于社会救济范畴，更需要从市场运行规则出发，才能获得内生性的可持续（赵建，2018）。无论是发展中国家还是发达国家，普惠金融的推广都离不开商业化运作模式，即便有政府的普惠贷款项目，以及一些非营利组织的公益小贷，但其总量占比都比较小，难以惠及更广泛的地区和人群。所谓普惠金融，应该是先有“普”，再有“惠”，只有在“普”的基础上先解决好有和无的问题，才能解决“惠”这个好与不好的问题。激励商业金融机构入市是发展普惠金融的必然选择。实际上，美国早在1953年就成立了小企业管理局，联邦政府每年会为小企业拨付担保预算和风险基金，但政策性贷款仅占企业贷款总额的22%左右（中国约为32%），中小企业的贷款供给主体仍然是大大小小的商业银行。中国银监会在2017年发布的《大中型商业银行设立普惠金融事业部实施方案》中也明确规定各普惠金融事业部要以商业化运作为原则。

商业运作模式下的普惠金融业，其议价权必然是掌握在供给方手中的。供给方为了规避高风险，一般会采取三种典型的定价模式：

①高利率。在借款人信用风险较高、还款能力有限的情况下，贷款机构为了弥补可能的违约风险，采用较高的贷款利率，以确保获得足够的回报。但中国政府一般会对资金供给方进行严格的上限管控（我国民间金融机构利率的司法保护上限约为16%），使这种利息定价模式的盈利空间受到了限制。如果贷款机构要在这个市场上赚取到足够利润，还需要在其他方面寻找机会。

②扩大消费信贷规模。根据大数原则，可利用规模效应来弥补高风险业务带来的损失。一般来说，民众对消费信贷的需求远高于生产融资的需求，据2019年小微贷款科技平台统计的业务规模显示，消费信贷总额达到17320亿元，小微经营者信贷仅4217亿元，前者是后者的4倍有余。于是，精明的普金机构会选择通过扩大消费贷款规模来分散生产贷款风险。然而，这种做法存在潜在问题，即可能引发低收入者的过度消费和超前消费，诸如校园贷、裸贷等违规贷款的现象层出不穷，但又屡禁不止。这种不考虑借款人的消费水平和还款能力的不负责行为，不但会增加借款人的还款风险，还会加剧整个普惠金融市场的系统风险。

③资产证券化。金融公司通常喜欢将高风险的信贷债权通过资产证券化的方式转移风险，并且这种资本操作还能够带来高额融资，因此备受互联网金融公司的青睐。如，京东白条、阿里小贷（后来的蚂蚁花呗、借呗）就曾通过复杂的 ABS 设计进行过高杠杆、高循环融资。但是这种金融衍生工具的过度使用会助长投机性交易，给社会带来巨大风险隐患，这也是为什么蚂蚁金服在 2020 年被紧急叫停上市的原因。

总之，商业化的普惠金融机构本来是以满足底层金融需求为出发点，以赚取适度利润为目的的营利组织，但在社会责任与获利之间却往往发生"右移"倾向。这些机构搭载政策红利，通过攫取消费剩余或转嫁风险等手段对社会财富进行潜移默化地集中或垄断，具有极强隐蔽性和传导性，当出现危机时往往为时已晚。近年来，普惠金融这类"右移"倾向强趋势加强，其产生的社会负面效应也越发凸显。随着这个泛金融时代的到来，金融虽不再遥不可及，但政府当局须高度警惕和防范它对社会底层的风险传导作用。

（2）普惠金融服务客体愈加脆弱

联合国提出的普惠金融的服务重点是小微企业、农民、城镇低收入阶层等弱势群体。这一群体本身的财务信用能力是偏低的，异化为高利率的普金产品往往容易导致这一群体进一步陷入债务困境甚至破产的境地。随着现代金融科技的进步，小额信用不断向更广大群体范围开放。在透支消费文化日益盛行的当今，大量商家和借贷机构无时无刻不在刺激和助长着包括中低收入群体的消费欲望。如今，城镇，甚至农村地区已开始出现越来越多新的贫困群体，他们也有工作和固定收入，但却成了"月欠族""月光族""零存族"。这种寅吃卯粮的消费恶习已使大多数中低收入群体跌入"零储蓄、高负债"的恶性循环中，大大地削弱了他们本就不算高的收入和财富积累能力，这会给个人、家庭和全社会带来新的风险隐患。弱势群体不仅经济状态弱势，还面临信息弱势、认知弱势、风险防控弱势等局面，很容易被越来越多的新的准金融机构、类金融机构包装的金融产品和营销所迷惑和欺骗。在泛金融时代，更需要提出弱势金融消费者的保护命题，多提倡良知和法治，抑制借普惠金融之名行跑马圈地的野蛮行径；加强对弱势群体消费者的关注、支持和保护，这是现代金融文明时代的应有之义。

在美国，金融泛化使低收入者被信贷深度“裹挟”的问题十分突出。芝加哥大学历史学教授 Daniel Boorstin 曾说：“几乎毫不夸张地说，美国的生活标准是靠分期付款买来的。”美国的穷人是看病用分期，吃住靠低保（陈强，2011）。很多文献批判美国人这种寅吃卯粮、过度消费的经济增长模式，是美国经济结构严重失衡的体现（项卫星、刘晓鑫，2006；金仲荷，2009）。虚拟化经济时代，美国全面开启了“服务型经济结构 + 消费增长极”模式，“服务产品 + 物质产品”极大地拓展了消费的范围和体量，几乎覆盖了美国人民生活的方方面面。消费类型的增多和服务价格的提高，仅靠现金支付已经难以满足人们的需求，信贷泛化时代便随即开启。金融泛化是美国金融集团最大化地挖掘低收入群体“信用剩余价值”的工具，当穷人用“信用剩余价值”筑起富人高高的财富金字塔的时候，贫富差距难以弥合就可想而知了。

（3）普惠金融溢流引发金融危机

普惠金融溢流是指普惠金融资源过多、过快配置，超出普惠群体还款能力导致普惠群体境地更加恶化的现象，这一现象在新兴国家和发达国家都存在。联合国提出普惠金融理念之后，在 2006—2010 年不断发生因过度金融导致的全球小贷危机，2010 年印度安德拉邦的小贷援助尤为典型。花旗集团等知名小额信贷投资中介机构在两三年内持续向印度安德拉邦输送了大量国际债务援助，但债务资金的供给远远超出了当地穷人的能力承受范围，引发了大量的违约，催收员以暴力催收方法致使当地多名穷人自杀身亡。虽然印度政府随后下达了小贷禁令，但事件却并没有以此告终，贷款供给的突然中断后又给当地劳动力市场与民生消费造成了极大的冲击。此外，亚洲的巴基斯坦、中亚的波斯尼亚和黑塞哥维那、非洲的摩洛哥与加纳等国也都爆发过小贷危机事件；近年来，中国 P2P 网贷行业不断引发的小贷爆“雷”也如出一辙，与上述国家的小贷项目一样，中国的 P2P 平台在 2020 年几乎全部取缔。除了发展中国家，发达国家的美国在 2008 年爆发了举世瞩目的次贷危机，这次危机是向超出偿还能力的穷人过度发放次级抵押贷款引起的。总之，不顾弱势客户承受能力，快速扩张信贷资金的做法存在太多弊端，容易引发地区、国家，甚至世界级金融危机。为此，联合国责任投资原则中发布了一套名为“责任普惠金融投资原则”的指南，非常具有警世意义。

（4）普惠金融的生产性排拒反应

当弱势群体的消费剩余、保险剩余、理财剩余高于其生产剩余时，市场自由化配置的普惠金融资源必然会流向消费、保险、理财三大领域，而使弱势群体的生产能力逐渐减弱。当弱势群体的消费、保险和理财能力逐渐提升时，其虚拟财富会越来越高，同时与实体经济的内在联系也将越来越疏远。一旦所垒筑的虚拟财富破灭、崩溃时，将会出现难以想象的巨额财富损失，以及日益恶化的贫富差距与加剧的阶层撕裂。因此，需要社会形成普惠金融生产性引导机制。美国推出了对小企业创新创业的政策性定向担保；中国除了小企业的定向担保外，还将普惠金融引入地区经济结构调整，尤其是参与农业产业结构调整，其目的就是为了让普惠金融资源服务于实体经济，尽量保障普惠资金对应的实体产业。

通过上述分析可知，当普惠金融资源进入大规模商业开发模式时，诸多风险会应运而生。大多数发展中国家在普惠金融建设之初往往只关注供给侧改革，忽视了应有的配套机制设计，以至于这一产业在早期处于野蛮生长、乱象丛生的状态。而在市场失灵后，政府才予以事后干预，恐已难以挽回造成的经济损失。普惠金融市场的运行要义是深耕长尾群体，稳健输出金融平等权益，并且在利己与利他之间保持长期均衡。因此，普惠金融的良性发展首先必备有力的金融监管机制，并配以成熟有效的风险预警和防控系统。其次，还需要开发面向普惠群体的社会保险、保障体系用以提高弱势群体抵御风险的能力。最后，也是最为关键的就是要有相应的产业发展机制。如果没有配套的实体发展项目，普惠金融只会沦为大资本扩大经济泡沫的工具，无法实现解放贫困人口生产力、稳健提升脱贫致富的终极目标。事实上，当前的普惠金融被过度宣扬为金融平权的人性高度，殊不知一味追求金融平等的后果反而会使穷人陷入无穷无尽的消费欲望和财务困境。

总之，普惠金融需要在普惠群体可承受的债务能力内，在营造良好的金融生态环境、构建必要的保障治理机制基础上来决定商业化普惠金融市场的规模，切勿盲目开发和扩张市场。事实上，许多发展中国家还不具备规模化开发这一昂贵精致产品的条件，普惠金融可能还需要长期停留在政策性小贷或公益性小贷阶段；我国虽然已经步入中高收入阶层，金融普及扩大也要符合未来产业经济发展和人民日益增长的金融需求，但依然要顾全大局，不能任由金融创新野蛮生长、无序扩张，防止由金融“普惠”带来“普灾”的局面。发达国家深耕普惠金融多年，早已构建出一套成熟的金融监管和风险防控机制，那么是否产生了良好的包容性增长效果呢？事实似乎并非如此。因为大多发达国家已经进入后工业化时代，导致贫困人口赖以生存的产业发展基础不断流散，普惠金融实质变成了助力虚拟产业扩张的有力工具，金融危机频发或将成为大概率事件。综上所述，要维持普惠金融的良性和稳健的运作，需要依靠金融监管和福利保障等制度的支持，同时也需要实体产业来防止普惠金融的目标偏离，三者缺一不可，是普惠金融生态系统的重要组成部分。

第3章 美国普惠金融发展进程回顾

自本章起，将对两个具有不同社会经济体制特征的代表国家进行对比分析。第3章和第4章作为历史梳理篇，第5章则为实证研究篇。在本章中，作者将以工业发展阶段为背景，深入探讨中美两国在技术、资本、制度等方面对普惠金融的投入，以及普惠金融在为弱势企业和弱势群体提供服务方面的情况。先从梳理美国普惠金融发展进程开始。

3.1 1945—1980年

3.1.1 工业型小企业兴起与消费热潮

第二次世界大战结束后，与选择重启重化工业道路的欧洲国家不同，美国已经完成了原始资本积累和技术转化，钢铁、汽车、飞机、武器装备等都是世界第一。作为当时世界最强大的工业王国，美国接下来要思考的事情是将重化军工产业向民用工业转化，开拓商品经济社会化大生产，并建立消费市场。

（1）第二次世界大战后美国成为“世界工厂”

第二次世界大战后，美国拥有世界上最完善的工业生产制造体系，从军工武器装备、石油化工、钢铁、汽车飞机，再到日用消费品全线齐备。美国是当时唯一的世界超级制造强国，也是当时的“世界工厂”。第二次世界大战后，美国以全球占比7%的人口，生产了全球42%的工业制成品、43%的电力、57%的钢铁、62%的原油和80%的汽车（艾伦·格林斯潘，2019）。美国制造业工人占非总劳动力人数的比例达到了1945年的21%。1948—1966年，美国一直保持全球最大贸易顺差国，1968年第一次出现贸易逆差，但规模不大，只有11亿美元。此后的10年，两次全球石油危机和国内劳资矛盾激化促使美国制造业加速海外迁移，1976年起，美国成为全球最大的贸易逆差国，并持续至今。

（2）工业型小企业蓬勃发展

①工业鼎盛时期造就小企业与大企业的利益联盟关系。美国倡导自由竞争市场，小企业[①]作为促进市场竞争的基础力量，一直备受美国政府的高度重视。其实，在第二次世界大战期间，美国的小企业就发挥了重要作用。当时，由25万家一级承包商，12万家分包商，以及数量庞大的小企业所组成的工商业队伍，成就了美国举世无双的“民主兵工厂”体系。第二次世界大战结束后，随着军工厂逐渐民用化，以制造大厂为核心，若干小企业为依附的民用制造业体系又再次成就了美国“世界工厂”的霸主地位。据统计，在20世纪70年代初到80年代初，美国90%的机器制造企业是由200人以下的小企业所组成，其中，100人以下的企业占24.2%，20人以下的占65%。

此时的小企业与大企业之间相互依存、共同发展，有很强的利益关联性。例如，生产一辆汽车需要超高工艺的发动机、高精密度仪器零部件、车身框架和轮胎等，而这一切全由一个大企业内部实行专业化分工来完成不仅不可能，也是不经济的。一般地，大型汽

① 美国的小企业是指雇佣员工不超过500人的企业，或者净资产小于600万美元，净税后收入小于200万美元。

车制造公司会将小型零部件分包给专业化的小企业去生产，具有不同工艺的众多小企业成为依附于大公司的专业化服务体系。从20世纪20—70年代前，美国底特律就吸引了无数充满活力的小型汽车零部件企业，成就了美国福特这样的大型汽车制造商。除了汽车以外，还有飞机、火车、民用家电等制造业也如此，越是规模巨大的生产制造大厂，越是需要与分工协作的若干小企业形成紧密合作关系。总之，在1950—1980年美国工业化鼎盛时代，产业资本构筑起了一个强有力的利益关系链，大企业依靠众多小企业为其提供专业化服务，小企业则依靠大企业为其提供合同订单来维持其生存，大企业和小企业之间形成了“你中有我，我中有你”不可分割的命运共同体。随着美国工业制造业的蓬勃发展，20世纪70年代后美国小企业数量的增长与大资本集中的趋势相一致，即小企业越多，大企业越壮大。

②小企业提供了美国一半的就业机会。第二次世界大战后，美国小企业发展十分迅速，1947年，小企业总数不到806万户，1985年近乎翻了一番，达到1500万户，约占全部企业总数的98%。小企业对美国的经济贡献和提供的就业分别达到了GDP和私人就业岗位数量的“半壁江山”。根据美国小企业局（SBA）的数据，1958年，小企业就业人数约占总数的55%，1977年为52.5%。总之，这一时期的小企业所创造的经济社会贡献价值可以说是撑起了美国的“半边天”。

③重视对小企业的立法保护。第二次世界大战后的小企业既是美国强大工业制造体系的重要组成部分，也是安置美国一半劳动力的就业场所，还是美国推崇自由竞争的实践者。但小企业天然的弱势很难对抗美国大资本的垄断打压，寿命周期又较短，频繁倒闭容易影响就业率的稳定性。为了维护美国完整的制造体系、促进就业率的提高、维护美国自由竞争的市场环境，美国政府很早便开展了对小企业的相关立法保护工作。1953年，美国国会宣布实施《小

企业法》，明确了对小企业的基本国策和管理办法，从法律层面是确立了对小企业发展权的维护。同年，联邦政府还成立小企业管理局（SBA），专门负责监管、落实、执行对小企业的各项支持政策。美国参众两院还成立了小企业联合会，专门从事研究和制定小企业的政策法规。1958 年，美国国会颁布了《小企业投资法案》，授权小企业局成立小企业投资公司依法为小企业提供金融支持；1979 年，美国成立了小企业政策办公室，负责向脆弱的小企业提供资金支持，帮助其平稳度过石油危机带来的冲击。

（3）从大众消费到品牌消费

第二次世界大战期间，美国的主要工厂都用于生产战时武器装备，肉食、牛奶、肥皂、糖果等民用物资十分短缺，美国政府采取配给制限制消费，同时还鼓励人们加强储蓄或购买战争债券，为第二次世界大战后经济复苏做准备。第二次世界大战结束后，外有世界经济重建的刺激，内有大萧条长期压制的需求反弹，以及“婴儿潮”的来临，美国迎来了巨大的消费需求。美政府随即快速进行了经济计划调整，将军工企业的大部分产能转为民用生产线。此后，源源不断的日常消费品涌入美国大大小小的商店里，家用电器、黄油、薯片、服装、剃须刀、玩具等层出不穷。国防开支在 1944 年占 GDP 的 40% 以上，短短 3 年就锐减至 10% 以下，军工业迅速成功转型为工商业。

大众消费需求得到极大满足，不仅有美国民用工业转型的原因，还得益于第二次世界大战后美国经济高速发展带来收入大幅增加。1947—1973 年，前 20% 百分位的美国富人阶层收入增长了 85%，前 60% ~20% 百分位的中产阶层收入则增长了 100%，后 40% 百分位的低收入阶层增长速度更快，达到了 116%。各个阶层的收入都大幅上涨，其中低收入群体的增速尤为惊人。另有一组数据也证实了这一点，美国“蓝领工人”时薪增长率从 1961 年的

1.40%上升到1981年的11.14%，涨幅达6.95倍[①]。各阶层收入的增长，特别是中低阶层收入的增长，才是支撑美国大众旺盛消费力的基础。

1970—1980年，美国陷入经济“滞胀”期。随着中产白领阶层（工程师、经理、会计、文员、律师等）的不断扩大（1960年，制造业中的白领人数与蓝领人数之比为75∶25），美国贫富差距也逐渐拉大。中高产收入群体的阶级划分意识越来越强。他们身穿笔挺的西装、珠宝首饰、皮鞋等高档服饰，端坐于干净明亮的办公室里，与工厂上班的蓝领工人形成鲜明地比。他们不仅有着更高的学识和身份地位，而且有着与他们匹配的社交圈层。为了与城市工人和贫民住宅区划清界限，中高阶层甚至挑选郊区购买住宅，建立与他们相隔离的生活社区。中产阶层更加重视品牌消费，他们认为品牌价值代表着身份和地位，其价值高于大众消费品。这些城市精英被称为“雅皮士（Yuppies）”，有别于60年代着奇装异服的“嬉皮士”，他们是受过高等教育，有高职工作，生活富裕的年轻一族。“雅皮士”们掀起了一股品牌消费文化的浪潮，这也引起中低收入阶层群体的跟风效仿。

3.1.2 工业化时期的“平等时代”

工业化的全盛时期开创了美国自第二次世界大战以来最“平等的时代”。从图3-1可以清楚地看到，这一时期美国的贫富差距并不是很大，1947—1980年，美国家庭收入基尼系数仅在0.348~0.379，未超过0.4的界限。其原因就在于工业化体系是最具包容性的社会经济增长机制，它构建了产业资本家与广泛劳动者之间的利益共同体。企业主和产业工人吃的都是一口锅里的饭，尽管分配有多有少，但二者之是互相依存的利用相关者的关系。工人依靠企

① 资料来源：经济合作与发展组织（OECD）。

业发放工资来养家糊口，企业主依靠工人为其创造财富。另外还一点就是，在全球化之前，美国的产业资本主要投资于国内，为本国产业工人提供了大量就业机会，还为国家创造了丰厚的税收，为改善公民福利奠定了坚实的财税基础。

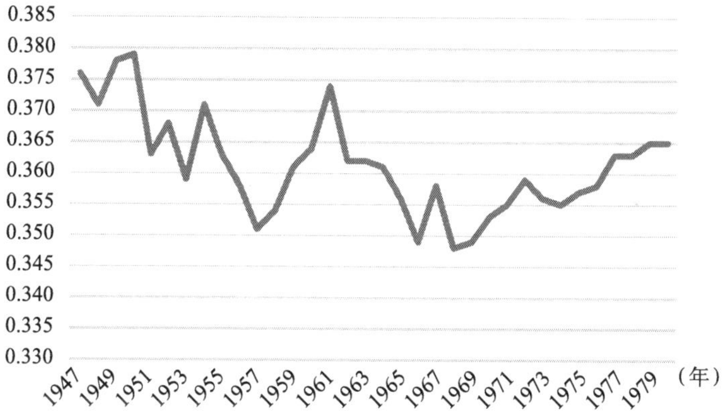

图 3－1　1947—1980 年美国家庭收入基尼系数

资料来源：世界银行。

此时美国产业资本的国家属性是最鲜明的，美国企业创造的社会价值也是最高的。1948 年，通用汽车公司与全美汽车工人联合会（UAW）通过民主协议签订了一份关系雇主与员工之间、工会与经理人之间的社会契约，是第二次世界大战后美国企业与其利益相关者之间达成和谐共生最具代表性的事件。这一时期，企业高盈利、员工高薪酬、国家高福利的美国梦均可以通过雇员双方达成经济契约来实现。可以认为，工业鼎盛时期的美国确实具有包容增长的各种特征，是具有考察价值的一个典型时代。

3.1.3　小企业金融扶助与个人消费金融兴起

（1）小企业的金融援助方案

经济大萧条之后，美国进入金融严管时代，多数银行存贷利率受限，不可分业经营和跨区营业等。为了规避高风险，银行通常只向大企业客户提供金融服务，而对于经济实力较弱的小企业设置了高门槛。于是，美国政府出台了各种惠及小企业的金融援助计划，美国小企业管理局（SBA）充当了其中的执行人和管理者的角色。帮扶方式尊重市场效率和多元利益平衡原则，其目的不仅在于增加小企业的金融可获得性，还在于鼓励更多的金融市场供给主体的积极参与。

①SBA 担保的银行贷款。美国小企业局（SBA）每年会获得财政拨付的固定的小企业的专项担保预算，这些款项不会直接贷给小企业，而是与美国商业银行或金融机构合作，通过担保的方式、遵循市场化运作原则来向小企业提供贷款。小企业的信用评估交由合作银行来做，通过评估的小企业按照银行的贷款条件执行贷款协议。SBA 为小企业提供了三种常见的担保形式：A. 一般性担保贷款［又称 7（a）计划］。总贷款低于 75 万美元的，SBA 提供 75% 的担保，低于 10 万美元的提供 80% 的担保；B. 微贷。针对少数族裔、低收入者、退伍军人、妇女等开办的小型企业，金额不超过 5 万美元，期限不超过 6 年的具有较强政策性的小额贷款；C. 少量的快速贷。满足一些对效率有需求的小企业，又称“直通车”贷款。

②稳健型风险投资援助。小企业投资公司计划（SBIC）是美国政府与私人资本共同创建的一项专门为成长型小企业提供长期贷款或权益资本的援助计划。由于 20 世纪 80 年代之前，美国的金融监管收紧，小企业一般很难从银行或其他渠道获得长期资金，使小企业难以成长、扩张和技术创新。于是，1958 年，美国国会通过了由美国研究和发展公司设计的《小企业投资法案》，批准成立小企业投资公司（SBIC）。小企业管理局（SBA）负责该计划的实施与管理。SBIC 计划的实施促进了美国风险投资业的形成与发展，仅在 1958—1963 年，就有 629 家 SBICS 获准成立。此时的 SBICS 对小企业的援助方式较为单一，为求稳健，主要以 SBA 向 SBICS

提供贷款优惠的方式激励 SBICS 向小企业放贷。SBA 对于私人资本不超过 1500 万美元的 SBICS，政府贷款金额与私人资本的比例为 3:1，对于更大的 SBICS，比例相应降低到 2:1。并且 SBICS 将“可用于投资的全部资金”的 50%委托或进行风险投资时，每投入 1 美元还可以从 SBA 获得 4 美元低息贷款。

③政府采购。美国国会立法规定，政府和大企业的采购订单中，有 5%以上的额度要向小企业倾斜；同时规定 10 万美元以下的政府采购合同，要有限考虑中小企业，并给予价格优惠扶持；小企业的价格优惠幅度可达到 12%以下。1954 年修改的《购买美国产品法》规定，小企业购买美国产品的优惠要大于大型企业，小企业可享受 12%的报价优惠。但政府采购过程，SBA 会通过招投标的方式让更有综合实力的小企业获得采购特权。

（2）信用扩张与信贷歧视并存

美国第二次世界大战后商品经济发展迅速，各种产品极大丰富。虽然第二次世界大战结束后美国民众有不少储蓄存款，但是面对大型耐用消费品（如汽车、冰箱、缝纫机等）、高奢品牌商品，大部分美国人还是买不起的。于是，商家开始发明了分期付款创新，一种用于消费的短期贷款。1951 年，美国由私人消费组织（Diners Club），发明了会员卡开启了信用的前身。不久，加州美国银行开始效仿发行银行会员卡，即现在所说的信用卡（BankAmericard），结果大受加州民众欢迎，但因为大萧条后的金融体系整顿，国会规定银行不能垮州开展业务，导致信用卡的推广及其缓慢。直到 1968 年，美国银行成立了一家独立公司专门负责银行之间的信用卡业务，这个公司以后来大名鼎鼎的 VISA 的前身。1969 年美国银行以外的其他银行联合起来也成立了专营信用卡的公司，即 Master。此后，美国的个人信贷消费业务蒸蒸日上。但是，信用卡主要向美国中产阶层以上的群体普及，因为该业务是建立在对消费者有持续收入和良好支付记录基础之上的，对于收入较低、支付能力弱的群体，以及有色族群和少数移民群体，信用卡业务还是存在一定门槛的。

因此，此时的个人信贷业务主要集中于城市地区的“高净值”群体，“低净值”群体，如低收入者、一些家庭妇女、老人、失业者、黑人、移民者，以及城郊落后地区的居民则并未很好覆盖。20世纪70年代以前，美国的信贷歧视问题很严重，银行为了获得高盈利和低风险，私人银行以争夺精英客户为主，大部分弱势客户几乎处于放弃状态。20世纪40年代和50年代美国联邦住房署（FHA）和退伍军人署（VA）将在穷人或黑人聚居区划为红色区域（redlining），即“危险地区”，拒绝向圈红的社区发放贷款。1934—1960年，白人为主的圣路易斯县获得贷款是40%黑人人口的圣路易斯市的6倍。FHA和VA等级划分的权威性也影响了私人银行贷款的走向，使黑人聚集地区的资金流动严重缺乏。直到70年代，在美多年民权运动的影响下，美国左翼掀起了一场信贷民主运动，其主要目的就是推动信贷部门向原先被排斥的黑人、妇女、贫民开放。例如，芝加哥的“公民行动计划”联合了几十个社区组织展开抗议行动，包括举行集会和游行，制造舆论话题，向州长情愿，与官员洽谈等，最终督促州议会起草反对红线政策的法案。在金融民权运动的推动下，1974年，伊利诺伊州通过了美国第一个反对红线政策的法规，该法规规定每个贷款机构禁止依据种族、性别、婚姻、年龄、宗教、学历等特征实行红线政策的歧视行为。随后，其他一些州也陆续通过了类似的反红线法案。联邦政府在1968年颁布了《公平住宅法》，针对的就是美国公民在购买、建造、修缮住宅等方面被恶意拒绝贷款的行为，一旦被判定是因为种族、肤色、性别、宗教信仰、语言等原因不予通过申请将被认定为违法行为。接着，1974年，美国国会通过了《公平贷款机会法》，1975年签署了《住宅抵押贷款公示法》，1977年出台了《社区再投资法》。其中的《社区再投资法》建立了对银行等贷款机构的测评制度，其中一个重要依据就是给所在社区中低收入群体的贷款记录。这种测评制度在一定程度上降低了银行的歧视行为，因为如果发生社区示威抗议活动将有损银行的名誉，也会因此影响日后业务的审批，由此促使了银行与社区组织的谈判和增加对贫困社区的投资。

然而，上述纠正金融歧视的各种法案并不是百分之百在贯彻实施，由于联邦金融行政管理机构没有直接的制裁权，只能在业务审批、发放银行执照等方面实施制裁，力度相当有限。而且金融行政管理机关都不是专门机构，对于新增加的监管任务，在缺乏特别薪资激励时，也难以调动现有部门执行人员的积极性。即使在客户非财务特征方面的歧视有所缓和，但收入或财产达不到银行信贷标准产生的财务特征方面的歧视依然存在。

总之，随着这一时期美国信用卡业务的扩张，大大刺激了中产阶层的高品质消费，使大众消费业务不断向高奢品牌、单价高的耐用消费品和住房业务扩展，由此不断拉大与低收入群体的生活品质差距。由于美国还处于经济大萧条后的金融严厉管制条例的影响之下，利率尚未市场化，弱势群体金融业务成本高、风险大、利润薄，基本任何一家商业银行都不愿意开辟该业务，形成了诸多金融歧视问题。尽管经过一系列的信用平权运动和金融平权法案的推出，金融歧视问题得到了一定程度的缓解，但金融监管法案和银行避险原则的存在无法有效根除金融歧视问题，金融排斥现在依然存在。

3.2　1980—2019 年

3.2.1　对服务型小企业与中低阶层的信用渗透

（1）虚拟资本主义时代来临

20 世纪 70 年代后，两次全球石油危机的爆发引发能源价格上涨，美国传统制造业遭受强烈冲击。石油进口成本大增，直接导致美国制造业加速海外迁移，全球贸易格局就此拉开巨变的序幕。自1976年以来，美国从全球最大的贸易顺差国转变为逆差国（并延续至今），德国、日本和中国先后接棒成为全球最大的贸易顺差国。从昔日的“世界工厂”转变为贸易逆差国的转变，使美国在“服务与创新”的经济道路上越走越远、越走越快。1980年，金融、房地产和其他服务业的总产值占GDP的比重首次超过传统制造业；90年代后，随着信息和通信技术的崛起及其在全球应用中的深入推广，不仅使美国成为世界第三次工业革命无法撼动的领导者，而且成为美国经济几十年高速发展的动力源泉。与此同时，美国传统制造业所创造的辉煌历史逐渐被人所遗忘，曾经叱咤一时的钢铁和汽车行业也由经济领头羊变成了夕阳行业，华尔街和硅谷已取代“铁锈带”成为美国经济和政治全球影响力的中心。

（2）小企业向创新服务业转型

如果说第二次世界大战后至20世纪80年代之前，小企业是顺应工业经济结构调整、促进经济复苏（滞胀阶段）的重要力量的话，80年代以后，小企业则是稳定美国国内经济发展、取得全球创新竞争力的关键力量。里根总统曾表示“小生意最适于稳定价格、降低利率、促进经济平稳增长”，更声称“美国企业家群体一向勤于试验新产品、研发新技术、开拓更广阔的流通渠道”。简言之，虚拟经济时代下美国小企业的社会功能的定位是维持国内就业稳定、促进科技创新和培育本土竞争活力等方面。

①“去工业化”成就美国服务型小企业的大量涌现。20世纪80年以来，美国产业资本主义逐步过渡到金融主导的“虚拟资本主义”后，除了少数军工、高端制造业外，绝大部分小企业与跨国大型制造企业之间呈利益疏离或者利益无关状态，二者之间在工业化时代的利益连带感和认同度几乎已经消失。与传统制造大厂衰退所不同的是，小企业不仅没有陷入同步落寞反而呈逐年上趋势，

根据 SBA 统计数据显示，1985 年小企业为 1500 万家，2000 年超过 2300 万家，目前已达到 3000 多万家，其数量占到美国企业总数的 98% 左右，且绝大多数为服务类型的小企业（占比高达 99.7%）。如，花店、美甲沙龙、快餐店、化妆品经销商、照相馆、餐厅、小律师事务所、会计事务所等层出不穷。它们创造的价值虽然不及福特汽车、钢铁公司或者电话电报公司，但是却提供了更广泛的就业机会，并容纳了更多教育程度较低的群体，为减缓美国工业流失引发的经济和社会动荡作出了积极贡献。

②小企业是美国经济转型时期的就业“稳定器”。根据小企业管理局（1995）的资料，1958 年，小企业就业人数占总就业人数的 55%，1987 年和 1995 年分别为 56.5% 和 54%（[美] 小企业管理局，第三个黄金时代，1995）。可见，美国产业外迁并未导致国内小企业就业人数的大幅下降，反而是稳中有升。根据人口普查局的统计，1977～1987 年，小企业贡献了约 68% 的就业增长，1650 万个新增就业岗位里占了 1130 万个。一篇《基督教科学编报》里提到，在截至 1984 年的 20 年里，入围“财富”杂志最大的 1000 家美国公司几乎没有创造什么新的工作岗位，反倒是小企业为社会新添了 2500 万个职位。尤其值得注意的是，在 1980—1982 年第二次世界大战后美国最严重的经济衰退期间，小企业的就业人数持续增加，而大企业的裁剪人数也同样普遍提高。据章嘉琳（1987）在《变化中的美国经济》一书中的数据，此期间新增的 984000 个的就业岗位是由员工少于 20 人的微型企业所提供的。在随后的经济复苏期间，小企业依旧发挥着重要作用。根据陈宝森（1988）提供的美国经济研究数据，1982—1983 年创造的 300 万个新职位中，雇员不足 20 人的微型企业占到 70%～80%。1988—1990 年新增的 266 万个非农就业岗位中，90% 以上也是由不足 20 人的微型企业所提供的。1991—1992 年，小企业为主的行业新增就业达 17.8 万个，大大弥补了大企业为主的行业在经济弱复苏期间裁剪

掉的40万个就业岗位[①]。

总之，小企业在美国经济转型期间创造就业岗位方面的成绩斐然，对于弥补大企业大规模裁员带来的不利影响起到了巨大的缓冲作用。小企业提供的就业机会维持甚至提高了一般民众的收入水平，使社会购买力保持稳定，使美国经济更具灵活性和适应性，缓解了一系列社会矛盾。特别是在经济不景气时期，小企业通过吸纳大量就业人员降低了失业率，在促进经济复苏和维持经济平稳发展方面起到了关键作用。

③小企业成为美国技术创新的支柱。除了稳定就业和安抚民心外，脱离制造业后的小企业也成为美国引领世界第三次产业革命的重要发源地。20世纪的飞机、光纤检测设备、心脏起博器、光学扫描器、个人计算机、通信、互联网技术等都是小企业发明的。根据SBA公布的资料，在美国所有高技术企业中，雇员少于20人小企业占17.3%；雇员少于500人的占17.4%；500人以上的大企业高科技企业仅7%。SBA还曾经收集20世纪对美国和世界有过巨大影响的65项发明和创新，发现他们基本上都先由个人完成，然后取得专利，办起自己的小企业，生产和销售这种新产品，最后再发展成为大公司。

80年代后，小企业在美国的创新功能更是上升高国家战略地位，1982年美国政府推出了《小企业创新研究计划》，帮助小企业的研究成果快速转化为市场运用，使小企业的科技投资回收期比大公司缩短了约25%，小企业创新发明的成果转化率高于大企业。通过为小企业创造良好的外部环境，极大地促进小企业的创新发展。中小企业也越来越成为美国生产力水平提升、国家财富积累、科技创新的重要来源。苹果、IBM、微软、惠普、谷歌、亚马逊等互联网科技巨头企业的大获成功与美国注重中小企业的发展不无关

① 资料来自美国的1993年的《小企业状况：总统报告》。

系。创新创业是小企业的核心要义之一。

总之，美国两期前后产业结构的改变，使小企业由依附制造产业转变为独立自主的服务型企业，这是一种新的经济形态，与中国在2014年提出来的“大众创新，万众创业”的新个体经济业类似，它是一种具有颠覆性与革新性的新型就业形态，对美国“去工业化”后的经济发展产生了积极而深远的影响。创新立国、高质量服务为本的新个体经济理念不断涌现，推动美国社会人才创新、技术创新、市场创新、发展创新的发展蓝图。

（3）美国成为世界最大消费市场

当服务业为GDP创造的价值超过商品制造业的时候，将带来消费格局的巨大变革。美国消费市场的增长驱动已经从大众实物消费转向大众服务类消费，如，物业管理、医疗服务、养老服务、教育支出、租车、旅游、家政服务、律师咨询等，还有新兴的服务类型，如心理咨询、婚恋服务、社交平台、创业咨询等。

美国消费规模扩大的因素有：

①人均收入的提高。1980年美国人均收入为11326美元/人，1994年就翻了一番，达到22574美元/人，2019年已经高达59744美元/人，相当于这40年来年均增幅为10.68%。

②政府将消费作为拉动美国经济增长最重要的因素。随着“工业空心化”和美国成为贸易最大国，推动经济发展的“三家马车”中的投资与净出口的作用渐微，消费成为美国经济的最大贡献极。根据美国经济分析局的数据，1981年美国的个人部门消费就占到GDP的61.9%（不含政府和企业消费），2019年这一比例为69.1%。

③社会福利制度让美国人民的消费无后顾之后。美国的社会福利制度良好，包含社会保障、医疗保险、公共服务等为居民解除了后顾之忧，美国人民敢于超前消费，不愿意储蓄。综上这些原因，使美国成为世界消费的超级大国，从图3-2可以看到，美国1981年人均年消费不到1万美元，2017年就已经突破了4万美元大关；

1974 年以前，个人消费支出占实际可支配收入的比重不到 20%，而 2020 年已经高达 98.74%，快接近 100% 了。

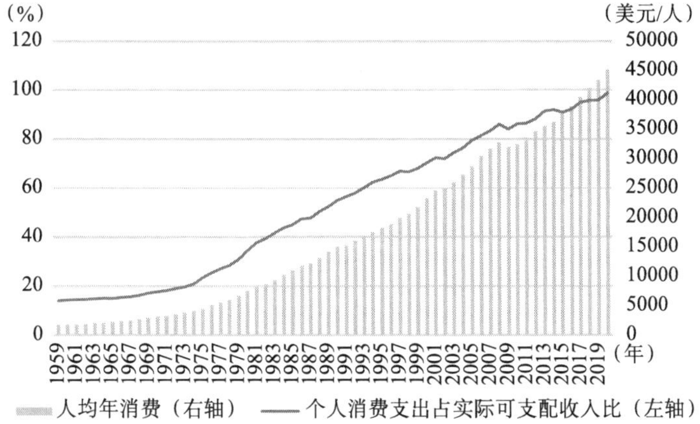

图 3-2 美国人均年消费额和个人消费支出占实际可支配收入比

资料来源：美国经济分析局。

（4）虚拟经济下的“不平等时代”

当美国的产业资本主义过渡到以金融业主导的“虚拟资本主义”阶段后，中低阶层与大资本家之间的利益粘连已经日渐衰落，经济共同体逐渐瓦解进一步加剧了社会阶层分化和贫富差距。从图 3-3 可以看到，红色虚线左右两边的美国家庭收入基尼系数出现明显的不同走势：虚线以左的保持在 0.34~0.38，较为平缓；虚线以右的则不断攀升，从 1981 年 0.369 上升到 2017 年 0.458 的制高点。这说明虚拟经济社会下的美国社会利益结构自 20 世纪 80 年代以来发生了深刻而显著的改变，过去传统的良性“利益联盟”关系已经在美国逐步消失。虽然那个时候蓝领工人也被产业资本家剥削着剩余价值，但是大家基本上都在“一口锅里吃饭”，你中有我，我中有你，是一种良性利益互通的关系，况且美国强大的工会组织也并没有让蓝领阶层利益受损。从本章 3.1 节，我们了解了美国工业时代下的中低阶层收入增长速度高于中产阶层和富人阶层，这都充分说明 80 年代之前的美国社会具有一定的经济包容性增长特质。

图 3－3　1947—2019 年美国家庭收入基尼系数

资料来源：世界银行。

对比图 3－3 和表 3－1，1955—1985 年以制造业为核心的传统生产性行业占 500 强产业的 68.6%～78.4%，这一时代也是美国国内贫富差距较为平缓的时期，基尼系数不到 0.39。但是，随着传统制造业的落寞，金融业、新兴技术产业和服务业的强势崛起，在 2011 年美国家庭基尼系数已经突破了 0.45 的警戒线。

表 3－1　美国 1955—2019 年财富 500 强产业分布变动趋势（%）

年份	1955	1965	1975	1985	1995	2005	2019
传统生产型行业	78.4	75.2	72.2	68.6	45.0	45.8	44.2
新兴技术产业	14.6	16	17.4	20.8	20.6	21.6	21.8
金融业	0	0	0	0.6	16.6	14.8	17.8
其他服务业	2.0	3.8	4.8	5.2	13.4	14.2	12.4

资料来源：摘自观察者网专栏作者程亚文博文《世界有两个美国：你玩你的，我玩我的》。https：//baijiahao. baidu. com/s？ id＝1670246183150975087&wfr＝spider&for＝pc.

当高知人群聚集在“华尔街”和“硅谷”时，众多传统制造业人员，即那些“铁锈地带”的蓝领工人流向了哪里呢？毫无疑问去了服务业。自1995年起，商超、零售、大型物流企业开始占据美国《财富》500强的10%左右，事实上榜单上的这些服务企业属于高附加值企业，吸纳一般就业人员的数量是有限的，蓝领工人更多的流向了低端服务业。低端服务业的工种替代性高、人群流动性强，这意味着工作岗位的长久性和稳定性都偏低。他们大部分人从事于餐饮、零售导购、客服、保险员等这些不需要大学文凭的低收入职业，这与过去蓝领工人薪水的购买力完全不能相提并论。美国产业结构从制造业向服务业的转变直接导致了中低阶层实际收入的减少。

而美国“华尔街”和“硅谷”的精英们却对此漠不关心，他们正在不断努力使自己跻身为1%的顶级富豪。21世纪初爆发的次贷危机曾引发了一次“占领华尔街”抗议运动，抗议者高举“99%”清晰的标语，直指美国99%的老百姓与1%的富豪之间贫富悬殊。过去，在谈及美国贫困群体时多指少数族裔和黑人群体，但自去工业化以来，美国大量的白人也同样陷入贫穷与困顿境地。通过“机会均等”让所有人都能有机会创造“美国梦”的主流意识似乎不断受到质疑，越来越的人清晰地意识到，所谓的机会均等和美国梦只不过是富人在虚拟经济时代用以割裂与穷人的联系，加速自身财富聚集的巧妙手段而已。当然，为了防止社会矛盾激化，美国推出了各式各样的社会保障方案和针对穷人的救助法案，以力图减缓美国社会中的阶级对立。但是，如果不改变这严重失衡的“益富式”经济结构，就无法从根本解决阶层分化的矛盾。

3.2.2 金融服务的进一步泛化

(1) 放松金融监管促进金融深度覆盖

美国进入虚拟经济时代后，为了促进个体经济发展和居民消费增长，必须要扫清横亘在新自由经济发展道路上的一大障碍——金融监管。20 世纪 80 年代以前，严格的金融监管体制使信贷配给现象十分突出，金融排斥问题难以解决。虽然美国政府颁布有平权法案，但是最终实施效果并不尽如人意，对不符合银行财务特征要求的低收入者仍有较大排斥。这一问题自 20 世纪 80 年代后，随着美国金融市场逐步放松管制才得以有效的解决。1980 年 3 月 31 日，美国总统卡特签署了《1980 年存款机构放松管制和货币控制法》，取消了存款利率的最高限额，逐步实现利率自由化；美国《1980 年银行法》和《1982 年存款机构法》确定了金融机构业务交叉的合法性；1999 年，美国彻底废除了实行 66 年之久的“分业经营、分业管理”的《格拉斯 - 斯蒂格尔法》，美国银行业正式开始实施银行混业经营。此外，还有开放各类金融市场，放宽资本流动限制，放松外汇管制、促进证券交易等措施。

尽管在 2008 年金融危机爆发后，美国在 2010 年又制定了“沃尔克规则”，加强了对银行的审慎监管。不过，2018 年，特朗普签署的《经济增长、放松监管和消费者保护法》对“沃尔克规则”进行了调整，对于交易规模较大的银行主体仍执行“沃尔克规则”的标准，但豁免了小银行相关的监管约束：

①大幅简化了社区银行的资本金监管标准。资产规模在 100 亿美元以下的社区银行可以杠杆率作为核心监管指标，当社区银行杠杆率高于监管要求时，自动确定其符合所有资本金和杠杆率监管标准。

②积极拓展中小金融机构业务。资产规模低于 200 亿美元的储蓄机构可以在不改变章程的情况下享受与全国性银行同样的权利。

③降低中小金融机构的运营监管要求。资产规模低于 50 亿美元或符合联邦储备体系认定的其他标准的储蓄机构，可以降低信息报告要求。资产规模低于 30 亿美元的机构的存款保险资格审查周期从 12 个月提高至 18 个月。

中小银行和小型金融机构在过去强监管过程中弱化了对实体经济的服务功能，特朗普放松对小银行的监管标准、豁免对小型金融机构的“沃尔克规则”，本质上都是为了扩大这些机构的信用供给和金融服务能力，以促进小企业资本的形成和普通居民消费的扩大。此次美国金融监管改革影响最为深远的就是以杠杆率作为中小银行资本监管的新指标，大大弱化了“巴塞尔新资本协议Ⅲ”对其资本充足率的统一监管要求，对中小银行和系统性重要银行实行差别监管。

（2）小企业融资渠道和方式多样性

伴随着金融监管的放松，小企业经营范围的扩大，小企业融资渠道和方式也更加多元化。

①SBA 的担保类型更加多元化。小企业管理局的 7（a）贷款计划除了继续对大多数小企业进行最基础担保援助项目外，还增加了跨国业务的小企业贷款的出口融资担保项目。7（a）计划中的 SBA Express 计划的出口融资担保比例可达到 50%；出口运营资金贷款计划（EWCLP）还可以提供不超出 90% 的担保，不超过 100 万美元的担保金额。此外，SBA 还扩展了若干项担保计划，其中，Community Express 计划针对中低收入地区以及新兴市场的小企业提供贷款担保，还提供技术和管理扶助，帮助其提高贷款成功率。Secondary Market Programs 计划生成了一个二级市场，可帮助贷款人出售 SBA 担保贷款的担保部分，从而增加其流动性，同时也提高了投资人对小企业贷款市场的吸引力。金融监管放松之后，大中小商业银行也纷纷加入小企业业务市场的竞争，2002 年，SBA 合作的商业银行达到 6000 多家。

②引入私人资本扩大对小企业资助形式。受美国“经济滞胀”的影响，SBIC 自 20 世纪 80 年代以来不断陷入破产境地。为了避免 SBIC 计划中的政府资金遭遇风险，美国国会修改了《小企投资法案》，加大了对 SBIC 计划的监督。之后从 1996—2001 年，该法

案还先后经历了五次修订，其目的是激励私人资本对 SBIC 计划的大力投入。具有政府和私人投资的 SBICS 计划不仅拥有更雄厚的资金实力，还扩展了对小企业的投资资助形式。除了延续过去常规贷款项目外，SBICS 还可以提供可转换债券的混合形式的资金，届时可以成为小企业的股东，当然也可以直接对小企业提供股权资金来获取股东的身份。

③加大对小企业创新成果的商业转化资助。除了提供社会就业外，美国的小企业还肩负着经济创新的功能使命，因此一直能够得到美国政府的高度重视。为了将其纳入美国的国家研发体系，并将其孵化的成果顺利转化为商业价值，美国国会在 1982 年专门颁布了《小企业创新与发展法案》，并展开实施了小企业创新研究计划（SBIR）和小企业技术转移计划（STTR）。随着该法案的推出和两项创新资助计划的实施，极大地促进了美国新兴产业的发展，美国也借此逐渐走出了经济滞胀后的萧条。

《小企业创新与发展法案》规定，美国各联邦机构对于本单位以为的研发预算超过 1 亿美元的，必须按规定比例将超额预算分配给 SBIR 计划。目前，已有 11 个美国联邦机构参与了该计划。近年来，联邦机构对 SBIR 计划的资金份额在不断上涨，2017 年已经达到 3.2%。1992 年，美国政府启动了小企业技术转移计划（STTR）。该计划主要用于将小企业孵化的创新成果转为商业价值。STTR 计划要求联邦机构非本单位研发预算超过 10 亿美元的要按照 0.4% 的比例分配给小企业或非盈利组织。目前，美国有 5 个联邦机构加入了到了 STTR 计划。2019 年度，美国财政部向 SBIR 计划和 STTR 计划拨付的预算规模分别达到了 3.2 亿美元和 4.5 亿美元。

（3）中低收入群体被信贷深度“捆绑”

在 20 世纪工业中后期，美国居民的消费主要集中在物质领域，消费的广度和深度都不是很强；由于还存在信用门槛效应，信贷消费对低收入群体的渗透率也较低。到了后工业时期，随着美国服务型经济结构的转型和消费增长极的全面开启，“服务消费+物质消费”极大地拓展了消费的范围和体量，而且几乎覆盖了美国居民生活的方方面面。在服务型经济社会里，一些服务部门的消费品比一般物质部门的消费品更加昂贵，如医疗、教育、旅游、家政、咨询等。面对消费类型的增多和消费价格的提升，仅靠现金支付已经难以满足人们对必要消费品和改善型消费品的需求。全面提高信贷普及率，已成为这个时代经济发展和人民群众的共同需要。

随着金融自由化程度的不断提高，金融已经渗透到美国人们日常生活的方方面面，越来越多美国人被这种信用体制所深度“捆绑”。美国是一个信用高度发达的社会，人们的出行、学费缴纳、旅游、购物等各个环节都要学会使用信用支付方式。对于经济能力有限的低收入群体更是难以离开这种支付方式，对透支消费有着超强刚性需求。据美国联邦储蓄系统委员会最新公布数据，2020 年 11 月 1 日美国未清偿的消费信用贷款规模已达到 4.18 万亿美元，对比中国信用卡逾期 180 天以上的未偿还信贷总额 1000 亿元，可谓天量级别，这可是 3.32 亿人口创造出来的消费信贷规模。

美式信贷民主是政府强势介入民众消费需求后的结果，尤其强化了对中产阶层和中低产阶层的金融可获得性。图 3-4 和图 3-5 展示的是按照财富划分的四大阶层在消费信贷和住房抵押贷款上的占比分布。可以看到富人阶层（90%～99%）和顶级富豪(99%～100%）无论是日常消费还是住宅贷款占比都很低。信贷民主主要扩大的对象是中低产阶层（1%～50%）和中产阶层（50%～90%），由于二者的优势领域不同，对前者主攻短期消费信贷领域，后者主攻长期抵押贷款领域。

短期资金倾向于流入中低阶层，这是美国金融利益集团通过信贷民主方式开辟出来的新的经济“洼地”。透支消费的结果也降低了这一阶层储蓄和改善居住条件的能力。为了帮助他们获得自住房，美国通过提供价格低廉的抵押贷款方案来替代大规模建造福利

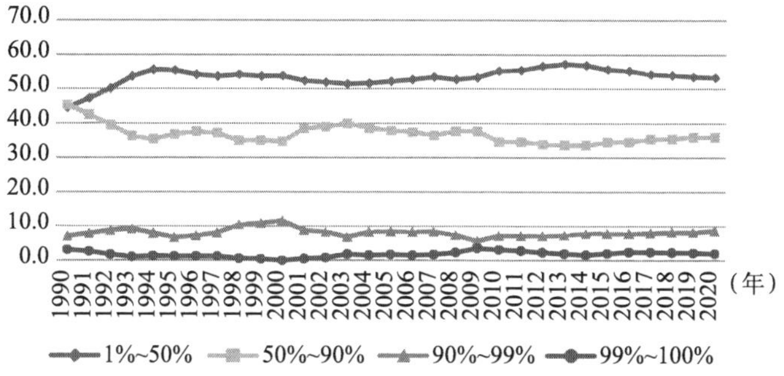

图 3－4　1990—2020 年美国四个阶层消费信贷占比

资料来源：美国联邦储备系统理事会（Board of Governors of the Federal Reserve System（US）），并采集的是每年 1 月份的数据。

住房的方案，这非常符合美国自由市场经济的特征。从图 3－5 可以看到，中低产阶层获得的抵押贷款比例（蓝线）仅次于中产阶层，该比例在 2006 年以前一直低于 30%，在 2007—2012 年超过了 30%。然而，向穷人超发过量的住房贷款引起的风险直接导致了次贷危机的爆发，这一阶层的住房抵押贷款比例再次降至 30% 以下，直到 2020 年年初才回归到 30% 以上。

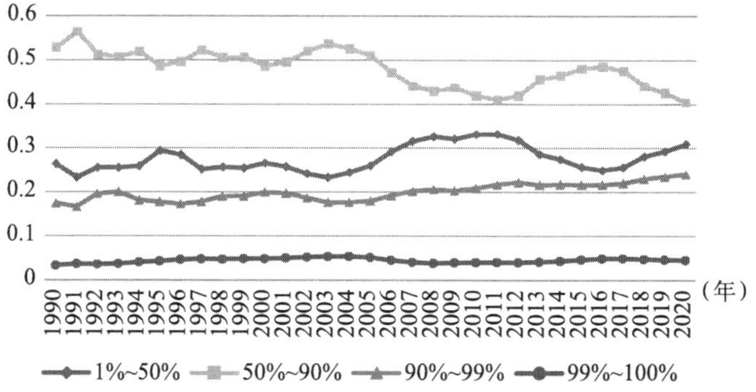

图 3－5　1990—2020 年美国四个阶层住房抵押贷款占比

资料来源：美国联邦储备系统理事会（Board of Governors of the Federal Reserve System（US）），并采集的是每年 1 月份的数据。

通过对比图3－4和图3－5还可以观察到一个很有趣的现象：无论是短期信贷还是长期抵押贷，在中间阶层和中低阶层之间都出现了明显的“此涨彼伏”的现象，这一现象在图3－5中更为突出。这表明美国的信贷分配政策主要是在这两个阶层之间进行的调整。图3－5显示，在1990—2005年，住房抵押贷款的分配呈“扩中压低”的特点，两个阶层的资金差距十分明显，并长期保持在20%的差距水平上；但是2006—2012年，出现了大约7年“提低压中”的短期趋势，因为一场重大危机的爆发使两大阶层的长贷差距再次被拉大。随着特朗普上台后金融监管的“松绑”，主营中低收入群体住房贷款的小银行又重获生机，很快在2018年后再次出现了“提低压中”的趋势。

可见，无论是短期信贷还是按揭贷款，代表金融集团利益的美国政府都在帮其最大化地挖掘和维持着中低阶层的信用需求，即使因为过度挖掘已经引发了一场世界级的经济危机，但在做出阶段性调整后，又将这一“猛兽”再次放出，又一次回归到穷人信贷模式。可见，发展穷人金融已然成为美国虚拟经济发展的核心内容之一，可以控制但无法动摇，因为这是美国“服务型＋消费型”经济结构所决定的，也是在美国筑起“信贷民主”“信贷平等”的人权“高塔”后不得不加以维护的“民意”。

第 4 章

中国普惠金融发展进程回顾

4.1　1978—1999 年

“普惠金融”一词虽然最早出现在 2005 年“国际小额信贷”年会上，但它并非新生事物，只不过早期以边缘化金融形态出现罢了。在我国改革开放前 20 年基本属于普惠金融的探索期。

4.1.1　普惠金融进入探索期

计划经济时代，为迅速恢复经济秩序、积累国家原始资本，我国实行重工业优先战略。但新中国成立 30 年后中国依然还处于联合国和世界银行设定的贫困线以下。1978 年，全国仍有约 1.4 亿人口还处于半饥饿状态；同年，城镇实际失业率高达 19% 左右。因此，党和国家领导人迫切希望改变困苦的民生现状，于是做出了改革开放的重大决定。

中国改革开放是在农村先打开的突破口。1978 年，安徽小岗村“大包干”制度标志着中国对内改革开放的开始。1981 年，中央一号文件倡导农村实行家庭联产承包责任制度，经营自主权的释放极大地刺激了广大农民的生产积极性，农业经济效率大幅提升。同时，十一届三中全会以后，国家又先后进行几次较大规模的农副产品收购价格改革，农民收入呈爆发式增长。根据国家统计局数据显示，农村居民家庭人均收入从1978年的165元增长到1984年的446元，增长2.70倍。紧随其后，1979年7月中央批准广东、福建两省对外执行经济开放，书写了中国对外改革开放的序章。同年，十一届三中全会提出在全国范围内对国企进行改革，这又极大地带动了企业和职工的生产积极性，城镇居民收入也显著提高。

从图4－1可以看到，随着城乡居民收入的增加，全国居民收入差距也在逐渐拉大，但收入基尼系数仍处于0.25～0.40的合理范围内。中国收入基尼系数的变动趋势是先降后升，这是因为在1978—1982年，改革开放率先在农村得到突破，农民收入的增加缩小了城乡收入的差距；但是随着城市改革开放成为重点，城乡收入又逐渐拉开距离，基尼系数呈逐步上升的趋势。

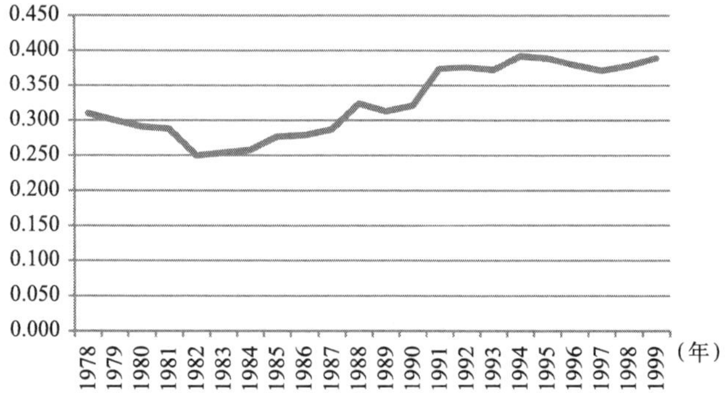

图4－1　1978—1999年中国居民人均收入基尼系数

资料来源：主体数据来自国泰安，万德数据库，部分矫正数据参考世界银行、中国社会科学院、向书坚2003年第83期的《经济研究参考》，陈宗胜的计算结果等。所有结果仅供参考。

正是因为城乡居民收入势能的增加，城乡居民的收入盈余也越来越多，客观上需要寻求保值和增值的渠道和方式。储蓄、支付、经营、投资、保险等金融活动日益增多，以服务个人金融需求的普惠金融形态从小到大的发展起来。1978—1999年，我国普惠金融进入萌芽阶段。这一时期也是中国金融从单一体制向专业体制转型的开拓时期。正是在专业银行体系的改革框架下，小额信贷雏形逐渐呈多种类型。

（1）农村信用社。在计划经济时代，农信社是由人民银行直接管理，用于执行财政拨款和储蓄计划的基层机构。1979 年改由农业银行接手，但官办性质仍然浓厚，并没有成为真正的集体金融组织。但是中央财经领导小组认为，信用社应该是一个独立核算的民间借贷组织，不应受银行政策约束；1990 年 10 月，央行在其发布的《农村信用社管理暂行规定》也明确农信社集体所有制的属性；直到 1996 年，农村信用社才正式与农业银行脱钩，成为独立的“民办”金融机构。

（2）农村合作基金会。1984 年，中央一号文件明确规定，允许农民和集体资金自由流动，不受地域限制，在此背景下农村合作基金会应运而生。该组织可吸收农民存款，用于满足农民、农村、农业的用款需求。在初期，它确实发挥了资金的融通作用，填补了农业银行和商业银行的服务空白。但由于地方缺乏金融管理经验不足，导致大量坏账无法收回。为防范金融风险，中央政府于 1999 年撤销了农村合作基金会。

（3）格莱珉银行。20 世纪 80 年代，孟加拉国尤努斯教授成功地创办了致力于服务穷人的乡村银行，其小额信贷模式也获得许多国家的广泛借鉴。1993 年，杜晓山、茅于轼等学者将这一模式引入中国，分别成立了四川格莱珉公司和易县扶贫经济合作社。但由于缺乏政策支持，加之管理经验不足，这一模式最终并没有在中国取得广泛的效果，有的被关停，有的则由中国扶贫基金会所接管[①]。

① 迄今为止，格莱珉银行模式引进中国已有 30 年，目前成功的项目有中和农信、惠民信贷、赤峰韶乌达妇女可持续发展协会、河南兰考扶贫资金互助社、河北易县扶贫经济合作社等。

（4）邮政储蓄。从1986年开始，邮政开始展开恢复储蓄业务，但不能从事贷款类业务，主要起到吸纳城乡居民资金的作用。随后，业务扩展到国际汇兑、保险和代理服务等方面。

（5）商业银行的小额贷款业务。1984年，国务院出台《关于农村个体工商业的若干规定》标志着商业银行个体经营性融资业务的兴起。在这一时期，工行、农行、建行等国有银行相继推出适用于个体经营户的小额信贷产品。1999年，工商银行第一个成立了中小企业信贷部，中小企业贷款占到工行全部贷款的50%以上；随后，中国建设银行创建中小企业信贷指导委员会，中小企业贷款在1999年5月底也占到全部贷款余额的58%；中国银行制定了《中国银行中小企业贷款指导意见》，在对支持中小企业发展方面提出了原则性规定，中小企业贷款占其国内贷款余额的25%左右。

（6）民间集资。除了商业银行、信用社等正规金融机构外，以调剂资金、亲友互助为目的各种民间集资形式也相继出现，如“标会”“招会”“摇会”“抬会”等。这些民间组织在当事人遇到建房、婚丧、医疗或其他急需用款时可临时搭建集资会来帮助纾困解难。但是由于缺乏有效监管，欺诈行为时有发生，存在诸多风险。到目前为止，这些民间集资协会也未能获得合法身份，只是在不扰乱金融秩序的情况下默许小范围发生而已。

4.1.2 城乡小微企业的金融扶持

1978—1999年，农村和城市先后进行的体制改革极大地激发了城乡居民的生产积极性，这一阶段的普惠金融主要用于服务于新兴的民营经济。一方面，家庭联产承包责任制带动了一些农业大户开始做大业务，使乡镇企业异军突起；另一方面，随着知青陆续返城，自主创业、择业催生出我国的第一批个体户。据国家工商行政管理局统计，1978年底，我国私营企业为9万多家，从业人员约164万人；到1998年底，全国私营企业已达到120.1万家，从业人员约 1710 万人。随着乡镇企业、城镇工商户的个体经营活动日益活跃，资金需求也不断增加。但改革开放初期，私营企业并不被国家明文支持，个体经济发展受到很大制约，直到 1997 年，党的十五大才首次认可民营企业的合法地位。在此背景下，个体经营者长期以来很难获得正规银行青睐，处处遭受融资排斥。当然，私营企业自身也缺乏可供抵押的资产和规范化的财务信息，也使金融机构很难以对其投放信用。融资难基本上成为这一时期私营企业的一大难题，而普惠金融的兴起在一定程度上弥补了小额融资市场的空白。

根据《中国个人融资四十年发展与创新报告》数据显示，1978 年，私人经营融资的初始规模仅 152. 80 亿元，不到所有贷款规模的 5%，且几乎全部是从正规银行业获得；1999 年，私人经营融资规模达到 7975. 33 亿元，增长了 51. 19 倍，占总体贷款规模的近 35%。图 4 －2 展示出了 1978—1999 年全国个人经营两大融资渠道规模的对比，可以很清楚地看到 1978—1984 年几乎没有民间融资参与，之后有一定的民间融资出现，但银行业仍占据主体地位。

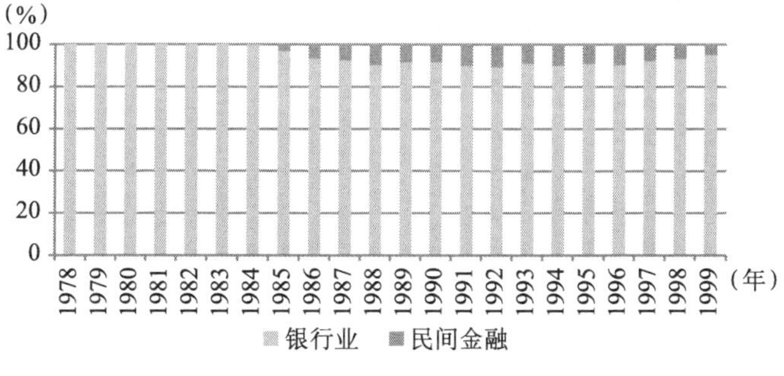

图 4 －2　1978—1999 年全国个人经营融资渠道规模对比

资料来源：《中国个人融资四十年发展与创新报告》。

1978—1999 年的普惠金融是通过扶持小微经济主体、提升底层经济发展动能来促进就业来降低贫困的，是一种生产型减贫范式。伴随改革开放的逐步开展，收入基尼系数逐渐上升已是不争的事实，此时普惠金融的规模尚小，未能产生足以抑制整体收入差距扩大的实力。事实上，要快速改善公有制经济遗留下来的民生落后问题，搞分配的绝对公平是难有成效的，重点发展城市，再由城市带动农村是国家战略的必然选择。城乡经济发展差距也决定了普惠金融分配的差异，这种对城市金融战略的偏向性确实在一定程度上较快拉动了城市就业（包括到城市打工的农村人口）和降低了整体贫困，从而对整体产生了应有的减贫效果，但也带来了农村地区的相对落后。农村将成为后20年普惠金融扶持的重点地区之一。

4.2 2000—2018年

4.2.1 经济发展背景

（1）外贸经济促使中小企业队伍迅速扩大

改革开放后20年，中国进入了加速发展期。GDP从2000年的1.21万亿美元增长到2019年的14.34万亿美元，增长约10.84倍。从2010年至今稳居世界第二大经济体的地位，这是中国继续加大改革开放的结果。对外，2001年中国加入世界贸易组织，依托对外贸易的引擎迅速拉动国内经济增长；对内，从2000年开始中央规划西部大发战略，不断将东部外贸经济剩余向西部转移，形成了东西两极同时发力的经济发展大格局。在此期间，中小企业队伍迅速扩大，据国家市场监管总局统计，2000年全国个体户有5070万人，私营企业2407万户；截至2019年11月底，全国个体户达7137.2万户、私营企业3067.4万户，分别增长了61%和27.4%；全国个体私营从业人员共计达到4.04亿人，中小微企业已然成为中国就业的重要蓄水池。

2000 年以来，环渤海、长三角和珠三角地区（以下简称“三地”）形成了世界级制造中心，是外贸产业的主要集聚带。个体和私企发展也很快，逐渐成为产业发展的排头兵和支柱。因为外贸经济带来了先进公司治理模式，使这一带的私企发展非常迅速，远远超过了规模较小的个体户。到 2010 年底，这三地的私企已占到全国的 77% 的比重，个体户只占到全国的 30.3%；在 2017 年，私营企业比例有所下降，为 53.9%；个体户比例上升也相对缓慢，为 32.8%。如果说改革开放第三个 10 年主要是外贸经济发力的 10 年，那么，第四个 10 年则是西部经济崛起、迎头赶上的 10 年。苗天尧（2011）对我国区域产业转移进行研究发现，土地、劳动力等要素成本的提高是促进沿海产业向中西部加快转移的主要因素，同时也推动了沿海发达地区进入转型升级的新阶段，促进了区域协调发展。不到短短 10 年，2007 年，西部地区生产总值增速已经超过东部，并连续 12 年快于东部，我国区域经济结构发展不平等问题得到了显著的改善（谭西漠，2010）。西部地区开发的软实力也主要依托于民营企业。但与三地所不同的是，西部民营企业的主体是单个规模较小的个体户而非私营企业。2010 年，工商局注册的个体工商户约为 825.68 万户，已达到同期三地个体户的 78.8%；2017 年该户数增至 1901.74 万户，是同期三地个体户的 87.9%。西部 12 个省份的私营企业总体数量并不大，2010 年仅 144.84 家（占三地的 22.2%），2017 年也只增加到 494.72 万家（占三地的 33.7%）。

参看图 4－3 和图 4－4，相对三地，西部地区的个体户和私企就业人数规模均要逊色一些。但其中，个体就业人员的差距要小很多，并且 2005 年后个体户从业人员展现出较为强劲的增长势头，2017 年已经突破了 3000 万就业大关（见图 4－3）。

而私营企业的差距较大，西部地区 2000—2017 年的增势整体趋于平缓（见图 4－4）。

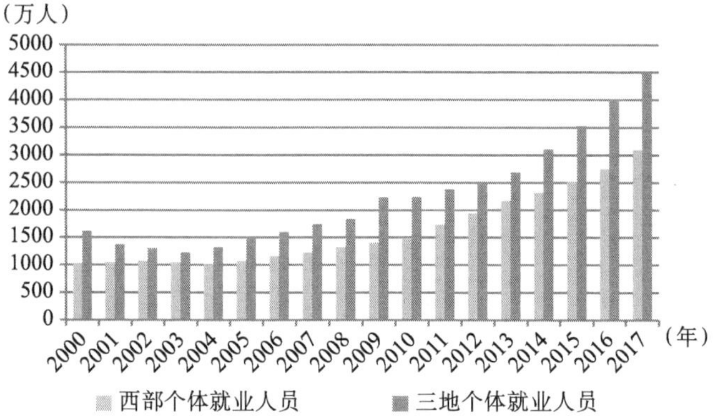

图 4－3　西部 12 个省和三地个体户人员就业人数

资料来源：国家统计局，华经产业研究院整理的数据。

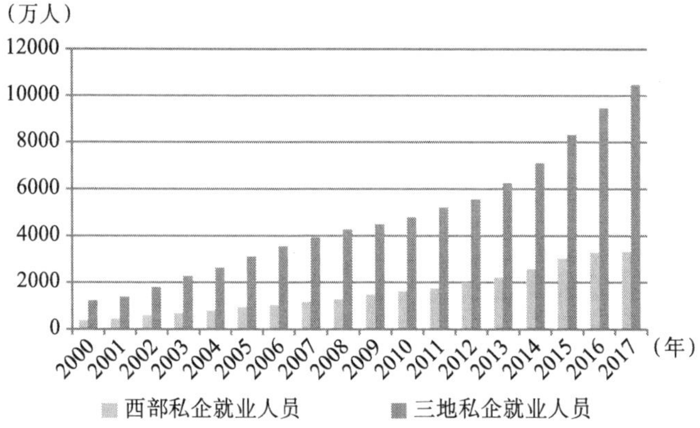

图 4－4　西部 12 个省份和三地私营企业就业人数

资料来源：国家统计局，华经产业研究院整理的数据。

总之，在沿海沿江地区的带动下，中国经济实现了强劲发展，但也拉大了与落后地区特别是西部地区的差距。为了缩短这一差距，国家将东部的经济剩余逐步向中西部地区转移，不到 10 年时间取得了显著成效，极大地实现区域间的平衡发展。当然，这离不开庞大的中小微企业队伍的辛勤耕耘。可以说，近 20 年来，中小微企业在推动中国经济均衡发展方面发挥了不可磨灭的重要作用，也为中国解决庞大人口就业问题作出了突出贡献。

（2）城镇化发展促进财富积累与消费升级

改革开放前 20 年中国城镇已有很大发展，城镇化率从 1978 年的 17.92% 提高到 1999 年的 34.78%，增长了近 1 倍，但仍以农村常住人口为主。后 20 年中国城镇化快速发展，2011 年，城镇人口首超农村人口，截至 2019 年底，我国城镇化已达到 60.6%，常住人口由 1978 年的 1.7 亿增长到现如今的 8.65 亿，增长了 4 倍多，城镇化迈入中后期发展阶段。美国经济学家斯蒂格利茨早已洞悉，未来影响世界进程将两件大事：一是美国的高科技，二是中国的城镇化。可见，我国城镇化发展之快，及对世界发展的重大意义。

城镇快速化发展意味着民生需求的不断增加，不仅包括财富积累的需求，还包括消费升级的需求。根据瑞信研究院发布的第 10 份《全球财富报告》显示，自 2000 年起，中国家庭财富总值从 3.7 万亿美元增长至今的 63.8 万亿美元，规模逾原来的 17 倍。中国目前的家庭财富总值排名世界第二，仅次于美国。北大光华管理学院金融系教授金李指出，到 2020 年，中国人均财富在 1 万～10 万美元的成年人口将达到中国成年总人口的一半。除了财富外，城镇化还推动了中国消费能力的增长。根据苏宁金融研究所的报告，从 2014 年起，中国消费对于 GDP 的贡献率超过投资，2018 年消费对 GDP 的贡献率高达 76.2%。城镇化催生了一个日渐规模的中产阶级，成为推动国民品质消费的重要动力。根据胡润研究院《2018 中国新中产圈层白皮书》显示，截至 2018 年 8 月，中国中产家庭数量已达 3320 万户，其中新中产家庭 1000 万户以上。这部分人群具有较为稳定可观的收入，对于生活层面上有更加多元化的消费需求。

4.2.2 经济结构的变化趋势

近20年来，随着我国民营企业的兴起、城镇化建设的突飞猛进，使许多创业者步入先富行列，持有的财富也不断攀升。有钱的人越来越有富，虽然穷人倒不是越来越穷，但有钱人和穷人之间的差距越来越大已是一个不争的事实，而且这种差距还呈多样化的形式。

（1）收入差距扩大

在步入2000年以后，中国居民收入基尼系数已经脱离合理区间，开始进入0.4～0.5的警戒区域。如图4－5所示，按照联合国的标准，0.4～0.5已属于收入差距的较大范围。不可否认，收差势能确实带动了中国经济的快速发展，但同时也产生了贫富矛盾激化、影响社会稳定发展的潜在问题。因此，国家领导人通过部署和实施西部大开发、新农村建设等系列战略有效地控制了收入差距的进一步扩大。从图4－5可以看到2003年之后人均收入基尼系数的走势比较平缓，并且控制在0.5以内。

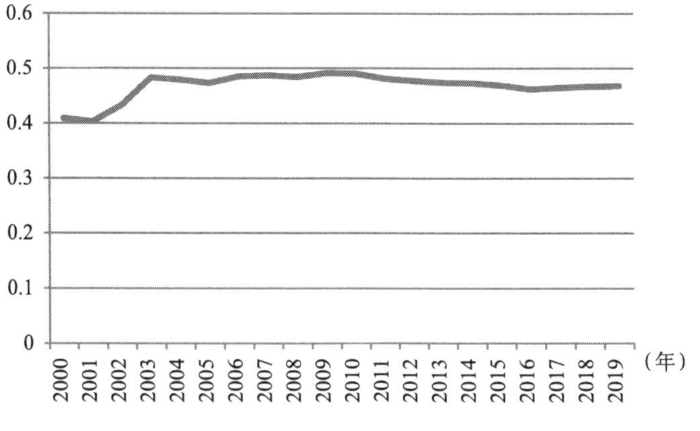

图4－5　2000—2019年中国居民人均收入基尼系数

资料来源：主体数据来自国泰安、万德数据库，部分矫正数据参考了世界银行和《中国发展报告2009》的资料。所得数据仅供参考。

（2）财产差距扩大

除了收入差距上升之外，财富差距也日益凸显。根据《中国家庭财富报告》显示，2018 年城镇人均财产为 29.29 万元，农村人均仅 8.77 万元。《中国民生发展报告 2015》指出了中国收入差距和财产差距双扩大的趋势，且后者的不平等的程度比前者更甚。报告估算数据显示，中国家庭财产基尼系数从 1995 年的 0.45 升至 2012 年的 0.73 的高位水平。1% 的顶级富豪家庭拥有全国约 1/3 的财产，25% 百分位以下的低收入家庭仅拥有财产总量大约 1% 的比重。美国国家科学院院士、密歇根大学谢宇教授（2015）也提出中国财产不平等远远超过收入，事实上中国已经迈入不平等的第三个阶段——财产不平等阶段①。根据中国家庭金融调查（CHFS）四次公布的数据，本书也测算了 2010—2016 年家庭总资产和净资产的基尼系数②，如表 4-1 所示。我国家庭总资产和净资产的基尼系数都远远高于收入的基尼系数，不平等程度要更深。

表 4-1　2010—2016 年中国家庭总资产和净资产基尼系数

年份	总资产 GINI	净资产 GINI
2010	0.693	0.705
2012	0.734	0.746
2014	0.745	0.752
2016	0.689	0.705

资料来源：通过 2011 年、2013 年、2015 年和 2017 年中国家庭金融调查与研究中心数据库的资料计算整理而来。

① 美国国家科学院院士、密歇根大学教授谢宇在受邀参加的 2015 年《赛先生》主办的主题为“认识中国的不平等”演讲会上提出，中国经历过三个不平等阶段。第一个阶段是体制不平等，第二个阶段是收入不平等，现在的中国已经进入第三个阶段，即财产不平等阶段。

② 总资产基尼系数是依据西南财经大学中国家庭金融调查（CHFS）中心公布的数据计算得出。

那么，造成财富差距扩大的原因是什么呢？中国家庭金融调查与研究中心主任甘犁在2015年第二季度对5000户家庭进行调查结果显示，主要受房市和股市投资的影响，高资产家庭有持续投资、积累财富的实力，而低资产家庭积累财富能力和实力均有限。另外，高资产家庭的房产一般分布在一线城市，房价一般居高不下；一线城市的其他金融资产投资又可以帮助其保值增值和防范风险。相对地，大部分中低产家庭的房产分布在二线以下城市或农村地区，房价增长缓慢，且除了储蓄之外，基本没有更多投资理财渠道。

4.2.3 普惠金融进入深化时期

进入新千年以后，我国普惠金融也进入深化时期。自2005年国际小额信贷年开始，我国央行、商务部、国家开发银行就积极与联合国开发署展开合作启动了“中国普惠金融体系”的建设项目，在农村金融、中小微企业融资和个人消费金融方面都有突出发展。

（1）农村金融可得性不断增强

改革开放前20年，农村地区并不是普惠金融的主战场，但后20年随着中央对“三农”经济的重视，农村逐渐成为普惠金融的主要阵地之一。《中国农村金融服务报告（2018）》总结了近20年来农村金融机构体系构建，自上至下为政策性银行、国有商业银行、基层涉农银行和以小额信贷公司、互联网金融公司为代表的新型金融机构。其中，基层涉农银行包括农商行、农信社、村镇银行等，是农村金融体系的“毛细血管”，是服务“三农”的主力军。2018年，农村商业银行和农信社达2239家，村镇银行达到3855家。

为了增加农村金融服务的可获得性，小额信贷成为其中主要的业务形式。事实上，我国早在1993年就引进过格莱珉银行的小贷模式，但后来并没有得到推广，直到2000年有了政府的大力支持才改变了这一局面，央行在这一年后大力推动基层农信社发放小额信用贷款和农户联保贷款；2005年，在一系列农村金融政策的指引下，农村金融市场逐步开放，小额信贷公司和商业银行也陆续加入涉农小贷市场。2015 年以后，一大批互联网金融平台和电商公司也开始布局农村金融领域。其中，拥有深厚背景和优势资源的平台不在少数，如旺农贷、翼龙贷、中合农信、宜农贷分属阿里蚂蚁金融、联想、中国扶贫基金会和美国上市公司宜信。

随着农村金融市场的不断开放和小额信贷模式的推广，农村金融服务可得性有了很大提升。根据《中国农村金融服务报告（2018）》显示，2018 年全国金融机构涉农贷款达 32.7 万亿元，农业保险费用收入达 572.7 亿元，分别是开启涉农金融统计年份（2007 年）的 5.36 倍和 10.1 倍。同时，通过强化金融供给设施建设，已基本解决了农村金融服务的“最后一公里”问题。根据《2019 年中国普惠金融发展报告》显示，截至 2019 年 6 月末，全国银行业乡镇金融机构覆盖率已达到 95.65%，行政村基础金融服务覆盖率为 99.20%；全国乡镇保险服务覆盖率为 95.47%。随着数字金融服务的推进，国家开始注重农村信用信息采集。2018 年，已为 261 万户小微企业和 1.84 亿户农户建立了信用档案，但是覆盖率并不高，分别仅占小微企业总数的 3.6% 和农村总人口的 22.5%，该信用体系仍需进一步完善加强。

（2）中小微企业融资渠道日益多元化

随着内外经济发展战略的实施和城镇化的推进，中小微企业队伍得以迅速扩大。但由于单个规模偏小、经营不规范、缺乏抵押物等原因，往往难以达到银行授信标准而备受排斥。根据世界银行 2011—2013 年对我国 2700 家私营中小企业进行调查发现，仅有 25% 的企业获得了正规商业银行的信贷支持。《2019—2020 小微融资状况报告》也显示，2019 年，44.2% 的小型企业、71.6% 的微型企业和个体经营者都出现融资缺口。虽然中小微企业融资难的局面尚未彻底扭转，但是，近 20 年来，政府和金融监管当局一直都在积极优化中小微企业的融资服务。2000 年初，各大国有银行纷纷建立中小企业信贷部，制定出具体的信贷指导政策。2007 年 4 月，建设银行在我国率先引入淡马锡公司的“信贷工厂”模式，这是一个将批量化的小额信贷业务纳入流程化、标准化的操作模式。各商业银行也纷纷落地实践，并随后在全国推广开来。此外，民间金融市场也更加开放，但多集中在沿海地区。以温州为例，2009 年末，全市注册了 150 家融资性担保公司有；2008 年成立了第一家小额信贷公司苍南联信小贷公司，随后温州小贷业务迅速蓬勃发展起来；2011 年，全市设立了 413 家从事典当、放贷生意的寄售行。

图 4－6 展示了 2000—2018 年的个人经营性贷款的走势，从侧面可反映这一时期中小微企业融资的变化情况。2008 年以前的个人经营融资增速较为缓慢，资金的主要供给来自正规金融体系和部分民间融资市场。2008 年后，在金融科技浪潮的激发下，包括 P2P 在内的各种互联网金融业态层出不穷，极大拓展了中小信贷业务的规模。到 2018 年，全部个人经营融资规模已达到 156362.66 亿元，是 2000 年 8184.02 亿元的 19.1 倍。

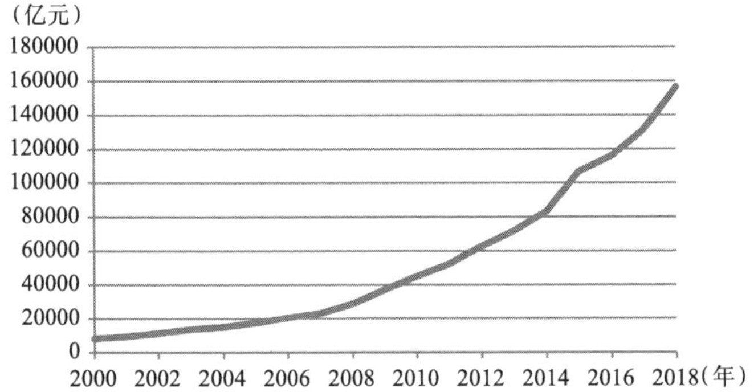

图 4－6　2000—2018 年全国个人经营性融资的供给余额

资料来源：截取自《中国个人融资四十年发展与创新报告（1978—2018）》中的 2000—2018 年数据。

（3）消费金融进入快速发展通道

消费金融在中国出现的历史很短，但过去 20 多年里，发生的金融危机推动了其爆发式的增长。1997 年亚洲金融危机爆发后，为应对国内经济动能下滑和通货紧缩，央行积极推动金融机构开展消费信贷业务。消费信贷业务从狭窄的信用卡扩展到助学贷款和耐用品消费贷款等方面，但总体规模依然不大且主要是面向广大城市居民。2008 年全球金融危机后，为了再次应对国内经济的不景气，我国消费金融进入创新式快速发展期。这一时期我国个人消费融资业务仍以商业银行的消费业务为主，但同时允许成立消费金融公司，以及允许互联网平台开展消费金融业务。其中，①商业银行主要提供信用卡、汽车贷款、耐用消费品贷款、助学贷款等服务。资金实力强、成本低的特点使银行业占据了传统消金领域的绝对优势，目前主要为都市白领客户服务。②2009 年，中国银监会颁布《消费金融公司试点管理办法》后，允许设立专门的消费金融公司，可为境内居民提供抵押消费贷、小额信贷、现金贷等业务。其授信额度小、速度快、抵押担保要求低，备受被商业银行拒绝客户的青睐。③2010 年以后，我国的互联网消费信贷平台可谓“异军突起”。大型电商、分期购物平台、P2P 网络小贷平台等的互联网消费金融业务不断拓展。随着电子支付工具的普及，这种数字化信贷模式更是以其便捷、高效、低门槛的优势覆盖全阶层用户。

图 4－7 展示了我国 2007—2019 年个人狭义消费信贷规模的增长趋势，几乎呈直线增长趋势。2019 年底，不含房贷、经营贷和教育贷的个人狭义消费信贷达到 11.6 万亿元的规模，比 2007 年的 0.58 万亿元增长了 19 倍。

总体来说，改革开放 40 年来，中国普惠金融主要采用的是非市场化的小额信贷模式，每个阶段都是政府用于平衡金融资源、减少不平等的微调工具。40 多年来，普惠金融减贫范式从保就业、

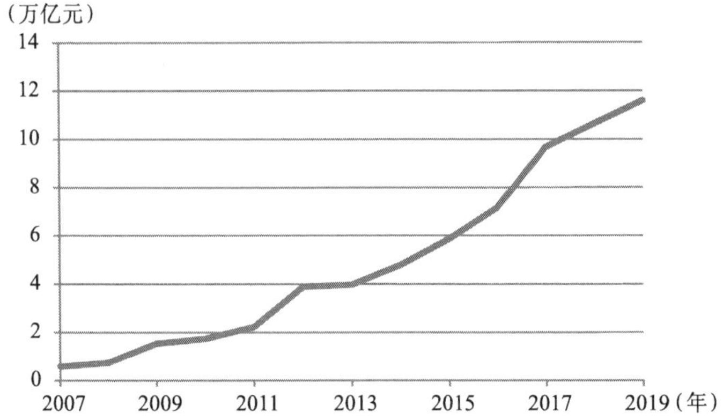

图4－7　2007—2019年中国狭义消费信贷放贷规模（剔除按揭）

资料来源：中国消费金融发展报告、中国消费金融公司发展报告。

增收入、提消费方向发展。随着未来经济结构、金融深化、信息技术、贫困内涵的不断演变，普惠金融的财富效应和消费效应还会继续增强，这也反映了一个时代的不断进步和低收入群体日益增长的物质文化需求。但是，这两大效应所包含的非正义性以及挤压收入效应的现象不得不引起社会的高度重视，否则普惠金融很可能从减贫走向致贫的歧路。

第 5 章

资源配置体系对普惠金融包容性增长效果的影响研究

第 3 章和第 4 章的研究显示，工业进程伴随着普惠金融的发展壮大，但是不同社会经济体制对普惠金融的配置不同，由此可能产生具有显著差异的包容性增长效果：自由市场配置下的普惠金融，鼓励金融机构通过竞争和创新来提供多样化的金融产品和服务，以满足广泛的客户需求。这种模式下，金融市场的资源配置主要由市场供求关系决定，而非政府的直接干预。在政府引导下的市场配置体系，强调了政府在普惠金融发展中发挥的关键角色，旨在实现经济的包容性增长，降低贫困和收入不平等现象。但是前两章的定性分析不足以获得严谨的研究结论，还有必要再对普惠金融包容性经济增长效果进行一次配置体制差异的实证研究，也为后续探讨经济制度保障条件奠定基础。本章以中美两国为自由市场和政府引导市场两大配置体系的代表，对两国的时间序列数据进行了实证分析和检验，旨在得出两种资源配置体制下普惠金融对包容性增长的长短期影响效果。

5.1 相关指标的选取

5.1.1 包容性增长指标

本书认为普惠金融的包容性经济功能应包含两大层面：第一层是结构性层面，即普惠金融提供的金融机会至少要有缓解或者不加剧不平等结构的作用，如果普惠金融是在加剧不平等的长期趋势上开展的所谓的金融福祉工程，那么这最终会沦为一种“益富型”经济游戏，必将远离包容性经济增长的内核。第二层是效率性层面，即普惠金融提供的金融机会要能够对弱势群体的收入和小企业提供的就业产生促进作用，如果普惠金融不能为弱势群体获得生存与发展的切身利益，就难以达成共享经济利益和促进经济活动参与的包容性效果。于是，本书选取的包容性增长维度指标如下：

（1）收入基尼系数。收入基尼系数（imgini）是衡量分配改善性的结构型包容指标。本书选取的中国收入基尼系数主要来自国泰安、万德数据库，部分矫正数据参考世界银行、中国社会科学院、2003 年第 83 期的《经济研究参考》向书坚等的计算结果；美国收入基尼系数摘自美国联邦储备系统理事会（BGFRS）的公开数据。

（2）中低收入群体的收入和中小企业创造的就业人数。本书选择两国中低收入群体的收入水平对数（lnrulincome）和中小企业创造的就业人数对数（lnemsjob）作为检验增收和就业的两个“涓滴”效率型包容指标。由于中国大部分中低收入群体是由农村居民所组成，于是采取农村居民人均可支配收入对数来表示中国中低收入水平，该数据来自《中国住户调查年鉴 2019》。美国数据摘自美国人口普查局和美国商务部经济分析局公布的个人实际收入中位数对数（lnmedincome）来表示[①]。中国中小企业就业人数是通过统计了西部 12 个省份、环渤海湾、长三角和珠三角沿海沿江地区个体户和私营企业就业总数得出的结果，数据来自国家统计局和华经产业研究院的公开数据；美国中小企业就业人数是基于美国劳动统计局公布的规模在 500 人以内的非农企业就业人数整理得出。

5.1.2　普惠金融指标

目前，国际上讨论普惠金融的服务模式有三种类型，分别是商业机构提供的个人金融模式、格莱珉银行为代表的小组金融模式和信用合作社模式。后两种模式的服务对象规模存在有限性，且服务总量占比较低，不适合做普惠金融经济规模效应的研究需求。于是，本书选取了个人部门的贷款、保险和理财三个领域的人均金融指标来表示普惠金融的使用水平。与大多数文献不同的是，本书没有将普惠金融多维度指标进行综合指数的测算，原因之一是普惠金融综合发展水平不是此次考察的重点，原因之二是综合发展指数无法反映不同的具体金融服务形态对包容性增长效果的异质性表现，也会影响后续政策建议的精准提出。

由于世界银行在 2011 年才正式发布普惠金融的跨国数据，并且每隔 2 年才更新一次，难以满足本书对连续性、长期性研究的需要。首先，本书在贷款领域采用了两国人均个人部门贷款金额的对数（lnloan）来表示贷款普惠金融指标，简称个人贷款，主要包括住房、消费和经营三方面的个人贷款。其中，中国的数据主要摘自

---

① 由于本书研究的是包容性增长，而非益贫性增长，所考察的目标群体不是贫困线以下的群体，而是中低收入群体。对中低收入群体的界定目前并没有一个统一的标准，本书参考翁杰和王菁（2019）的界定方法，将个人年收入中位数的 3 倍确定为中低收入水平，为保守起见，本书将个人实际收入中位数的 1 倍确定为中低收入水平。经过历年数据考察，美国个人实际收入中位数大约是贫困线收入的 2.5 倍左右，且年平均收入增长率低于 5% 以下的群体。

《中国融资四十年发展与创新报告》，美国的数据来自美国联邦储备系统理事会（BGFRS）公开发布的信息。其次，在保险领域采用了两国人均个人部门保险费用的对数（lninsufee）来表示保险普惠金融指标，简称个人保险，主要包括养老保险、医疗保险、失业保险三类个人保险支出。其中，中国的数据源自《中国统计摘要2020》，美国的数据来自美国经济分析局（BEA）。最后，在理财领域采用了人均个人金融资产的对数值来表示理财普惠金融指标，简称个人理财。中国由于缺乏对个人部门金融资产的信息采集库，于是选择了人均A股总市值的对数（lnperstock）来代替，数据根据历年A股总市值和总人口数计算整理而来；美国可直接采用人均家庭部门金融资产对数值（lnperfin）来表示，家庭部门金融资产的数据来自美国联邦储备系统理事会（BGFRS）公开的资料。

5.2 研究方法的选择

通过第4章和第5章对中美两国普惠金融进程的梳理，可以发现普惠金融的发展可能与两国经济结构、弱势客体收入和小企业就业之间存在着某种关联，但这种关联也有可能是因为某种经济发展力量的牵引而形成的。由于暂时还难以判别普惠金融与包容性增长维度指标之间的因果方向，因此在方法上不宜直接采用一般多元回归法进行分析。此外，中美两国样本的数据均跨越几十年的工业发展时段，往往带有明显的时间发展趋势，如果是非平稳序列变量是很容易引起“伪回归”现象的，这是本书放弃使用一般回归分析法的另一个原因。首先，本书采用了协整关系检验来判断普惠金融与三个包容性指标是否存在长期均衡关系；其次，基于VEC模型均衡误差向的估计系数，获得中美两国对普惠金融包容性修正强弱的判断；再次，构建VAR模型进行格兰杰因果检验，以确定变量之间的因果方向；最后，有选择性地做脉冲响应和方差分解检验来探讨普惠金融的短期包容性增长效果。

5.3　时间序列变量的平稳性检验

本章的具体分析步骤如下：①将普惠金融变量和包容性变量进行单位根检验，以确认时间序列的平稳性；②如果序列不平稳则进行协整关系检验，以此判断非平稳序列变量之间是否存在长期均衡关系；③根据②，如果得出变量序列为同阶单整，则直接建立VAR模型进行格兰杰因果检验，以此获得各内生变量因果方向的相关信息；④最后通过脉冲响应分析和方差分解的研究来考察普惠金融三指标与包容性维度指标之间的短期影响和显著性（这部分不是非必要分析环节）。

由于大部分时间序列变量存在非平稳性，直接进行回归模型容易导致伪回归问题，即变量本来不具备回归关系，但在统计意义上却出现良好的相关性。为防止出现伪回归现象，有必要先对序列变量进行平稳性检测。本章对两国的普惠金融指标、收入基尼系数、中低收入阶层的收入对数和中小企业就业人数对数做了如下ADF单位根检验过程，结果列示在表5-1和表5-2中。

表5-1　美国1947—2019年两阶段序列变量的单位根检验结果

检验变量	检验类型 (c, t, k)	ADF 检验值	显著性水平临界值			检验结果
			1% level	5% level	10% level	
1947—1980年						
Lnloanp	(0, 0, 1)	2.912	-2.634	-1.95	-1.606	不平稳
Dlnloanp	(0, 0, 1)	-2.131	-2.636	-1.95	-1.606	平稳**
Lninsufee	(0, 0, 1)	6.594	-2.634	-1.95	-1.606	不平稳

续表

检验变量	检验类型（c，t，k）	ADF检验值	显著性水平临界值			检验结果
			1% level	5% level	10% level	
Dlninsufee	（1，0，1）	-4.167	-3.648	-2.958	-2.612	平稳***
Lnfinasset	（0，0，1）	5.455	-2.634	-1.95	-1.606	不平稳
Dlnfinasset	（1，0，1）	-6.035	-3.648	-2.958	-2.612	平稳***
imgini	（1，1，1）	0.89	-2.634	-1.95	-1.606	不平稳
Dimgini	（1，0，1）	-4.289	-3.648	-2.958	-2.612	平稳***
lnmedincome	（0，0，1）	3.142	-2.634	-1.95	-1.606	不平稳
Dlnmedincome	（1，0，1）	-3.155	-3.648	-2.958	-2.612	平稳**
emsjob	（0，0，1）	0.871	-2.634	-1.950	-1.606	不平稳
Demsjob	（1，0，1）	-6.052	-3.648	-2.958	-2.612	平稳***
1981—2019年						
lnperloanp	（0，0，1）	-0.234	-2.654	-1.95	-1.602	不平稳
Dlnperloanp	（0，0，1）	-3.584	-2.655	-1.95	-1.601	平稳***
lninsufeep	（0，0，1）	3.038	-2.654	-1.95	-1.602	不平稳
Dlninsufeep	（0，0，1）	-2.128	-2.655	-1.95	-1.601	平稳**
lnperfinanasset	（0，0，1）	-0.424	-2.654	-1.95	-1.602	不平稳
Dlnperfinanasset	（0，0，1）	-3.882	-2.655	-1.95	-1.601	平稳***
imgini	（0，0，1）	1.667	-2.655	-1.95	-1.601	不平稳
Dimgini	（0，0，1）	-4.306	-2.657	-1.95	-1.601	平稳***
lnmedincomeper	（0，0，1）	1.484	-2.655	-1.95	-1.601	不平稳
Dlnmedincomeper	（0，0，1）	-1.952	-2.657	-1.95	-1.601	平稳**
emsjob	（0，0，1）	0.158	-2.660	-1.950	-1.600	不平稳
Demsjob	（1，0，1）	-3.245	-3.750	-3.000	-2.630	平稳**

注：（1）检验形式（c，t，k）中的字母分别代表常数项、趋势项和滞后阶数；（2）***、**分别表示1%、5%的显著性水平上通过检验；（3）D表示一阶差分；（4）美国的数据分为两个阶段（1948—1980年和1981—2019年）进行检验。

表 5-2　中国 1978—2019 年序列变量的单位根检验结果

检验变量	检验类型 (c, t, k)	ADF 检验值	显著性水平临界值			检验结果
			1% level	5% level	10% level	
lnloanp	(1, 0, 1)	-0.847	-3.655	-2.961	-2.613	不平稳
Dglnloanp	(1, 0, 1)	-3.528	-3.662	-2.964	-2.614	平稳**
lninsufee	(0, 0, 1)	2.666	-2.654	-1.95	-1.602	不平稳
Dlninsufee	(1, 0, 1)	-4.508	-3.73	-2.992	-2.626	平稳***
lnperstock	(0, 0, 1)	1.387	-2.657	-1.95	-1.601	不平稳
Dlnperstock	(1, 0, 1)	-5.904	-3.743	-2.997	-2.629	平稳***
imgini	(0, 0, 1)	1.649	-2.642	-1.95	-1.604	不平稳
Dimgini	(1, 0, 1)	-4.875	-3.682	-2.972	-2.618	平稳***
lnruincome	(0, 0, 1)	2.401	-2.638	-1.95	-1.606	不平稳
Dlnruincome	(1, 0, 1)	-3.46	-3.662	-2.964	-2.614	平稳***
emsjob	(0, 0, 1)	0.61	-2.66	-1.95	-1.6	不平稳
Demsjob	(0, 0, 1)	-1.977	-2.66	-1.95	-1.6	平稳**

注：(1) 检验形式 (c, t, k) 中的字母分别代表常数项、趋势项和滞后阶数。(2) ***、** 分别表示 1%、5% 的显著性水平上通过检验。(3) D 表示一阶差分。

检验结果显示，两国所涉及的样本变量均为非平稳序列，其一阶差分均呈平稳性，因此可以认为它们属于一阶单位根过程。接下来，先对美国的数据进行一系列分析，然后再来探讨中国的情况。

5.4　自由市场配置下的普惠金融包容性效果检验

这一环节检验美国普惠金融三项指标的包容性效果。美国工业进程有很清晰的界限，第一个时段是 1947—1980 年的工业中后期（工业资本主义时期），第二个是 1981—2019 年的后工业时期（金融资本主义时期）。1980 年前后可以说是美国凯恩斯主义和新自由主义交替的重要转折点，为了获得美国普惠金融对包容性增长的阶段性效果，本书将以 1980 年作为关键节点，分为两个阶段进行检验。

5.4.1 对分配改善效果的检验

经过 ADF 检验已知，美国样本数据均为一阶单位根变量。如果要对原始变量进行回归分析的话，就需要进行协整关系检验。协整关系的基本思想是，即使每个单位根序列都有着各自的随机变动趋势，也有可能因为某种经济力量的作用而使变量之间形成了长期均衡关系，即协整关系。具有协整关系的变量可进行线性组合，即可以直接构建回归模型。这一环节的基本研究步骤为：首先考察美国普惠金融三个指标与收入基尼系数（imgini）是否存在协整关系；其次，在通过协整关系检验后，建立向量自回归模型（VAR 模型）探索普惠金融与收入基尼系数之间的格兰杰因果关系；最后，通过冲击反应和方差分解过程得到它们之间的短期影响信息。

（1）协整关系检验

从单位根检验结果可知（见表 5－1），代表美国普惠金融三个维度的变量和包容性变量均是一阶单整，接下来对它们之间是否达成某种长期稳定的均衡关系进行验证。根据 AIC 准则两期数据的最佳滞后阶数均为 3 阶，由于涉及多维变量，因此本书选择 Johansen 检验法得出协整关系个数如表 5－3 所示：

表 5－3　两个阶段美国普惠金融三指标与 imgini 的协整个数结果

原假设：协整秩个数	特征值	迹检验统计量	5% 显著性水平临界值	1% 显著性水平临界值	判断
1947—1980 年：工业中后期					
0	0.6142	56.0520	47.21	54.46	拒绝
至多 1 个	0.2408	17.9523	29.68	35.65	接受***

续表

原假设：协整秩个数	特征值	迹检验统计量	5% 显著性水平临界值	1% 显著性水平临界值	判断
至多 2 个	0.1514	6.9310	15.41	20.04	拒绝
至多 3 个	0.0090	0.3629	3.76	6.65	拒绝
1981—2019 年：后工业时期					
0	0.7230	56.2489	47.21	54.46	拒绝
至多 1 个	0.4214	21.5932	29.68	35.65	接受***
至多 2 个	0.2233	6.8218	15.41	20.04	拒绝
至多 3 个	0.0000	0.0002	3.76	6.65	拒绝

注：*** 表示 1% 的显著性水平。

从以上检验结果来看，两个阶段普惠金融三指标与收入基尼系数之间均存在至多 1 个协整秩，即有至多 1 个协整关系。为了重点探讨普惠金融三变量对收入基尼系数的影响，表 5－4 只列出有关 imgini 的误差修正模型（VECM）的相关信息：

表 5－4　两个阶段美国 imgini 与普惠金融三指标的误差修正模型信息

因变量	R^2	均衡残差系数λ	P > |z|	标准化协整关系表达式（μ）
1947—1980 年：工业中后期				
Dimgini	0.4264	－0.2535	0.003	imgini－0.1197lnloan－0.1825lninsufee＋0.3107lnfinasset－1.7621
1981—2019 年：后工业时期				
Dimgini	0.7261	－0.8794	0.000	imgini－0.0016lnloan－0.0717lninsufee－0.0816lnfinasset＋0.0097

$$Dimgini = -\lambda(\mu) + \sum \nu - c \quad (5-1)$$

其中，

① *Dimgini* 代表收入基尼系数的差分变量；

② μ 为均衡误差序列，即上表第 5 列；

③ λ 代表 *Dimgini* 方程中的修正项的调整力度；

④ $\sum v$ 是普惠金融三指标和 *imgini* 的短期关系表达式（省略）。

误差修正方程（5－1）说明 *imgini* 的短期变动取决于两大因素，一是自变量的短期波动 $\sum v$，另一部分就是误差修正项 $\lambda(\mu)$，等于上表第3列和第5列之积。

①均衡误差序列 μ 的估计系数 λ 均小于0，说明当基尼系数 *imgini* 正向偏离均衡水平时，上一期普惠金融各个指标与基尼系数的协整关系会将当期基尼系数下调至均衡水平。

②从 λ 的绝对数值可以看到，1947—1980年的普惠金融三指标对收入基尼系数的调节力度（0.2535）弱于1981—2019年（0.8794），且两个时期的调整力度均比中国要强（中国 λ 绝对值为0.152）。*imgini* 误差修正模型的 R^2 可以看到，第二个阶段的模型的解释力也要比第一个阶段强，说明第二个时期普惠金融对收入差距的影响要更大。

③从表5－4第5列给出的标准协整关系表达式可知，这两个时期的个人贷款和个人保险均与基尼系数呈长期正相关关系（标准协整关系式中的系数要反着看），但是个人理财与收入基尼系数前后的相关关系不一致，个人理财与收入基尼系数在第一个时期呈长期负相关关系，在第二个时期则为长期正相关关系。

④再对比两个协整关系变量的估计系数的绝对值可知，个人贷款和个人保险均对收入差距的边际正影响正在逐渐减弱，处于倒“U”形曲线的右侧；个人金融理财对收入差距则呈“U”形现象。这说明，个人贷款和个人保险在美国工业中后期和后期都未产生长期减贫的包容性效应；人理财在工业中后期有分配改善效果，后期则无改善效果。

现将普惠金融三变量对基尼系数的影响做进一步原因解析：

①个人贷款在美国工业进程的两个阶段不约而同出现了对收入

不平等的恶化现象，究其原因有很多，但美国金融产业的私有化市场扩张是其重要原因之一。在 1947—1980 年 30 余年的工业中后期，美国个人信贷对促进当时的小商品经济发展有利，但也确实将财富不断地往大产业资本家手里集中，头部产业资本家依靠小企业的产业剩余和产业工人的劳动剩余而积累了大量财富。但此时底层产业工人与产业资本家尚有很深的利益羁绊，从某种意义上讲，这种贫富差距的扩大是相对良性的。因为产业资本家将攫取的高额利润用于了投入研发、扩大企业规模、聘用更多工人、改善薪酬等方面，对普通民众是有益的。然而，20 世纪 70 年代初爆发的石油危机，以及美国国内激发的劳资矛盾，导致了美国产业资本家纷纷选择了海外转移，其中大量低端制造业不断移出。到了 1981—2019 年后工业化时代，美国国内实体经济加速衰落，虚拟经济顺势兴起，底层产业工人逐渐失去了赖以生存的产业就业岗位，选择了从事流动性和替代性都很强的低端服务业。此时，发达的金融产业又将信贷消费与美国普通民众日常生活的方方面面进行深度绑定，消费剩余成为继小产业剩余和劳动剩余后美国金融资本在国内重要的食利空间。这一金融食利机制在美国已经发展了 30 余年，对收入恶化的边际效应已出现递减现象，这意味着食利空间已出现触顶趋势。

②美国个人保险支出在这两个时期均表现出对不平等的恶化效应。在 1947—1980 年工业中后期，美国保险水平呈恶化贫富差距的长期趋势；在进入 1981—2019 年后工业时代后，个人保险对收入不平等的恶化效果却有一定减轻。众所周知，美国是市场导向型的保险体系，第二次世界大战后美国保险产业更是得以长足发展，业务拓展至全球。目前美国拥有着全球规模最大的保险市场，美国国内的保险普及率也已高达 80% 左右。从某种意义上讲，美国已经进入无处不保的社会，人们日常生活的方方面面都已经吸纳到保险体系中，从出生到死亡都与各种保险产品深度绑定。美国的保险

体系分为政府社保和商业保险两类，但基本都是市场化运作模式。美国政府有很多社保项目都外包给私人保险公司操作；此外，政府还通过制定各种有利于商业保险公司的法律规定，为其发展提供得天独厚的有利条件。例如，对人寿保险赔款创造税收优惠、立法规定必保项目（如车险，对无险车辆会采取严厉惩罚措施）等。在宽松自由的市场环境下，私人化的保险产业得以蓬勃发展，寿险、医疗、汽车、住房、旅游、责任险等各种类保险产品琳琅满目，几乎无所不保。保险已经成为美国人民日常生活不可或缺的金融产品。与此同时，高额的保险费用也成为美国家庭日常支出的一大特点。多年来，美国保险的密度和深度，以及保费收入均位居世界前列，可谓“普及却昂贵”。高额的保险费用在美国社会产生了巨大的财富虹吸效应，吸收了各阶层的收入所得，导致低收入群体的有限收入更加捉襟见肘。因此，保险普及率越高反而在美国形成了愈加恶化的贫富差距趋势。

为了减缓保险维度的致贫趋势，美国财政拨付的社会福利预算也在不断上调。从图 5 - 1 可以看出，从 1958—2018 年，美国收入保障支出和转移性支出占 GDP 的比重从 1958 年的 9.55% 上升到 2018 年的 22.44%，增幅达 1.35 倍。美国政府提高福利开支比率，一方面是推动保险覆盖面惠及更多弱势群体；另一方面，也确实弱化了高额保险支出对弱势群体有限收入的抵减，从而减缓了贫富差距趋势的扩大，形成了个人保险在第二个阶段的致贫效应有所降低的趋势。

③美国个人金融理财在这两个时段产生了相反的不平等效应。在第一阶段，个人理财有利于缩小贫富差距，而在第二个阶段却扩大了贫富差距。众所周知，美国的股票市场有长达 200 多年的历史，美国拥有世界驰名的证券交易所和投行机构。据统计，1950 年美国散户持有股票的比例就已经高达 94%，1980 年为 63%，但到了 2008 年只有 34% 的散户比例了。进入新千年后，美国中低收

入家庭股票投资比重持续下降，根据美国消费者金融调查数据计算获得，收入中位数以下的美国家庭股票占金融资产的比例从2000年的21.73%下降至2015年的13.82%（见图5-2）。股票市场在第二阶段几乎成为富人家庭获得超额财富的工具，穷人散户似乎正在不断地被迫退出股票投资市场。本来穷人和富人的投资禀赋就不同，穷人的理财资金多来自储蓄和抵押房产，而富人使用的是剩余财富；穷人一般依靠自己投资理财，富人则通过专业的金融理财机构来打理财富。所以，即使一开始穷人和富人的财富同比增长，最终也会因为投资禀赋的不同由原来的百万级悬殊变为千万级别。还有一个非常重要的原因是，美国在2007年7月爆发了震惊世界的金融危机，美国资本市场泡沫破裂迎来的一轮通胀潮（2009年美国通胀率为-0.36，2011年为3.16），穷人即使前期通过参与股市赚到了钱，受到通胀影响所抵消的财富也远比富人多。富人在大潮中布局了多种资产投资，股市泡沫过去后，实物资产价值回归依然会让其财富继续增长；而穷人不仅鲜有这种机会，在泡沫破裂的时候，几乎亏得所剩无几。这就是为什么个人金融理财在第二个阶段反而更加加剧了贫富悬殊的原因。

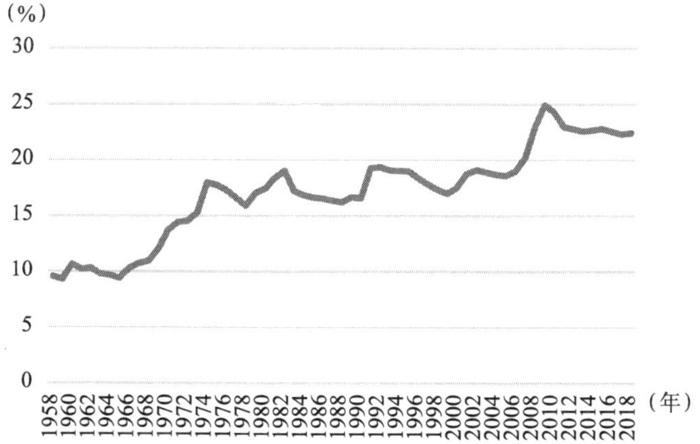

图5-1　美国1958—2018年收入保障支出与转移性支出之和占GDP的比重

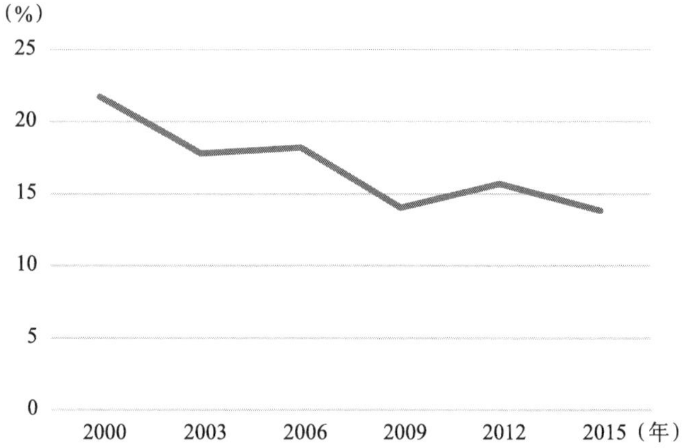

图 5-2　2000—2015 年美国收入中位数以下家庭股票占金融资产比重

资料来源：根据美国消费者金融调查（SCF）公开数据整理而来。

（2）格兰杰因果检验

上述分析的是普惠金融对收入基尼系数单向因果关系的判断结论，由于它们是内生变量，短期内，收入基尼系数亦有可能对普惠金融指标产生影响。为了弄清楚它们之间的因果方向，还需进行格兰杰因果关系检验。

本书通过构建多元 VAR 系统来完成如表 5-5 所示的检验结果。

表 5-5　普惠金融三指标与收入基尼系数的格兰杰因果检验结果

原假设 不是格兰杰原因	自由度	F 值	P 值	判断
1947—1980 年：工业中后期				
lnloan→imgini	1	9.842	0.002	拒绝
lninsufee→imgini	1	4.815	0.030	拒绝
lnfinasset→imgini	1	12.206	0.001	拒绝
ALL	3	4.969	0.003	拒绝

续表

原假设 不是格兰杰原因	自由度	F值	P值	判断
imgini→lnloan	1	0.352	0.555	接受
imgini→lninsufee	3	1.137	0.338	接受
imgini→lnfinasset	1	1.273	0.261	接受
1981—2019年：后工业时期				
lnloanp→imgini	2	1.100	0.311	接受
lninsufee→imgini	2	1.030	0.328	接受
lnfinasset→imgini	1	1.100	0.311	接受
ALL	5	0.73	0.551	接受
imgini→lnloan	3	1.150	0.302	接受
imgini→lninsufee	2	0.850	0.373	接受
imgini→lnfinasset	3	2.160	0.164	接受

注：最佳滞后期根据AIC准则确定，VAR模型已通过了稳定性检测。

从检验结果可以看到，美国第一个阶段的普惠金融三变量均是收入基尼系数变化的格兰杰原因，相反，收入基尼系数则不是三变量变化的格兰杰原因。在第二个阶段，普惠金融三变量与收入基尼系数之间互为非格兰杰因果关系，即在短期内，普惠金融与美国收入差距之间并无显著因果关联。也就是说，美国在工业中后期，普惠金融尚具有显著影响短期收入分配的作用，然而在进入工业化后期的虚拟经济阶段，这种短期调节机制已逐渐失去功效。

（3）脉冲响应和方差分解

图5-3是美国收入基尼系数对普惠金融三个指标的脉冲响应结果。

图5-3的上半部分展示的是第一个阶段，美国普惠金融三个指标分别受到外界1个标准差单位的冲击后对收入基尼系数带来的波动响应。其中，个人贷款给基尼系数带来的是负向波动，第3-8

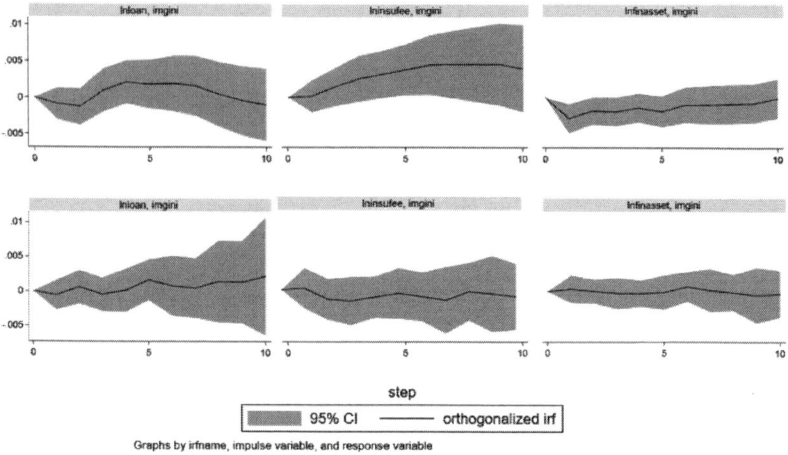

图 5－3　两个阶段收入基尼系数对普惠金融三指标的脉冲响应

期是正向波动，之后又回归负向，整体来上还是拉大了收入差距；个人保险给基尼系数带来的是全程正向波动，也产生拉大了收入差距的效果；而个人理财引起的是基尼系数的一系列负向波动，说明理财具有减缓收入差距的作用。

图 5－3 的下半部分展示的是第二个阶段普惠金融三指标分别受到外界 1 个标准差单位的冲击后给基尼系数带来的波动响应。基尼系数对个人贷款冲击做出的反应小于第一阶段，但总体波动仍为正，表明依然拉大了收入差距；基尼系数对个人保险做出的反应则与第一阶段相反，出现了小幅负向波动，意味着存在一定的收差改善效果；个人理财引起基尼系数极微弱的正向波动，与第一阶段相反产生了一定拉大收入差距的作用。

总之，两期正负脉冲响应的结论与长期协整关系的正负相关性完全一致。总体来看，第二期基尼系数受普惠金融的影响要弱于第一期，说明美国普惠金融已经显示出对分配改善效果的边际递减规律。

接下来，图 5－4 展示了对美国收入基尼系数方差分解后的结果。

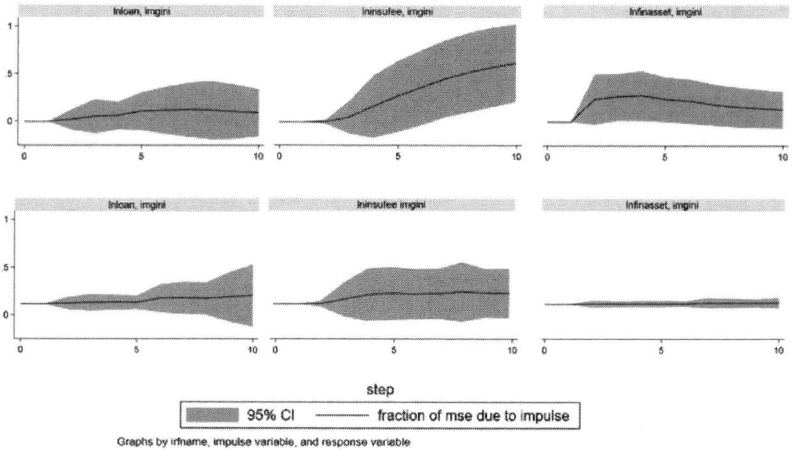

图5-4　两个阶段收入基尼系数的方法分解（普惠金融三指标部分）

图5-4的上半部分为第一个阶段收入基尼系数受到外界1个单位标准差冲击后，普惠金融三个指标贡献率的变化情况，下半部分是第二个阶段的贡献情况。可以看到，第一个阶段三个指标中，个人保险对收入差距的影响最大，其次是个人理财，最后才是个人贷款。个人保险贡献率从第3期的5.01%不断上升到第10期的62.21%；个人理财从第2期的23.90%逐步下降至第10期的12.82%；个人贷款从第2期的2.1%上升到第7期的最高值12.4%，随后再下降至第10期的9.36%。到第二个阶段，普惠金融三个指标整体对收入冲击的贡献均非常微弱，其中，相对最高的仍是个人保险，从第2期的1.77%逐渐上升到第8期峰值20.60%，之后小幅下降至第10期的18.22%；个人贷款贡献率最高为第10期的14.97%，大部分时点都在10%以下；而个人理财的贡献率全程不足2.2%。从这两个时期贡献率的变化情况可以清楚地看到普惠金融对收入差距的作用效果正在逐渐减弱。

5.4.2 对收入“涓滴”效果的检验

将普惠金融三个指标纳入美国居民整体收入的不平等结构检验后可知，通过市场化扩张的普惠金融无论是长期还是短期，大部分检测结果都显示出有拉大了收入差距的效果。在美国不同工业发展阶段，金融资本家已不同程度地通过挖掘普通民众的消费剩余而获利。其中，小额消费信贷是最直接的，商业保险和个人理财是间接的。从某种角度上讲，保险可以解读为让民众更加“放心”消费的一种保障机制（即便这种保障支出越来越“贵”）；维持美国股市走强、提振民众的金融理财信心，从某种意义上也是为了维持商品消费购买力的一种手段。总之，通过深入挖掘民众消费剩余进而壮大金融的食利空间是美式普惠金融体系的一大特征，那么具有这种特征的普惠金融能否给美国中低阶层带来收入的“涓滴效应”呢？为了解答这个问题，本书选取美国个人收入中位数（lnmedincome）来代表这一阶层的收入水平，然后检验普惠金融三指标的增收包容性效果。

（1）协整关系检验

为了节省篇幅，本章省略了协整关系个数的迹检验过程，直接列出了两个阶段各自 VEC（3）、VEC（4）的相关检验信息，如表 5－6 所示：

表 5－6　两个阶段美国收入中位数对数与普惠金融三指标的误差修正模型信息

因变量	R^2	均衡残差系数λ	P > |z|	标准化协整关系表达式（μ）
1947—1980 年：工业中后期				
Dlnmedincome	0.8176	－0.0215	0.413	lnmedincome－0.453lnloan－2.092 lninsufee－2.279lnfinasset＋15.983

续表

因变量	R^2	均衡残差系数λ	P > |z|	标准化协整关系表达式（μ）
1981—2019 年：后工业时期				
Dlnmedincome	0.6033	-0.6559	0.123	lnmedincome - 0.110lnloan - 0.065 lninsufee - 0.468lnfinasset - 3.179

注：表中误差修正模型已通过了残差自相关检验和 VECM 平稳过程检验（即点都落在了圈内）；表右侧标准化协整关系表达式中的括号项为对应的普惠金融三指标的 P 值。

$$Dlnmedincome = -\lambda(\mu) + \sum \nu - c \quad (5-2)$$

其中，

① *Dlnmedincome* 代表收入中位数对数的差分变量；

② μ 为均衡误差序列，即表 5-6 第 5 列；

③ λ 代表 *Dlnmedincome* 方程中的修正项的调整力度；

④ $\sum v$ 是普惠金融三指标和 *imgini* 的短期关系表达式（省略）。

误差修正方程（5-2）说明 ln*medincome* 的短期变动取决于两大因素：一是自变量的短期波动 $\sum v$，另一部分就是误差修正项 $\lambda(\mu)$，相当于表 5-6 第 3 列和第 5 列的乘积。具体分析如下：A. 从第 2 列 R^2 值可知，4 个内生变量的滞后值对 ln*medincome* 误差修正模型具有较强的解释力。B. 第 3 列均衡误差序列 μ 的估计系数 λ 均小于 0，表明当收入中位数对数正向偏离均衡水平时，上一期普惠金融各个指标与之形成的协整关系会将当期基尼系数下调至均衡水平，但从 P 值可以看到，这种调节力的显著性并不高，即存在不稳定性。对比 λ 绝对值，第二个阶段的协整关系对收入中位数的传导力要远高于第一阶段，反映在后工业时期或金融资本主义时代，金融对中低收入阶层产生了较高的渗透性和作用力。C. 从第 5 列给出的标准协整关系表达式可以看出，这两个时期的三大普惠金融指标均与收入中位数之间存在长期正相关关系（标准协整关系式中的变量系数要反着看），也就是说，三指标都产生了收入的“涓滴”效应。再比较两组协整方程的估计系数绝对值，普惠金融三指标对收入中位数的边际正影响在逐渐减弱。可以认为，美国普惠金融的收入“涓滴”效应在这两个阶段经历了一个倒“U”形左侧曲线的动态变化过程。对上述检验结果的原因解析如下：

①个人贷款在两个阶段都形成了增收趋势，但收入的“涓滴”效应在逐渐走弱。其实，从表5－6给出的信息还能看出，个人贷款的边际影响是三个指标中最弱的，这一点与中国个人贷款是最高的结果完全相反。这进一步佐证了之前的判断，即美国的普惠金融已逐渐脱离了个体经营增收领域，转而追求消费非增收领域，尤其在工业后期这一现象非常突出。表5－7给出了美国中低收入家庭的收入构成，其中工资收入和财产性收入的占比位列前二，经营收入仅占总收入的3.06%～5.53%（同期2001—2016年，中国农民经营收入占比达到38.35%～62.09%），甚至在2010年、2013年和2016年这3个年份还低于转移性收入。可见，美国中低收入群体从事个体自营活动的比重是非常之低的，向银行借款从事商业经营活动的个体更是少之又少。

表5－7　美国2001—2016年中低收入家庭各项收入构成比（%）

收入类型	2001年	2004年	2007年	2010年	2013年	2016年
工资收入	71.97	69.45	67.33	59.34	58.22	58.98
经营收入	3.06	3.49	5.37	4.60	4.44	5.53
财产性收入	22.06	22.97	22.68	26.85	29.49	29.23
转移性收入	2.90	4.09	4.62	9.20	7.86	6.25

资料来源：根据美国消费者金融调查数据库（SCF）计算得出（考虑了抽样权重）。家庭年收入中位数以下的为中低收入家庭组。

除了以上证据外，还有一份来自美国联邦储备系统委员会（Federal Reserve Board）公布的数据。在1990—2019年，收入在

1% ~50% 阶层的消费信贷总量占比在 50% 左右（即使遭遇 2007 年严重次贷危机之后，该比例在 2008 年仅下降不足 0.7%，然后又上升，在 2013 年达到 57.2% 的峰值。），而 50% ~90% 中高阶层的平均消费比率为 37.2%，90% ~100% 富人阶层该比例仅为 9.8%。可见，越贫弱的群体持有的消费信贷比例越高，个人借贷的大部分都用来支付他们的日常消费。这些消费不受经济危机的影响，信贷已经成为美国中低收入群体高度依赖的金融服务项目。

总之，很多证据无不印证了这样一个事实，美国增加个人借贷可得性的目的不是用以扩大或释放底层群体生产经营能力，而是商家和金融资本家攫取高额消费剩余的工具。这就是为什么美国个人贷款的收入边际效应是三个金融服务类型中最低的原因。不过，也有学者指出，信贷的“涓滴”效应不应只体现在提高长尾群体的经营收益上，在一个物质文明高度发达的社会里，它还提供了现代物质文明成果分享的贡献，这一说法不错，也确实得到很多人的认可。然而，当一个社会将最大化攫取消费剩余作为经济增长极时，必然导致对低收入群体过度透支的引导，利用人类的基本欲望诱使其自愿地掏空收益剩余来满足少数资本家的利益。这种借贷的“涓滴”效应将很快滑向倒“U”形曲线的右侧，美国普惠贷款收入益贫效应的下降正预示着这种趋势的即将到来。包容性经济增长的本质应为解放和提高弱势群体的自力更生能力，而不是盲目透支他们的消费实力。然而，这种以消费为主导的个人借贷，在美式金融自由化时代，却不断被冠以“分享文明成果”的华丽辞藻，来掩饰其对弱势群体利益的不断侵蚀。近年来，不少学者已经对美式新自由主义倡导的“涓滴经济学”产生了严重质疑，认为金融资本主义正在使这种“涓滴”效应逐渐失效。

②个人保险服务在两个阶段均显示出了收入方面的“涓滴”效应，当然也出现了与个人贷款同样的边际效应递减现象，且第二个阶段的增收效应还出现不显著（P 值 =0.773）的迹象。保险服

务在后面的检验中呈现出的是不利于农民增收的效果，这是因为保险服务费用是收入的抵扣项，且中国的保险覆盖率低、待遇差异大，因此并未出现良好的收入“涓滴”效果。不过，美国拥有历史悠久的保险体系，为推动保险产业蓬勃发展美政府投入了大量的制度建设成本和行政管理成本。美国财政每年会将巨额的社会福利支出补贴给各类社会保险项目，也会将大量的转移性支出拨付给低收入群体以平衡商业保险带来的收入结构恶化（在减贫环节已证实保险有致贫效应）。根据美国历年相关统计数据，第一阶段美国财政支出占 GDP 的平均比重（除去国防开支）为 18.58%，第二个阶段为 27.63%，2020 年 1 月份该比例达到 30.09% 的水平，是同期中国财政支出比（不含国防支出）的 1.44 倍（见图 5 -5）。

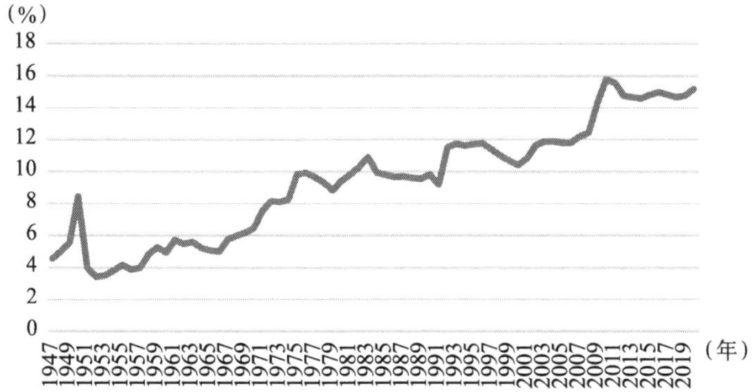

图 5 -5　美国 1947—2019 年政府经常性转移支出占 GDP 的比重（%）

资料来源：美国经济分析局。

美国政府拨付的经常性转移支出占 GDP 的比重在进入第二个样本期（1981—2019 年）后基本保持在 10% 以上（见图 5 -5，第一个样本期则基本在 10% 以下），次贷危机后的 2009 年更是达到了 15.78% 的峰值，此后一直保持在 14% 以上的水平。美国强大的转移支出对低收入阶层起着非常直接的收入保障作用，也就是说商业保险之所产生显著的收入“涓滴效应”是因为美国强大的财政保障实力在“保驾护航”，但是即使财政支出在不断增强，这种保障力也逐渐显现出弱态。

③个人理财在两个时段都表现出收入的“涓滴”效果，虽然边际“涓滴”效果也在逐渐递减，但在两个阶段里，金融理财产生的边际贡献是三个指标中最高的。金融理财的“涓滴”效应在上一个分配改善环节已经分析过，美国的金融理财在第二次世界大战后的工业中后期已经有了很高的普及率，美国股票散户在 1950 年已经高达 94%，1980 年为 63%，但到了 2008 年散户只剩 34% 了。实际上，股票收益在中低收入家庭的收入构成中并不高（见表 5 - 8），只占总收入的不到 3%，到 2016 年仅剩 0.88%。这一阶层的财产性收入主要来自基金收益，占到收入总额的 20% 以上，2013 年达到 28.37% 最高点。而中低阶层家庭的基金收入 80% 左右又来自养老基金，可以认为是养老基金收益起到了主要的益贫性增收效果。

表 5 - 8　美国 2001—2016 年中低收入家庭财产性收入项目占总收入的比重（%）

财产性收入项目	2001 年	2004 年	2007 年	2010 年	2013 年	2016 年
股利收入	2.72	1.64	1.47	1.61	1.06	0.88
资本利得收入或损失	0.45	-0.32	0.15	-1.89	0.05	0.28
基金收入	18.89	21.66	21.06	27.13	28.37	28.08

资料来源：根据美国消费者金融调查数据库（SCF）计算得出（考虑了抽样权重）。家庭年收入中位数以下的界定为中低收入家庭。

美国养老基金资产非常庞大，据世界银行公布的数据，1996 年已经达到 GDP 的 66.83 倍，2017 年更是达到 144.57 倍。体量如此巨大的养老资金中统筹账户基金（不到 10%）严格投资于特种国债，该国债的本息由美国政府全额担保，其投资收益是相对稳定的；其他大部分商业养老基金（90% 以上）则投资于股票基金市场，美国的慢“牛”市为美国养老保险基金收益提供了强有力的保障。2000 年以前，美国联邦公共养老基金（OASDI）的名义收益为 6% 以上；2001 年以后，收益率略有下降，保持在 5% 左右。2008 年爆发次贷危机之后，养老基金收益有所下跌，这是导致个人理财边际收入效应降低的一个重要原因。

总之，在工业化中后期（第一阶段），普惠金融的三个指标显示出较强的“涓滴”效应，对中低阶层收入有着长期稳定的提升趋势。在这一时段，全民理财热情高涨，美国财政提供着高额福利，穷人与产业资本家保持着根深蒂固的利益联结，这一时期的普惠金融服务呈较强且显著的收入益贫效应。然而，在进入后工业时代阶段（第二个阶段），劳资关系的联结性开始逐步弱化，富人的财富积累不再依靠大量产业工人的剩余劳动，转而依附于他们的消费剩余。维系消费增长的信贷服务变得更为普及，但消费信贷的益富性也表露无遗，出现了个人贷款的增收效应递减的现象。股市也越来越成为更有利于美国精英阶层的财富渠道，穷人则不断被迫退出股市行列。但美国金融资本家却采用了一种让穷人获取另一种虚拟财富的替代方式，那就是吸纳他们的养老储蓄打造天量级的养老基金，为资本家创造巨额财富的同时也为穷人“施舍”出了一点微不足道的收益。除了养老保险之外，金融资本家还推出了五花八门、琳琅满目的保险项目来最大化占有广大民众的流动性财富。高昂的保险费用已经成为美国老百姓的日常必需支出项目。为了对冲居高不下的商业保险费用对穷人带来的生活压力，美财政也为此拨付出更多的社会福利补贴和转移性支付。可以说，在进入后工业时期，美政府在全力支撑起着这个“精巧而又昂贵”的普惠金融服务体系，而它之所以维护这一力求服务于每一阶层、每一个人，看似“公平”金融体系，实质是为金融资本家提供更多可蚕食的小微金融消费剩余罢了。这就是为什么到了金融资本主义时代，美国社会福利在增加、社会阶层却更加割裂，公平性金融体系产生的收入“涓滴”效应却逐渐减弱、甚至失效的原因。

（2）格兰杰因果关系检验

协整实质上就是一种共同变化的趋势，即随时间变化的具有同步性，但不意味着变量之间具有因果关系。为了进一步确定以上内生变量的因果方向，接下来将建立多元 VAR 模型进行格兰杰关系检验，结果如表 5－9 所示：

表 5－9 格兰杰因果检验结果

原假设 不是格兰杰原因	自由度	F 值	P 值	判断
1947—1980 年：工业中后期				
lnloan→lnmedincome	2	2.8413	0.1003	接受
lninsufee→lnmedincome	2	0.0262	0.8722	接受
lnfinasset→lnmedincome	2	0.7825	0.3821	接受
ALL	6	0.9974	0.4048	接受
lnmedincome→lnloan	2	0.0845	0.7729	接受
lnmedincome→lninsufee	2	5.9029	0.0201	拒绝
lnmedincome→lnfinasset	2	0.5112	0.4791	接受
1981—2019 年：后工业时期				
lnloan→lnmedincome	4	1.0368	0.4351	接受
lninsufee→lnmedincome	4	0.9236	0.4877	接受
lnfinasset→lnmedincome	4	1.1920	0.3722	接受
ALL	12	0.8073	0.6424	接受
lnmedincome→lnloan	4	0.2646	0.8941	接受
lnmedincome→lninsufee	4	1.4257	0.2949	接受
lnmedincome→lnfinasset	4	0.5821	0.6827	接受

注：最佳滞后期根据 AIC 和 SBIC 原则确定的，VAR 模型通过了稳定性检验。

无论从普惠金融单个指标还是从普惠金融整体来看，两个阶段的检验结果基本一致，即普惠金融与收入中位数之间互为非格兰杰原因（个人保险除外）。由此可以得出一个结论：普惠金融与中低收入阶层的收入水平之间并未构成显著的短期影响关系。这从侧面证实了，在上一个环节中，普惠金融指标之所以与收入中位数之间形成长期协整关系是可能因为某种经济力量作用所导致的结果，这个经济力量来自美国政府所构造的多层次收益保障机制，如社会高福利补贴机制、低收入保障机制和养老基金收益机制等。这些保障机制虽然不能消除普惠金融带来的收入不平等恶化，但可以为普惠金融内生市场的扩张和可持续性提供重要保障。

5.4.3 对小企业就业激励效果的检验

美国的中小微企业指的是人数在500人以内规模的企业，简称小企业。小企业数量占美国企业总数的99.9%，对GDP的贡献率约为43.9%（2010年），平均寿命为8年。因此，美国政府一向非常重视对小企业的服务，为此联邦政府在1953年专门成立了小企业管理局（SBA），美国财政部还设有小企业的倡议机构（SSB-CI），2013年为小企业的政策性金融机构贷款约占到企业贷款总额22%，2017年民营银行机构数量为5787家，为小企业提供的平均贷款利率为4%～6%。

小企业为美国社会提供了几乎50%左右的就业机会，且是容纳美国低收入群体就业的主要场所。若普惠金融能够对小企业的就业人数产生激励作用，可以认为其具有就业方面的益贫效应。本章根据美国劳工统计局公布的1960—2019年1～499人规模企业的就业人数的对数作为小企业就业指标（lnemsemploy），然后分别与普惠金融三个指标进行如分配改善和收入“涓滴”一样的检验程序。

（1）协整关系检验

同样为了节省篇幅，以下省略了协整关系个数的迹检验过程，直接列出了两个阶段的相关检验信息，如表5－10所示：

表 5-10　两个阶段美国 lnemsemploy 与普惠金融三指标的误差修正模型信息

因变量	R^2	均衡残差系数λ	P > |z|	标准化协整关系表达式（μ）
1947—1980 年：工业中后期				
Dlnemsemploy	0.8187	-0.0449	0.311	lnemsemploy - 0.397lnloan - 0.434 lninsufee + 0.722lnfinasset - 12.744
1981—2019 年：后工业时期				
Dlnemsemploy	0.7485	-0.0351	0.879	lnemsemploy + 0.039lnloan - 0.907 lninsufee + 0.510lnfinasset - 3.179

①从第 2 列 R^2 的数值可以看出，两个误差修正模型的拟合优度较高，说明内生变量滞后项具有较高解释力。②第 3 列均衡残差系数 λ 均小于 0，说明小企业就业人数偏离均衡水平过高时，协整关系会将小企业就业人数拉回均衡状态。两个时期 λ 的绝对值都很小，说明普惠金融对小企业就业人数的调节力度非常小，且这种调节还并不显著（因为 P 值均大于 0.1）。③再来看第 5 列的标准化协整关系表达式，个人贷款在这两个时期经历了从“正激励”到“负激励”的过程（标准协整关系式中的系数要反着看），类似一个完整的倒“U”形曲线，说明个人贷款在工业化中后期对小企业有扩增就业岗位的积极作用；到后工业化时代，个人贷款用于投资小微实体、增加就业岗位的作用越来越小，自然而然形成了负向“激励”效果。个人保险在两个阶段均表现出“正激励”作用，类似位于“U”形曲线的右侧，这意味着增加员工的保险费用反而提高了就业数量。这与中国的情况正好相反，因为美国政府出台了相应的税收优惠政策，将增加雇员和签订正规劳动合同与降低企业所得税挂钩，这一做法极大地激励了小企业增加雇员人数。个人理财在两个时期均表现出就业的“负激励”效果，类似位于“U”形曲线的左侧，这反映出非劳动所得（财产性收益）的提高往往会

抑制人们从事工作的意愿，反而不利于就业率的提升。

（2）格兰杰因果关系检验

根据表5-11中的检验结果来看，普惠金融在两个阶段均是小企业就业人数变动的格兰杰原因，其中个人贷款对小企业就业有显著影响，而个人保险和个人理财则无显著就业激励作用。反之，这两个阶段的小企业就业人数均不是普惠金融三个变量的格兰杰原因。

表5-11　　格兰杰因果检验结果

原假设 不是格兰杰原因	自由度	F值	P值	判断
1947—1980年：工业中后期				
lnloan→lnemsemploy	1	5.0126	0.0274	拒绝
lninsufee→lnemsemploy	1	1.4474	0.2318	接受
lnfinasset→lnemsemploy	1	0.4342	0.5114	接受
ALL	3	3.9180	0.0109	拒绝
lnemsemploy→lnloan	1	1.3506	0.2479	接受
lnemsemploy→lninsufee	1	1.5246	0.2198	接受
lnemsemploy→lnfinasset	1	0.0337	0.9669	接受
1981—2019年：后工业时期				
lnloan→lnemsemploy	1	4.3672	0.0409	拒绝
lninsufee→lnemsemploy	1	0.0203	0.8872	接受
lnfinasset→lnemsemploy	1	1.5330	0.2205	接受
ALL	3	3.4205	0.0228	拒绝
lnemsemploy→lnloan	1	0.1918	0.6630	接受
lnemsemploy→lninsufee	1	1.7959	0.1853	接受
lnemsemploy→lnfinasset	1	1.8076	0.1839	接受

注：最佳滞后期根据AIC准则确定的，多维VAR模型通过了稳定性检验、残差正态分布检验和自相关检验。

5.4.4 检验结果总结

综合上述所有检验结果于表 5-12 中。

表 5-12　美国两个阶段普惠金融三指标的包容性效果

包容性维度	时期	个人贷款	个人保险	个人理财
收入分配	工业中后期	恶化	恶化	改善
	后工业时期	恶化	恶化	恶化
收入“涓滴”	工业中后期	正向	正向	正向
	后工业时期	正向	正向	正向
小企业就业	工业中后期	正向	正向	负向
	后工业时期	正向	正向	负向

(1) 美国个人贷款无收入分配的改善效果，反而存在恶化贫富差距的长期趋势。在后工业化时期，随着工业产值比的不断下降，消费增长成为刺激美国经济增长的重要一极，个人贷款不断被自由化、市场化的私人金融机构所大力推广，并引导向更有利于金融资本家最大化攫取消费剩余的方向发展。虽然，个人贷款在一开始的阶段产生了收入和就业的益贫效果，但经两阶段协整分析可知这种效果正逐渐减弱。普拉萨德将美式信贷称为“信贷福利”，因为它似乎既有利于国家消费经济的增长，又能助力美国人民提高收入和改善生活质量。但这种“涓滴”福利与金融资本家攫取的高额利益完全不能相提并论，个人信贷普及率越高越容易加剧收入结构的不平等。且在后工业化时代，工人阶层逐渐失去了与产业资本家的利益纽带，消费信贷资本被自由化市场大肆普及，致使美国个人贷款体量不断扩大。但快速便利的贷款服务养成了民众透支享乐和不存钱的生活习惯，一旦失业或入不敷出，信贷债务便如“达摩克利斯之剑”从天而降，斩断他们目前所拥有的一切。简言之，美式信贷是一种伪（微）包容、实致贫

的“危险福利”。

（2）与个人贷款一样，个人保险对收入结构也有恶化趋势，但在收入和就业方面同样产生了“涓滴”效果。昂贵的保险费用本应有抵减收入、抑制小企业就业的负向作用，在长期却出现了增收、促业的“涓滴”效果，这与美国的福利保障制度不无关系。美国大规模福利体系的建立始于20世纪60年代约翰逊总统的“伟大社会计划”，但美国并没有同第二次世界大战后欧洲一些高福利国家一样建立一个覆盖全社会的政府税收福利体系（虽然美国60年代所得税最高边际税率已高达70%以上，拥有强大的所得税收收入）。美国政府也不直接将福利拨付给民众，而是建立起了一整套私人化的福利供给体系。通过税收减免的方式激励私人公司为员工支付保险福利项目。图5－6展示了美国1959—2019年雇主福利支出占工资薪金总额的比重，福利支出项目包括养老金、其他非政府保险项目和政府社保。可以看到这一福利支出在1959年占到了收入10%以上，到1993年达到峰值24.26%，随后进入后工业化时期该比重一直在20%～25%。企业扣缴的高昂福利费用大部分落入私人保险基金公司或资产管理公司手中，未有多少纳入国家统筹，因此基本上没有产生多少收入改善效果。90年代后，随着与冷战的结束，美国开始为富人减税，所得税最高边际税率下降至35%。税收优惠力度越大，越能激励私人公司为私人保险机构积累大量的非统筹保险基金。这就是为什么美国个人保险普及率越高（覆盖率高达80%以上），在一个拥有庞大私有保险体系和税收优惠制度下的美国却难以扭转收入不平等恶化的原因所在。但是，与保险福利计划和雇员计划挂钩的税收优惠激励机制，不仅撬动了海量保险基金池为中小企业雇员带来额外理财收益，还促进了小企业积极招聘社会就业人员，最终形成了增收、促业的效率型包容增长效果。

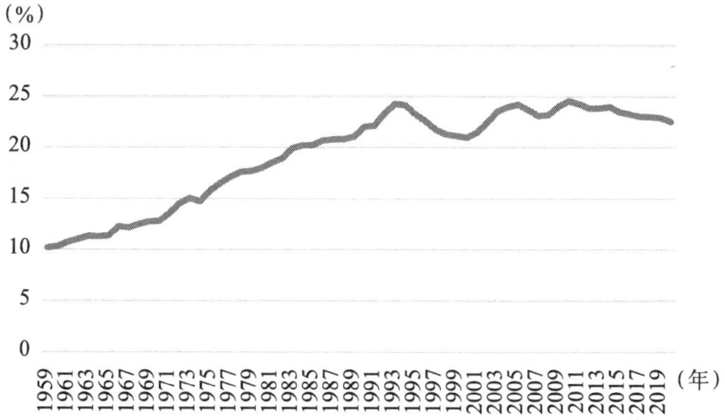

图 5-6　美国 1959—2019 年雇主福利支出占工资薪金百分比

资料来源：美国经济分析局公开数据。

此外，美国的财政福利体系体现了“救穷”的原则，特别注重对老人、儿童、残疾人和贫困者的福利保障。虽然美国比不上西欧、北欧“从摇篮到坟墓”都囊括了的高额福利国家，但也基本覆盖了大部分穷人。例如，医疗保障方面，政府负担了 65 岁以上老人和残疾人的部分医保（Medicare），对于穷人来说还有医疗援助项目（Medicaid）；公立学校基本免费；一旦被公司裁员，可以享受到半年到一年的失业保险，金额通常是以前工资的 1/3，这项福利对于被裁员的中低阶层来说是一个非常不错的保障。此外，还有很多名目繁多的日常福利项目，如食品券、现金补助、租房补助、冬季取暖/夏季空调的能源补助等无微不至。这些福利项目对家庭年收入在 2 万美元以下，家庭财产在 5000 美元以下的低收入阶层是非常有利的。正是这些财政福利补贴项目对低收入阶层起到了收入和就业的保障效果。

（3）第二次世界大战后，美国经济复苏，社会财富积累，这促使美国个人理财业进入扩张阶段，并形成了一个独立的理财服务体系。这一趋势推动了全民金融理财参与率的大幅提高，美国股票散户在1950年已经高达94%。这一时期美国经济快速从大萧条进入正轨，失业率极低，民营经济蓬勃发展。美国资本市场与经济对接，美国经济的景气程度也都反映在了资本市场上，资本市场的收益率也节节攀升。从图5－7可以看到美国政府债券收益率从1964年的4.17%上升到1982年的19.08%；联邦基金从1960年的3.48%上升至1982年的14.59%的最高值；3个月定期存单从1960年的4.14%上升到1983年的9.69%。1950年1月纽约证券交易所普通股股利收益率达到6.65%，1968年才3.06%。

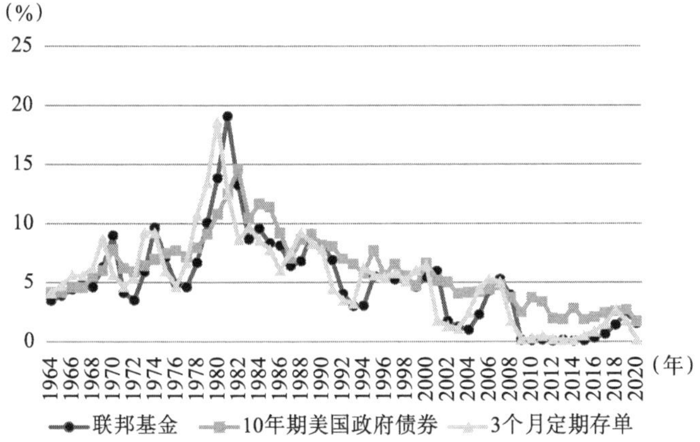

图5－7　美国1960—2020年普通民众理财产品收益率

资料来源：经济合作与发展组织。

然而，在进入美国后工业化时期，联邦基金、国债和定期存款收益率呈不断下降趋势，到2020年分别降至1.55%、1.76%和0.17%的低位水平。与此相一致的是美国中低收入家庭金融项目参与率也逐渐下降（见图5－8），其中曾经参与率最高的债券项目反而降幅度最大，从1989年的19.12%降至2016年的8.04%，定期存款从1989年的17.4%的参与率降至2016年的4.75%，股票在2007年还处于10.75%的小高峰，爆发次贷危机后下跌至2016年的 6.84%；基金参与率从 2001 年的 9.98% 降至 2016 年的 3.20%。中低产家庭似乎正在逐渐“被迫”退出个人理财市场。最近，也就是在 2021 年 1 月 30 日在美国华尔街交易所发生了一件“重新占领华尔街”的抗议活动，这件事情折射出了美国引以为傲，甚至赖以生存的金融公平机制正在不断被打破。公平机制在社会等级差异大的美国具有特殊的意义，在以公平交易基础为原则的资本市场是可以实现等级转换的一个特殊场所，因为在资本市场里可以进行你情我愿的公平交易，赚了钱等级就上升，亏了钱等级就下来了，非常公平合理且为大众所认可。然而，华尔街的精英们一次又一次地撕开了这种伪公平的面纱。第一次“占领华尔街”的运动发生在 2009 年，因为华尔街资本贪得无厌，发行了大量次级垃圾债券卖给散户，以此转嫁风险。结果一场金融海啸袭来，散户被狠狠收割了一把韭菜，大量普通家庭濒临破产。这又再次证明美国金融理财市场已经失去了公平的交易环境，金融市场不再是普通民众参与收益再分配的场所，已然成为华尔街少数金融资本家随意操控利润、转嫁风险的地方。如果说在第一个阶段，大家都有钱可赚，个人理财活动尚能对收入分配起到积极改善作用的话，那么到了第二个阶段这种平衡已经被打破，资本市场的排斥性导致的收入不平衡结构更加恶化。

尽管中低收入阶层正在以肉眼可见的趋势“被迫”退出金融理财市场，曾经在工业化中后期全民参股的盛况已出现了极大的衰落，在金融化时代股市早已成为机构投资者的天下。中低收入阶层因为缺乏金融理财知识和抵抗风险能力，已经大大降低了个人参与比重，而是将绝大部分身家通过申请基金账户的方式交付于基金公司或资产管理公司打理。因此，虽然股市直接参与率下降了，但是股票市场仍旧是他们间接获取理财收益的重要场所。只有让美国股市繁荣才能让民众赚钱，美国的消费才能兴旺起来，尤其是根据之前的分析，美国消费占比最高的其实就是这些中低收入群体，保障他们获得除工资以外的额外收益才能活跃和维持美国旺盛的消费能力，消费起来了，美国经济就不会走下坡路。这就是美国经济运行的内在逻辑，也是美国这个金融化时代、高消费时代的经济运行逻辑。于是，我们看到随着中低收入群体金融投资参与率的降低（见图5－8），财产性收入占比却有不断增加的趋势（见表5－8）。正是美国所维持的具有全球影响力的“慢牛”股市支撑着美国民众可观的财产性收入增长，中低收入群体也因此获得了不错的“涓滴”收益，这也是让美国人民最能直接感受到政府执政实力的重要举措。可以认为，美国中低阶层的理财收入与股市的长期均衡关系是由美国金融服务体系和美政府合力促成的利益捆绑关系。然而，这种非劳动所得和高福利体制却也将穷人养成了“懒汉”，在很大程度上降低了他们的就业意愿，导致个人理财出现了就业负向激励效果。

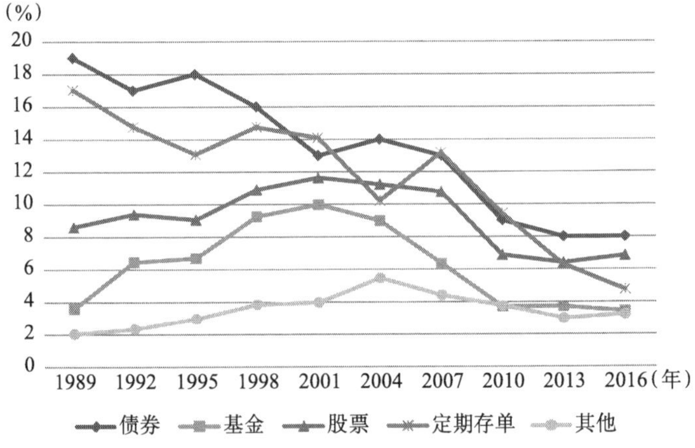

图5－8　美国1989—2016年中低收入家庭金融资产项目参与率

资料来源：根据美国消费者金融调查数据库（SCF）计算得出（考虑了抽样权重）。家庭年收入中位数以下的界定为中低收入家庭。

5.5　政府引导市场配置下的普惠金融包容性效果检验

中国的检验时段选取的是 1978—2019 年改革开放后的 40 余年，这一阶段跨越了中国工业经济发展的早期和中期。在前 20 年，中国的金融体系以积累重化工业资本为主，普惠金融发展极为缓慢；后 20 年随着我国加入 WTO，国内商品工业体系得以迅速发展，开始出现了服务城市中小企业、家庭和个人的普惠金融，现在更是将金融服务布局到了广大的农村地区。这种横跨改革开放 40 余年，带有工业经济发展轨迹的普惠金融是否产生了包容性增长效果呢？接下来将进行一一考察。

5.5.1　对分配改善效果的检验

（1）协整关系检验

经过 ADF 检验已知，中国样本数据均为一阶单位根变量。如果要对原始变量进行回归分析的话，就需要进行协整关系检验。本章根据 AIC 和 SBIC 准则来确定四个变量的最优滞后期，结果显示 AIC 准则的滞后期为 4 期，SBIC 准则为 1 期，为保守起见选择滞后 4 期。由于涉及两个以上变量，本书会采用 Johansen 法来检验协整关系数量。个人借贷（lnloan）、个人保险（lninsufee）和个人理财（lnperstock）与收入基尼系数（imgini）的协整检验结果如表 5 - 13所示。其中，迹检验是似然比检验，为单边右侧检验，当迹统计量（第 3 列）大于显著性水平的临界值时，则可拒绝原假设。表 5 - 13 第三行迹检验统计量小于 1% 显著性水平的临界值，则不能拒绝原假设，即至多存在 2 个协整秩（关系）。

表 5-13　中国普惠金融三指标与 imgini 的协整关系检验结果

原假设：协整秩个数	特征值	迹检验统计量	5% 显著性水平临界值	1% 显著性水平临界值	判断
0	0.9413	142.2891	62.99	70.05	拒绝
至多 1 个	0.8033	74.2325	42.44	48.45	拒绝
至多 2 个	0.6306	12.2107	25.32	30.45	接受***
至多 3 个	0.3757	18.3069	12.25	16.26	拒绝

注：*** 表示 1% 的显著性水平。

既然以上 4 个变量至多存在 2 个协整关系，那么就需要进一步检验哪些变量序列可以进入协整关系。接下来采用的方法是 lrjtest 检验和 wjtest 检验，原假设为被检验变量无法进入协整关系，设定显著性水平为 10%，当检测结果的 P 值小于 0.1 时，表示该变量序列可以纳入协整关系。判别结果如表 5-14 所示，两套检验结果一致得出这 4 个变量可以纳入一个协整关系中。

表 5-14　对 4 个变量存在协整关系的判别

变量	协整：lrtest		协整：Wald test	
	chi2 (1)	Prob > chi2	chi2 (1)	Prob > chi2
imgini	8.9	0.0030	57	0.0000
lnloan	14	0.0000	157	0.0000
lninsufee	17	0.0000	290	0.0000
lnperstock	22	0.0000	1060	0.0000

使用 Johansen 的 MLE 方法构建向量误差修正模型（VECM），得出 4 个变量的标准化协整方程系数，如表 5-15 所示。

表 5-15　中国普惠金融三指标与 imgini 的标准化协整方程系数

检验变量	imgini	lnloan	lninsufee	lnperstock	常数项
方程系数	1.0000	0.1436	-0.2624	0.0830	-0.7976
标准误		4.88	-7.89	10.27	
P 值		0.0000	0.0000	0.0000	

为了检验上述VEC模型的合理性，需要进行了一系列相关性检验：①残差拟合值白噪声检验结果显示P值$=0.381$，大于0.1，不能拒绝残差是白噪声的原假设，即模型残差拟合值为白噪声序列；②残差拟合值的平稳序列检验，得出$Z(t) = 0.0003$，小于0.1，显示为平稳序列；③通过拉格朗日乘子检验得出滞后1阶和2阶对应的P值均小于0.1，说明模型不存在序列相关性；④VEC系统平稳性检验，特征值的模均位于单位圆以内，说明模型满足稳定性条件。总之，所构建VEC模型具有较好的合理性。

为了重点探讨普惠金融对收入基尼系数的影响，接下来只列出imgini的VEC模型表达式：

$$Dimgini = -0.152(\mu) + \sum \nu - 0.001 \tag{5-3}$$

其中，

① $Dimgini$代表收入基尼系数的差分变量；

② $\mu = imgini + 0.144\ln loan - 0.262\ln insufee + 0.083\ln perstock - 0.798$，又称为均衡误差序列；

③ -0.152代表$Dimgini$方程中的修正项的调整力度λ；

④ $\sum v$是普惠金融三指标和$imgini$的短期关系表达式（省略）。

方程（5-3）说明$imgini$的短期变动取决于两大因素，一是自变量的短期波动$\sum v$，另一部分是误差修正项-0.152（μ）。由于均衡误差μ的估计系数$\lambda = -0.152 < 0$，说明当基尼系数$imgini$正向偏离均衡水平时，上一期普惠金融与$imgini$的协整关系会将当期基尼系数下调回至均衡水平，虽然调整力度并不是很大，却很显著（因为λ对应的P值$=0.000$），这说明中国普惠金融对扩大收入差距有抑制作用。

下面考察长期影响效果，需要根据表5-15信息整理出协整方程为：

$imgini = -0.144\ln loan + 0.262\ln insufee - 0.083\ln perstock +$

0.798 (5-4)

对应的 OLS 回归方程为：

$$imgini = -0.063\ln loan + 0.093\ln insufee - 0.001\ln perstock + 0.406 \quad (5-5)$$

对比协整方程（5-4）和回归方程（5-5）自变量系数的正负符号完全一致，只是具体数值有一定差异，这与干扰项有关。但协整方程是通过最大似然估计法获得的，从理论上来说更为可取。总之，可以认为普惠金融三指标与收入基尼系数之间存在长期均衡关系，其中，个人贷款和个人理财与基尼系数形成负相关关系，个人保险与之形成正相关关系。于是可以初步判断，我国这40多年来，个人贷款与个人理财存在收入差距的长效改善机制，而个人保险却很可能有拉大收入差距的长期趋势。至于对这种因果关联的判断是否正确，还需要进一步考证。

（2）格兰杰因果关系检验

格兰杰因果检验可以解决内生变量谁是因，谁是果的问题，是实证分析中非常关键的一步。虽然它反映的并非真正意义上的因果关系，表达的是一个变量是否有助于对另一个变量的预测，但仍具有经济指导意义。在格兰杰因果检验中，以 y_t 作为被解释变量的检验的原理可以通过方程（5-6）来说明：

$$y_t = \sum_{i=1}^{p} \alpha_i y_{t-i} + \sum_{i=1}^{p} \beta_i x_{t-i} + \mu_t \quad (5-6)$$

其中，x_t 是加入的解释变量，p 是滞后阶数，可以根据“信息准则”予以确定。x_t 是 y_t 的格兰杰因果原因的原假设为“$H_0: \beta_1 = \beta_2 = \cdots = \beta_p = 0$”，即 x 的过去值对预测 y_t 没有帮助。如果 x_t 任何一个过去值的回归系数估计值显著不为0，可以说 x_t 对预测 y_t 是有意义的，可称 x_t 是 y_t 的格兰杰原因。

由于上述变量是有协整关系的一阶单整序列，可直接通过构建多元 VAR 系统对原变量进行格兰杰因果方向的判定。滞后期根据

AIC 准则确定为4期，模型已通过稳定性检验；但在做滞后阶数显著性检验时发现联立方程的滞后2阶和3阶变量出现了不显著现象，于是这些变量进行了附加约束条件的处理。处理之后的 VAR 模型又分别进行了残差正态分布检验和残差序列相关检验，均得以通过（检验结果省略）。最后，格兰杰因果检验结果如表5-16所示：

表5-16　中国普惠金融三变量与 imgini 格兰杰因果检验的部分结果

原假设 不是格兰杰原因	自由度	F值	P值	判断
lnloan→imgini	2	9.9660	0.0005	拒绝
lninsufeep→imgini	2	10.8420	0.0003	拒绝
lnperstock→imgini	2	1.9524	0.1608	接受
All	6	4.4493	0.0028	拒绝
imgini→lnloan	2	0.0015	0.9985	接受
imgini→lninsufee	2	0.6126	0.5490	接受
imgini→lnperstock	2	4.6547	0.0180	拒绝

注："→"代表前者不是后者的格兰杰原因。

为了重点研究普惠金融和收入基尼系数之间的因果关系，表5-16只列式出了部分检验信息。①ln*loan* 不是 *imgini* 格兰杰原因的 *P* 值为0.0005，小于0.01，在1%的显著性水平上可以拒绝原假设，即个人借贷是收入差距变动的格兰杰原因；*imgini* 不是 ln*loan*格兰杰原因的 *P* 值为0.999，不可以拒绝原假设，即收入差距不是导致个人借贷变动的格兰杰原因。②ln*insufee* 不是 *imgini* 格兰杰原因的 *P* 值为0.0003，小于0.01，在1%的显著性水平上可以拒绝原假设，即个人保险是收入差距变动的格兰杰原因；*imgini* 不是 ln*insufee* 格兰杰原因的 *P* 值为0.549，说明收入差距并不是个人保险变动的格兰杰原因。③ln*perstock* 不是 *imgini* 格兰杰原因的 *P*

值为0.161，大于10%，在10%显著性水平上可以拒绝原假设，即个人金融理财不是收入差距变动的格兰杰原因；*imgini* 不是 ln*perstock* 格兰杰原因的 P 值为0.018，小于0.05，可以在5%的显著性水平上拒绝原假设，这说明收入差距是个人理财变动的格兰杰原因。

综合以上结果，普惠金融从整体上来说是收入差距变动的格兰杰原因（P 值 =0.0028），反之收入差距则基本上不是普惠金融的格兰杰原因（除了个人理财外）。结合协整方程，可以认为我国这40多年的普惠金融发展进程产生了收入分配的长效改善趋势。其中的传导机制主要是通过贷款和理财的普及实现的，贷款可以增加普通民众创业创新的经营收入，理财则可以增加他们的财产性收入。然而，保险的普及却表现出对收入差距的逆向调节，主要是因为中国的养老保险费率一直都居世界前列，而基础社会保险的全国性统筹发展十分缓慢，截至目前尚未完全实现基础养老保险的全国性统筹。之所以并未影响普惠金融整体改善收入差距的效果，主要是因为国家财政拨付的保险补贴削弱了保险支出对老百姓收入的递减效应。

综上所述，普惠金融从整体上来说是收入差距变动的格兰杰原因（P 值 =0.0028），反之收入差距则基本上不是普惠金融的格兰杰原因（除了个人理财外）。结合协整方程，可以认为中国这40多年的普惠金融发展进程对收入分配产生了长效改善的作用趋势。其中的传导机制主要是通过贷款和理财的普及实现的。个人部门经营贷款比例的不断提高，个人经营贷款可以增加普通民众创新创业的积极性，既为自己增加了经营收入，又为社会低收入群体提供了工资型就业，由此产生了收入初次分配的微改善效果。然而，保险服务的发展却表现出对收入差距的逆向调节作用，主要是因为中国过去几十年基础社会保险的全国性统筹发展过程十分缓慢，截至目前尚未完全实现基础养老保险的全覆盖，统筹型保险服务尚未能发挥出良好的分配改善效果。最后，股市理财渠道对缩小我国收入差距并无显著效果。这是因为中国股市主要是用于机构投融资，个人通过股市提高财产性收益来改善初始分配的作用可以说是几乎微乎其微。

中国数据检验的结果表明普惠金融具有长效减贫效应，这一结果似乎与一些低收入国家有所出入。赵锦春、范从来（2020）运用 1990—2017 年的跨国数据提出这样的判断，在低收入国家中，私人部门金融包容性对最低收入组群体的收入拉动作用并不明显，甚至在不少低收入国家中还出现了拉大收入差距的效果，这是因为金融包容性对低收入国家资本积累和分配改善的促进作用较弱所致。事实上，中国从 1998 年开始进入中低收入国家行列，在 2010 年又迈进中高收入国家行列，并不是单纯的低收入国，产生的结果自然与低收入国会有所不同。中国改革开放后的前 20 年属于低收入国家，普惠金融发展也受到很大抑制，对低收入群体增收的驱动力也严重不足，金融分配集中于工业体系和财务条件高的少数人手中，对收入差距可能起到拉大的作用；但在后 20 年，中国开始大力发展轻工业，现已建立起世界最完整的工业产业体系，而轻工业领域产生了大量的中小加工工厂和产业工人，由此形成了对微型金融服务的巨大需求，普惠金融也顺势得以快速发展。在 2020 年，27 个亚洲样本国普惠金融生态体系排名中，中国位列第 7 名，位列中高收入国家的第 2 名。清华大学五道口金融学院谢平教授也表示，从支付覆盖面来看，中国的普惠金融可得性已经位居世界第一。诚然，电子支付率并不能完全代表普惠金融的发展水平，但从某种侧面也反映出改革开放后的 20 年，搭载国家政策红利和互联网金融的便利，普惠金融供给侧改革得以快速推进。中国普惠金融在后期展露出对收入不平等结构的微调节作用也在情理之中的。事实上，张建波和郭丽萍（2017）运用中国 2005—2014 年省级面板数据得出了与本书相近的结论，两位学者通过直接构建普惠金融指数对城乡居民收入差距进行分析，证实普惠金融发展确实存在影响收入分配差距的机制，可以缩小城乡居民收入差距。而本书进一步得出了普惠金融的减贫机制主要源于小额信贷，理财并不显著，保险在国家社会保障补贴的大力投入下并未显著造成对整体长期致贫趋势的影响。

（3）脉冲响应和方差分解

上述4个变量所构建的VAR系统，除了研究变量之间的因果关系外，还可以获取短期动态信息。第一项动态研究是做脉冲响应分析：一般来说，系统一开始处于平衡状态，一旦遭受外部冲击往往会打破这种平衡，由于系统趋于稳定的特性，外部的随机冲击对所有变量的影响都会是暂时的，会随着时间推移而消失，又再次回归平衡。那么，普惠金融的三个变量在遭受外界冲击后分别会对收入差距产生何种影响呢？通过脉冲响应分析不但可以解答这一问题，还能得出这种影响是否显著的信息。图5-9所示的便是正交脉冲响应图。

左上图显示的是imgini受到外界1个单位标准差的冲击后对自身带来的变动影响。前4期为小幅度正向波动，到第5期后逐渐趋近于零，重新回归平衡状态。95%的置信区间（即阴影部分）在第3期后包含了0，说明只有前2期的正向波动是显著的，后面的波动趋势并不稳定。

右上图显示的是ln*insufee*受到外界1个单位标准差的冲击对*imgini*带来的变动影响。在前9期，个人保险对收入差距产生的是正向冲击，在第5期达到了峰值0.0067，随后不断下降直至接近0附近，再次回归平衡。整体上，收入基尼系数受保险冲击的波幅并不是很大，基本都在0.7%以内波动。95%的置信区间在第6期后包含了0，可以认为前5期个人保险对收入差距产生了微弱但显著的推动作用。结合协整方程中个人保险的系数为负，可知个人保险与收入差距所形成的负相关关系主要就来自这种短期助推作用的叠加。

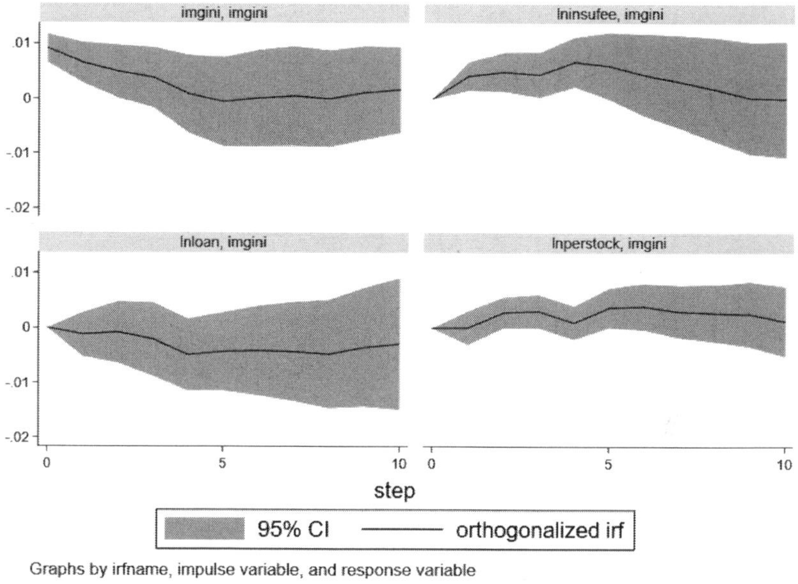

图 5－9　4 个变量对 imgini 的正交脉冲响应路径

右下图显示的是 ln*perstock* 受到外界 1 个单位标准差的冲击对 *imgini* 带来的变动影响。在整个观测期内个人理财对收入差距呈微弱的正向冲击作用，但作用并不显著，可以忽略不计。

左下图显示的是 ln*loan* 受到外界 1 个单位标准差的冲击对 *imgini* 带来的变动影响。从第 1 期开始，个人贷款对收入差距产生了负向冲击作用，在第 4 期达到最低值 －0.00489，然后逐渐上升接近 0 值，又回归均衡状态。同 ln*perstock* 一样，个人贷款全程对收入差距的负向冲击作用并不显著。

接下来，再对构建的 VAR 系统进行方差分解研究。这一环节能提供某一内生变量变化来自自身和其他内生变量冲击的贡献度信息。本书只节选了 *imgini* 发生变动后各个内生变量的贡献率（百分比）结果，如图 5－10 所示：

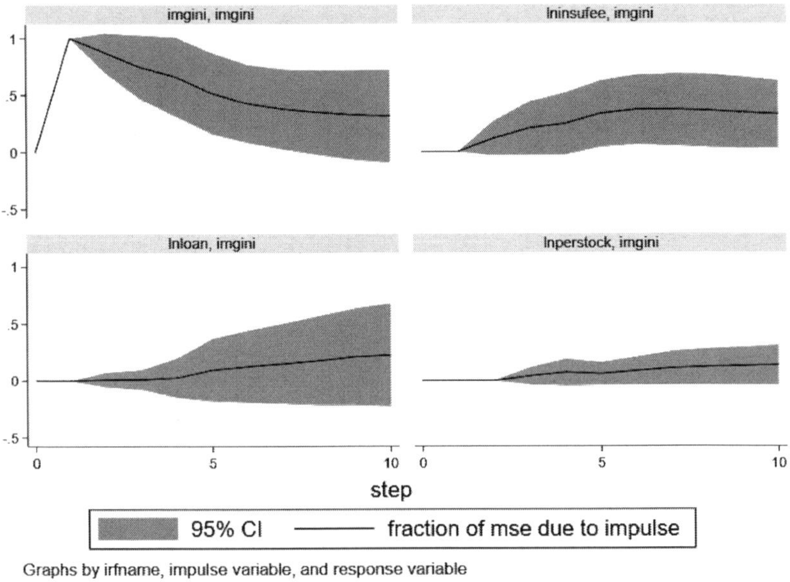

图 5－10　4 个变量对 imgini 波动的方差分解

从波动数值来看，在第 1 期，收入差距发生变动，100% 是因为自身引起的，后期有普惠金融 3 个变量的持续贡献。其中，个人保险的贡献率，从第 2 期的 11.80% 上升到第 10 期的 32.72%；个人贷款在前 5 期贡献率不到 10%，从第 6 期以后，贡献率从 12.56% 上升到 22.52%；个人理财在前 6 期贡献率均不到 9%，从第 7 期以后从 10.92% 上升到第 10 期的 13.49%。改革开放前 20 年，中国金融包容性发展水平整体偏低，对收入差距的调节作用非常小；后 20 年，中国金融的包容性水平有了大幅提升，对收入差距变动的影响力也逐渐增强。

从显著性来看，*imgini* 前 7 期的对自身的贡献值是显著的，个人保险后 5 期的贡献值是显著的，个人贷款和个人保险全程的影响均不太显著。由此可见，收入差距变动在前期主要是自身因素引起的，普惠金融三个指标均未产生明显作用；后期收入差距变动除了自身因素外，个人保险有明显的助推效果，而且几乎达到与收入差距因素的相差无几的贡献率；个人贷款和个人理财两大因素的贡献并不稳定，其中，个人理财的贡献甚至可以忽略不计。这反映出中国在过去40多年的工业发展阶段，普惠贷款虽然有一定收入差距的调节作用，但整体效果不明显，贷款的普惠力度还有待加强；而中国个人可投资理财资产规模总量偏小。据统计，中国现金及存款外的资产仅占42%的比重（2019年），美国这一比例高达88%，中国目前尚未形成足以改善大众化收入水平的金融理财市场。

（4）小结

①贷款维度的指标采用的是人均个人部门贷款金额的对数（ln*loan*）来表示，简称个人贷款，个人部门贷款包括住房、消费和经营三方面。个人贷款与收入差距之间存在长期负相关关系，二者之间是单向因果关系，即个人贷款的普及有长效减缓效应，对收入不平等有长期改善作用。不过，中国贷款普惠水平依然较低，根据2020年《亚洲金融发展报告——普惠金融篇》中公布的信贷条件得分，中国仅得33分（满分100分），在27个亚洲样本国中排名第19位，甚至低于柬埔寨（67分）、蒙古国（67分）、越南（67分）等一些中低收入国家。由于信贷可获得条件不高，这一维度的普惠金融并未如预期那样在改善短期收入方面发挥显著作用。脉冲响应检验和方差分解证实了这一点，个人贷款可得性对收入差距有下行牵引作用，但是效果不稳定；个人信贷对收入差距的后期影响力虽有提升，但效果依旧不明显。总之，短期上，普惠贷款对各期贫富差距的改善效果并不大，但积累的长效减贫趋势已初见端倪，其对经济包容发展的持续性作用不可忽视。

普惠金融40多年的发展历程是，个人信贷在工业初期遭到强烈抑制，到了工业中期虽有放宽，但分配失衡依然严重，政府对金融政策的干预在其中发挥了重要作用。衷金玲（2013）根据中国1978—2009年时间序列数据研究提出中国主体金融属于经济增长带动型机制，在资源配置上更偏向于经济增长制高点的区域和企业，对于经济增长率较低的地区、小企业以及低收入群体有明显的金融抑制现象。因此，在效率先行的发展阶段，普惠金融发展极其缓慢。但进入新千年后，新个体经济逐渐对中国经济发展产生积极而深远的影响，政府也开始重视加大对底层弱势群体和小企业的金融扶持力度。微金融也开始逐渐展现收入增长效应和配置效应。胡德宝和苏基溶（2015）两位学者提出中国的金融发展与收入差距不存在倒“U”形关系，金融能缩小收入差距，并有利于提高低收入家庭的相对收入，其中28.53%收入改善可归因于金融发展的分配效应。由于普惠金融重视个体发展，尤其是对弱势群体和小微企业的发展，因此两位学者提出须大力发展普惠金融、强化民众金融教育，以此来提升金融更为直接的收入配置效应。现阶段，中国的普惠金融还处于初期发展阶段，正位于倒“U”形的左侧区域，只展现出了长期减贫效应，短期减贫效应还有待加强。

②保险维度的普惠金融指标采用的是人均个人部门的参保费用对数（ln*insufee*），包括养老、医疗和失业三大险种的保费，三大险种代表的是一国三个最基本的社会保障类型，简称个人保险。个人保险是普惠金融三个维度指标中对收入差距最有短期影响力的指标，且与收入差距之间形成的是长期正相关的单向因果关系，即个人保险可得性的增加会拉大贫富差距。这是因为保险费用往往会直接抵减居民的可支配收入，特别是会明显降低低收入群体的收入水平，这就是保险对收入差距的逆向改善作用。再从短期效应看，保险可得性的提高会很快对收入差距产生明显的小幅恶化效应；收入差距的拉大也有保险的显著贡献（尤其是后期）。一般来说，只要国家在社会保障方面提供足够补贴或执行全民基础保险全国性统筹，这种逆向改善作用就会大大降低。但从以上检验结果来看，至少在过去40多年里，中国的社会保障体系并未发挥应有的收入分配“调节器”的作用。除了保险费用本身对收入起到抵减作用，

削弱收入分配改善效应之外，最主要的原因还是因为我国的社会保障结构不平衡所致的。以农村养老保险发展为例，1982年建立的“老农保”保障水平就远远低于城镇居民，2008年全国开始试点，2013年实现全覆盖的“新农保”在城乡保障水平上就存在较大差异；2014年至今建立的城乡居民养老保险制度虽然加快了城乡统一的养老步伐，且截至2020年年底已实现了5.42亿人参与了该保险项目，但“城乡居保”依然与城镇职工养老保险有着待遇上的悬殊。此外，我国公共政策建设一直较为落后于经济发展建设，社会保障制度，尤其是农村养老保障因为政府财政投入少而常年出现短板（米红和刘悦，2018）。根据有关数据显示，2007—2015年，中国社会保障支出占财政支出比重始终在10%上下波动，远低于发达国家30%~50%的水平，甚至低于一些中等收入国家20%的比重，于是限制了其收入再分配功能的发挥。

其实，经过改革开放40多年的不断探索和努力，中国已初步建立起了现代社会保障体系基本框架。但该体系还不完善，其收入再分配功能还有待提高。十八届三中全会通过的《中共中央关于全面深化改革若干重大问题的决定》中指出，要建立更加公平与可持续的社会保障制度。所以，中国应根据现阶段工业发展水平，综合运用多种政策措施来完善中国特色社会保障制度，以促进收入的合理分配。首先，应投入更多的财政支出用于社会保障，并调整和优化财政投入结构，重点向人均收入水平较低的农村地区和城乡的贫困人口倾斜。其次，进一步扩大覆盖面，实现社会保障向适度普惠型的转变。在2012年，我国已开创性地实现了城乡居民基本养老和基本医疗保障的制度全覆盖。但制度全覆盖不等于实际全覆盖。在农村，依然还有不少农民因收入水平低而无法缴纳规定的社会保险费用。社会保险覆盖面的有限性极大削弱了社会保障对收入分配调节功能的发挥。为此，国家应采取更加灵活便捷的参保方式，并适当降低农村低收入居民的缴费额，尽早实现“人人享有社会保障”。总之，基础保障全国性统筹还没有完全实现，城乡居保和城镇职保的待遇差距也有待缩小，这都是影响个人保险收入分配改善效果的重要因素，所幸的是，这两个问题已纳入我国“十四五”规划中。

③理财维度的普惠金融指标采用的是人均股票交易总值的对数（ln*perstock*）来，简称个人理财。个人理财虽然与收入差距形成了长期负相关关系，单向因果关系却是后者影响前者，即收入差距拉大会降低个人理财水平。这是因为中国过去长时期里的个人理财环境基础薄弱，个人理财资产规模总量小，与发达国家相比有非常大的差距，尚未形成能惠及中低收入群体的多元理财市场，个人理财水平并未形成对收入差距的长期改善作用。其次，个人理财水平的提高有一个基础条件，那就是大多数人拥有“财富剩余”，而贫富差距的拉大使“财富剩余”主要集中在了少数中高收入阶层手中，这必然会大大降低普通群体参与理财活动的积极性。从后面两个短期波动检验结果中也证实了这一点，无论是个人理财对收入差距的短期冲击，还是收入差距变动个人理财的贡献均表现个人理财水平尚未形成对收入差距的显著影响。由此可以得，中国目前的个人理财尚未为广大普通群体带来足以改善收入水平的财产性收益，个人理财的包容性经济增长作用十分有限。

由于中国股票交易是从1990年12月正式开始的，其实本书研究的是1991—2018年这一时段的动态系统。在这28年中，个人理财与收入基尼系数形成了长期负相关关系，收入基尼系数是人均股票交易总值的单向格兰杰原因，即伴随着收入差距的扩大，个人理财水平会降低，这说明中国工业化初期和中期的资本理财市场未显现财富均衡效应。事实上，通过股市带来的投资收益是发达国家普通民众收入的重要组成部分，财产性收入是“增收”的重要渠道。在改革开放这40多年来，中国股市的参与者主要是机构投资者和中高富人阶层，中低收入群体参与度很低。根据西南财经大学公布的 2015 年中国家庭金融调查数据整理可得，中低收入家庭财产性收入仅占总的可支配收入的 0.62%，几乎可以忽略不计，而美国中低收入家庭 2016 年的财产性收入已达到了 29.24%[①]。虽然，中国人均股票交易总值在这 28 年时间里有了很大增长，但是却没有成为改善民生收入分配的有效机制，更未能成为影响农村居民收入水平的有效渠道（格兰杰因果检验 P 值为 0.814）。

5.5.2　对收入“涓滴”效果检验

我国的普惠金融长时间一直处于民间金融阶段，在响应 2005 年联合国的号召之后才正式有了政府牵头的普惠金融试点项目。直到 2013 年我国政府才第一次将普惠金融正式写入党的决议，普惠金融借助国家利好政策逐步脱离了民间非正规金融阶段，正式进入供给侧改革时期。上述分配改善效应检验是从整体上考察了普惠金融的包容性水平，一句话总结就是“具有长期改善趋势，却无短期改善实效”。那么，普惠金融是否产生了“涓滴”效果呢？这实际是对普惠金融效率功能的检验。本书从中低阶层的收入和中小微企业就业人数两个方面来检验普惠金融的“涓滴”功效。由于我国没有专门针对中低阶层收入的相关统计数据，但我国大部分农民属于这一群体，于是本书采用了农村居民人均可支配收入对数（ln*rulincome*）来表示。此外，中小微企业属于弱势企业，常年处于金融服务的边缘地带，但数量占到全国企业总数的约 99.8%，为大部分中低收入群体提供了就业场所。本书采用中小企业就业人数对数（ln*emsjob*）作为就业“涓滴效应”的检验指标。然后，将普惠金融三指标分别对 ln*rulincome* 和 ln*emsjob* 进行如收入改善效应章节同样的研究程序，并由此得出实证结论。

① 根据美国消费者金融调查数据库（SCF）2016 年公布的相关数据计算而来。

(1) 协整关系检验

前文已对农村居民人均可支配收入对数(ln*rulincome*)进行了单位根检验(见表5-2),结果显示为一阶单位根过程。下面将ln*rulincome*与普惠金融三指标进行多变量的协整分析。根据AIC准则和SBIC准则共同确定的最佳滞后期3期,检验协整关系个数如表5-17所示。当协整秩至多1个时,迹检验统计量小于2个显著性水平的临界值,可以接受原假设,即4个变量至多存在1个协整秩(关系)。

表5-17 中国三个普惠金融指标与ln*rulincome*的协整关系检验

原假设:协整秩个数	特征值	迹检验统计量	5%显著性水平临界值	1%显著性水平临界值	判断
0		37.2216	29.68	35.65	拒绝
至多1个	0.6255	12.6659	15.41	20.04	接受***
至多2个	0.2542	5.3336	3.76	6.65	拒绝
至多3个	0.1921				

注:***表示1%的显著性水平。

既然4个变量之间存在至多1个协整关系,接下来可以使用Johansen的MLE方法构建向量误差修正模型(VECM),以得到如表5-18所示的标准化协整方程系数。

表5-18 中国普惠金融三指标与ln*rulincome*的标准化协整方程系数

检验变量	lnrulincome	lnloan	lninsufee	lnperstock	常数项
方程系数	1.0000	-0.8421	0.4765	-0.0980	-4.0363
标准误		0.0443	0.0572	0.0217	
*P*值		0.0000	0.0000	0.0000	

为了重点探讨普惠金融对农民人均收入对数的影响,接下来只列出ln*rulincome*的VEC模型表达式:

$$D\ln rulincome = -0.322(\mu) + \sum \nu - 0.111 \quad (5-7)$$

其中，

① $D\ln rulincome$ 代表农民人均收入对数的差分变量；

② $\mu = \ln rulincome - 0.842\ln loan + 0.477\ln insufee - 0.098\ln perstock - 4.036$ 又称均衡误差序列；

③ -0.322 代表 $D\ln rulincome$ 方程中的修正项的调整力度 λ；

④ $\sum v$ 是普惠金融三指标与 $\ln rulincome$ 的短期关系表达式（省略）。

方程（5－7）说明 $\ln rulincome$ 的短期变动取决于两大因素，一是自变量的短期波动 $\sum v$，另一部分是误差修正项 $-0.322(\mu)$。由于 $\lambda = -0.322 < 0$，说明 3 个普惠指标与农民收入对数的协整关系会起到修正农民收入正偏离的作用，换句话说，当前一期农民收入正向偏离均衡水平时，误差纠正项 $-0.322(\mu)$ 会将其往回拉，使其回归均衡。下调的力度并不小，且显著（因为 λ 对应的 P 值 $=0.006$），这说明过去 40 多年，我国农民因为缺乏资金、支付保费和没有理财收益而无法获得大幅度的收入增长，低下的普惠金融水平会形成一种增收的负向传导或抑制力，而且这种短期抑制效果很显著。

接下来考察长期影响效果，根据表 5－18 信息整理出估计的协整方程为：

$$\ln rulincome = 0.842\ln loan - 0.477\ln insufee + 0.098\ln perstock - 4.036 \quad (5-8)$$

为了检验生成的协整方程（5－8）是否合理，本书对该方程进行了一系列相关检验：①残差拟合值白噪声检验结果为 P 值 $=0.215$，不能拒绝残差是白噪声序列的原假设；②对残差拟合值进行 ADF 检验，结果显示 $Z(t) = 0.0137$，说明残差是平稳序列；③对残差进行序列相关检验，结果得出的拉格朗日乘数对应的滞后

期的 P 值均大于 0.1，可以接受残差不存在序列相关的原假设；④最后，进行 VECM 稳定性检验，结果显示所有特征根的模都位于单位圆以内，说明原模型满足稳定性条件。由此得出，协整方程（5 -8）是较为合理的估计模型。

式（5 -9）列出了 4 个变量的 OLS 回归方程表达式：

$$\ln rulincome = \underset{(0.000)}{0.771\ln loan} - \underset{(0.012)}{0.366\ln insufee} + \underset{(0.005)}{0.102\ln perstock} + \underset{(0.000)}{3.406} \tag{5-9}$$

对协整方程（5 -8）系数对和 OLS 回归方程（5 -9）变量估计系数，可以看到正负符号完全一致，数值也非常接近，括号数值代表回归估计结果的 P 值。其中，借贷和金融理财与农民收入之间存在长期稳定的正相关关系，弹性系数分别为 0.842 和 0.098（按照协整方程估计的系数）。从理论上来说，个人借贷增加 1%，则农民收入将增加 0.842%；个人理财增加 1%，则农民收入将增加 0.098%。但个人保险是 3 个变量中与农民收入唯一呈长期负相关关系的变量，弹性系数为 -0.477，代表个人保险增加 1%，农民收入将下降 0.477%。这是因为保险支出是农民收入不可忽视的 1 个抵减项。要削弱保险对收入的抵减效果，需要加大国家对农村社保的补贴力度。总之，从长期来看，贷款有较强的收入“消滴”效果，保险是逆向增收效应，理财则有极微弱的增收效应。这是对以上分析的结果，但是否可靠，还需要做进一步的因果关系检验。

（2）格兰杰因果关系检验

由于上述变量是有协整关系的一阶单整序列，于是可直接通过构建多元 VAR 模型对原变量进行格兰杰因果分析。VAR 模型的滞后期根据 AIC 准则确定为 4 期，模型已通过稳定性检验；但在做滞后阶数显著性检验时发现 4 个方程相应出现了不显著的滞后阶数，于是接下来将不显著的滞后阶数进行了附加约束条件的处理。处理之后的 VAR 模型分别进行了残差正态分布检验和残差序列相关检验，均得以通过（检验结果省略）。最后的格兰杰因果检验结果如表 5 - 19 所示：

表 5 - 19　　中国普惠金融三变量与 ln*rulincome* 的格兰杰因果检验的部分结果

原假设 不是格兰杰原因	自由度	F 值	P 值	判断
lnloan→lnrulincome	1	19. 9190	0. 0000	拒绝
lninsufee→lnrulincome	1	11. 9550	0. 0018	拒绝
lnperstock→lnrulincome	1	0. 0564	0. 8140	接受
All	3	51. 168	0. 0000	拒绝
lnrulincome→lnloan	1	0. 1604	0. 6918	接受
lnrulincome→lninsufee	3	7. 1817	0. 0030	拒绝
lnrulincome→lnperstock	1	3. 7607	0. 0626	拒绝

注：“→” 代表前者不是后者的格兰杰原因。

本章只截取了 ln*rulincome* 为被解释变量和解释变量的检验结果部分。ln*loan* 不是 ln*rulincome* 格兰杰原因的 *P* 值为 0. 000，小于 0. 01，说明在 1% 的显著性水平上可以拒绝原假设，即个人贷款是农民收入变动的格兰杰原因。ln*insufee* 不是 ln*rulincome* 格兰杰原因的 *P* 值为 0. 0018，小于 0. 05，说明在 5% 的显著性水平上可以拒绝原假设，即个人保险是农民收入变动的格兰杰原因。ln*perstock* 不是 ln*rulincome* 格兰杰原因的 *P* 值为 0. 8140，大于 0. 1，说明在 10% 的显著性水平上不能拒绝原假设，那么意味着个人理财其实对农民收入的变动没有太大影响。但是从整体来看，可以认为普惠金融对农民收入的变动是的格兰杰原因。最后，再看上表的最后三行信息，ln*rulincome* 不是 ln*loan* 格兰杰原因的 *P* 值为 0. 6918，大于 0. 1，说明在 10% 的显著性水平上可以拒绝原假设，农民收入的增加并不是个人贷款增加的格兰杰原因；ln*rulincome* 不是 ln*insufee* 和 ln*perstock* 格兰杰原因的 *P* 值分别为 0.003 和 0.0626，各自大于 0.05 和 0.1，说明在 5% 和 10% 的显著性水平上可以拒绝原假设，即农民收入是影响个人保险和个人金融理财变动的格兰杰原因。

以上检验结果与现实基本相符，尤其是个人贷款与农民收入之间的单向因果关系恰好印证了过去很长一段时间内我国农村金融“使命漂移”的事实，即涉农银行在农村地区获得的收入存款并未同等投放到农村地区，导致农民个人贷款需求的严重不足。但只要提高涉农贷款，可以很显著地提升农民的边际收入，从而产生收入方面的“涓滴”效应。这是因为农民除了打工之外，还有一大批从事与农业相关的生产经营活动，资金短缺往往会造成他们经营性收入的直接降低。图 5－11 是农民收入项目的构成比例，黑色线代表农民经营净收入的占比，它呈逐年下降趋势，不断被工资性收入和转移净收入所替代。但该比例在 2018 年仍保有 36% 以上的高水平，这说明农村家庭的个体经营是稍次于打工收入的第二大经济来源，如果农民的经营性贷款需求不能得到及时满足，是会显著影响农民的收入水平的。

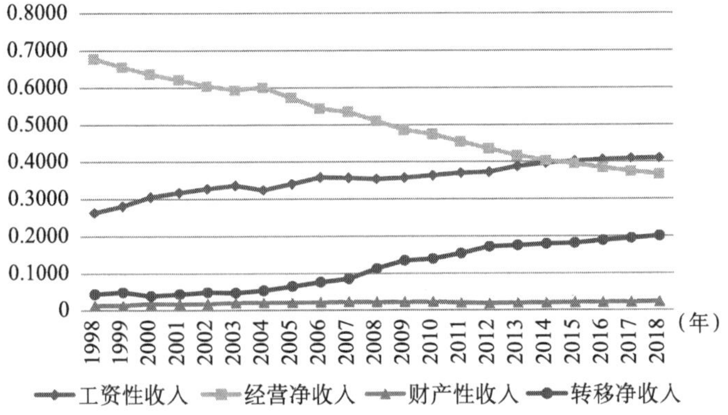

图 5－11　中国 1998—2018 年农村居民收入项目构成比例

虽然现在农业保险是国家重点实施的一项优惠政策，如医疗保险已经实现城乡医疗保险并轨，随之也加大了对农村医疗基础设施建设、农村医疗人才的培养，医疗改善环境方面的投入力度，这导致农村居民的医疗保险费用也呈逐年上涨趋势。农村居民医疗保险缴费标准从最初的人均 10 元涨到 2019 年的 220 元，涨幅达 22 倍。一家按 4 口人算的话，一年就需要交 880 元，再加上农村养老保险费用的缴纳，这对于农业产出不高的农村家庭是一笔不小的开支。于是出现了个人保险的普及反而对农民收入有显著性负作用。与此同时，农民收入水平的提升也并未增加参保意愿，这主要跟农民对保险意识不足有关，对手续烦琐、索赔程序的反感增加了他们对保险的排斥，一些保险产品设计不合理、农村保险服务工作不到位都影响了他们的参保意识。不得不说农村农业农民保险普惠工作还任重道远。

个人理财方面的普及并未促成农民收入水平的显著提高，反之，农民收入水平的提升却会显著影响了中国理财的普及水平。之所以形成这样的因果关系，从图 5 - 11 可窥见一斑。农民的财产性收入仅占总收入的不到 3%，是 4 项收入中最低者，可以说农民在理财活动中的所得几乎可以忽略不计。反之，如果农民手里的收入增加了，自然会显著提高他们在理财领域的参与度，所以，收入低是抑制农民理财积极性的根本原因。

总之，虽然过去 40 多年普惠金融发展整体水平不高，但伴随着近年来农村金融体系的构建和不断完善，其中个人贷款普及度在逐步提高，并且在农民收入方面产生了长期正向的“涓滴效应”，个人保险的普及产生的则是负向“涓滴效应”，个人理财无明显正向“涓滴效应”。

（3）脉冲响应与方差分解

在研究完长期效应后，再利用 4 个变量所构建的 VAR 系统进行短期动态研究。本书先做正交脉冲响分析，如图 5 - 12 所示：

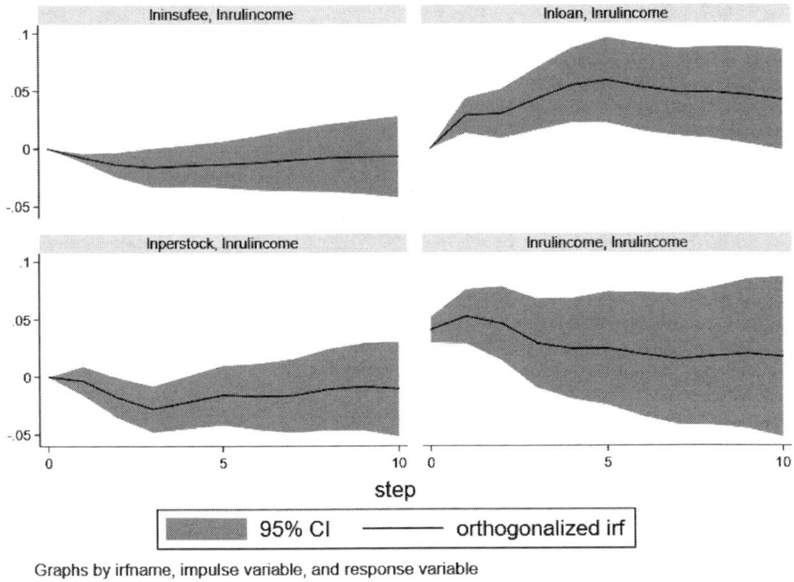

图 5－12　4 个变量的正交脉冲响应

左上图显示的是 ln*insufee* 受到外界 1 个单位标准差的冲击后对 ln*rulincome* 带来的负向变动影响。由于阴影部分在观测期任何一个时点均包含零，可以认为个人保险对农民收入的负向冲击并不显著。右上图显示的是 ln*loan* 受到外界 1 个单位标准差的冲击对 ln*rulincome*带来的正向变动影响。在第 5 期，个人贷款水平冲击对农民收入产生正向峰值为 0.059，随后波动缓慢下降。右下图显示的是 ln*rulincome* 对自身的冲击影响，在第 0 期产生了正向波动，在第 2 期达到峰值 0.052 后平缓下降至第 10 期的 0.017。左下图显示的是 ln*perstock* 对 ln*rulincome* 的负向冲击，在第 4 期达到最低值 －0.028，随后微弱上升，第 10 期为 －0.011。再来看显著性，个人贷款变动对农民收入是显著正向影响，个人保险和个人理财对农民收入则是不显著的小幅负向冲击。

接下来，再做方差分解分析。这环节能提供某一内生变量变化来自自身和其他内生变量贡献度的信息。本书只节选了 ln*ruincome* 发生冲击后各个内生变量的贡献率（百分比），结果如图 5 – 13 所示。

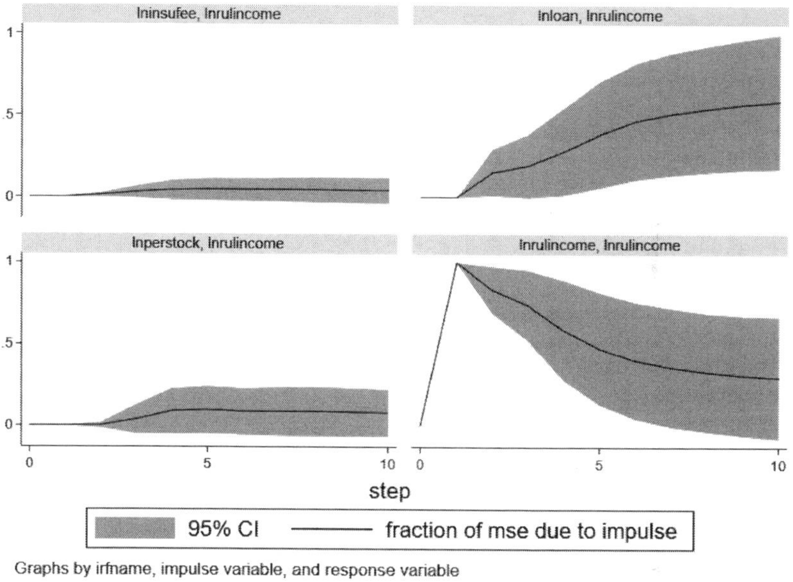

图 5 – 13　4 个变量的方差分解

图 5 – 13 显示 ln*rulincome* 在第 1 期的变动全部是自身引起的，贡献率达到 100%；从第 2 期开始，农民收入的变动，除了自身以外还增加了个人贷款、个人保险和个人理财的影响。其中个人贷款在第 2 ~ 10 期贡献率从 15. 21% 上升到 58. 48%，其余的保险和理财分别不足 5% 和 10%。再来看显著性，个人贷款各个时点的贡献率均是显著的（阴影部分不含 0），但个人保险和理财贡献率是不显著的（阴影部分包含 0）。简言之，农民收入的变动，在前半段时期主要是自身因素引起的，后半段则是个人贷款变动引起的，靠后的时段贡献率甚至超过了收入本身；而个人保险和理财在整个观测期内对农民收入的波动只产生了微弱且不显著的影响。

总之，脉冲响应和方差分解两个过程得出的结论是：三项普惠金融指标中有短期增收效果的主要是个人贷款，但效果并不稳定或显著；保险和理财两个维度在短期内也无论是力度上还是显度上均为表现出收入的“涓滴效应”。

（4）小结

改革开放前20年是中国工业化、城镇化建设为主的经济发展阶段，个体金融发展总体水平较低，农民金融需求尤其受到严重抑制。20年后，随着工业体系和城镇化建设达到一定程度，资本、人才要素开始逐渐向农村地区流动。这其实是一个国际现象，从20世纪50年代美国就出现了这种情况；70年代后，欧洲工业化国家、日本和苏联（俄罗斯）也相继出现了这种趋势。随着我国在20世纪90年代末逐步建立起完整的工业体系，2011年城镇化率首次突破50%（51.27%），2008年受国际金融危机影响，中国农村劳动力开始下岗返乡创业，这些都为发展“乡村振兴”经济奠定了要素条件。乡村振兴首先要解决的就是钱的问题，2012年十八届三种全会顺势提出发展普惠金融的倡议，尤其是要加大解决农村金融供给不足的问题。由此，在适度放低了农村金融机构准入门槛后，村镇银行、农信社、农村资金互助社、小额信贷公司等新兴农村金融组织在多地“落地生根”。

总之，1978—2019年的农村普惠金融经历了一个从极度缓慢到顺势崛起的发展过程。通过本环节的实证检验发现，普惠金融在农村的这一变化过程对农民收入产生了长期正向的“涓滴效应”，其中主要是贷款服务所贡献的，而保险服务和理财服务分别表现出的是负向和零向“涓滴效应”。从短期来看亦是如此，贷款服务对农民收入有着显著的改善作用，而保险和理财两个维度对收入的作用几乎可以忽略不计。

5.5.3　对小企业就业激励效果的检验

前文已提到，改革开放以后中国个体户、民营企业如雨后春笋般茁壮成长起来，并成为国家经济增长的重要力量之一。根据有关数据统计，20 世纪 90 年代以来，中小企业提供了 60% 以上的 GDP 净增加值，以及 80% 以上劳动力就业，其中包含了大部分的中低收入群体。一般来说，金融资本能帮助企业扩大经营规模，从而为社会提供更多就业岗位，但我国的中小企业因为长期金融约束而普遍存在资金缺口问题。随着普惠金融的大力倡导以来，我国将中小企业纳入行政管理范畴，在 2002 年首次颁布了《中小企业促进法》，并设定了有关完善融资促进措施的专门章节，国有大型商业银行纷纷成立了普惠金融事业部，为中小企业提供专门化的金融服务。那么，改革开放这 40 年来，普惠金融从缓慢发展到大力推进的这个过程究竟有没有生成对中小企业就业方面的“涓滴效应”呢？为了解答这个问题，本章首先整理出了我国西部 12 个省份、环渤海湾、长三角和珠三角沿海沿江地区个体户和私营企业就业总人数（资料来自国家统计局和华经产业研究院公开的数据）作为中小企业的就业人数，再将其对数化得到指标 ln*emsjob*；然后完成如分配改善效应和收入“涓滴效应”一样的检验程序。

（1）协整关系检验

前文已对中小企业就业人数对数（ln*emsjob*）进行了单位根检验（见表 5 - 20），结果为一阶单位根变量。下面将 ln*emsjob* 与普惠金融三项指标进行多维变量的协整分析。根据 AIC 准则和 SBIC 准则共同确定的最佳滞后期为 4 期，检验协整关系个数结果如表 5 - 20 所示。

迹检验统计量显示普惠金融的三个指标与 ln*emsjob* 至多有 2 个协整秩（关系）。这就需要对哪些变量存在协整关系进行确认，本书采用 lrjtest 检验 和 wjtest 检验来做出判断。两套检验法的原假设

表 5-20　中国三项普惠金融指标与 ln*emsjob* 的协整关系检验

原假设：协整秩个数	特征值	迹检验统计量	5% 显著性水平临界值	1% 显著性水平临界值	判断
0	0.71136	70.8873	39.89	45.58	拒绝
至多 1 个	0.62718	41.0652	24.31	29.75	拒绝
至多 2 个	0.49558	10.3855	12.53	16.31	接受***
至多 3 个	0.03925	7.9610	3.84	6.51	拒绝

注：*** 表示 1% 的显著性水平。

均是被检验变量无法进入协整关系，如果变量对应的结果 *P* 值小于 0.1 则可以拒绝原假设（见表 5-21）。

表 5-21　4 个变量是否存在协整关系的判别

变量	协整：lrtest		协整：Wald test	
	chi2 (1)	Prob > chi2	chi2 (1)	Prob > chi2
ln*emsjob*	30	0.0000	2461	0.0000
ln*loan*	29	0.0000	1559	0.0000
ln*insufee*	24	0.0000	632	0.0000
ln*perstock*	3.6	0.0930	9.8	0.0020

通过最大似然比检验（lrtest）和沃尔德检验（wjtest）得出 4 个变量对应的 *P* 值均小于 0.1，可以认为 4 个变量之间可以形成协整关系。构建向量误差修正模型（VECM），得标准化协整方程系数如表 5-22 所示。

表 5-22　中国普惠金融三项指标与 lnemsjob 的标准化协整方程系数

检验变量	lnemsjob	lnloan	lninsufee	lnperstock	常数项
方程系数	1.0000	-1.0099	0.7030	-0.0330	-4.2333
标准误		0.2350	0.0431	0.01702	
P 值		0.0000	0.0000	0.0530	

为了重点探讨普惠金融对中小企业就业的影响，接下来只列出 lnemsjob 的 VEC 模型表达式：

$$Dlnemsjob = -0.665(\mu) + \sum \nu + 0.260 \quad (5-10)$$

其中，

① Dlnemsjob 代表农民人均收入对数的差分变量；

② $\mu = lnemsjob - 1.010 lnloan + 0.703 lninsufee - 0.033 lnperstock - 4.233$，又称为均衡误差序列；

③ −0.665 代表 Dlnemsjob 方程中的修正项的调整力度 λ；

④ $\sum \nu$ 是普惠金融三指标与就业对数的短期关系表达式（省略）。

方程（5－10）说明 lnemsjob 的短期变动取决于两大因素，一是自变量的短期波动 $\sum \nu$，另一部分是误差修正项 $-0.665(\mu)$。由于均衡误差 μ 的估计系数 $\lambda = -0.665 < 0$，说明普惠金融与中小企业就业的协整关系会起到修正就业水平的作用，换句话说，当前一期中小企业就业正向偏离均衡水平时，误差纠正项 $-0.665(\mu)$ 会将其往回拉，使其回归均衡水平。下调的力度较高且显著（因为 −0.665 对应的 P 值 = 0.001），这说明过去 40 多年里，中国的中小企业由于金融扶持不够而无法扩大规模和增加就业数量，对就业人数的增长有较强的负向传导作用或抑制力。

接下来再看长期影响效果，根据表 5－22 信息估计协整方程如下：

$$lnemsjob = 1.010 lnloan - 0.703 lninsufee + 0.033 lnperstock + 4.233 \quad (5-11)$$

接下来对协整方程（5－11）的合理性进行判断，相关检验结果为：

①残差拟合值白噪声检验结果为 P 值 = 0.118，不能拒绝残差是白噪声序列的原假设；

②对残差拟合值进行 ADF 检验，结果显示 $Z(t) = 0.0059$，说明残差是平稳序列；

③对残差进行序列相关检验，结果得出的拉格朗日乘数对应的滞后期的 P 值均大于 0.1，可以接受残差不存在序列相关的原假设；

④最后，进行 VECM 稳定性检验，结果显示所有特征根的模都位于单位圆以内，说明原模型满足稳定性条件。由此得出，协整方程（5－11）是较为合理的估计模型。对比如下的 OLS 回归方程系数，可以看到正负符号完全一致，数字大小相差不大。

$$\ln emsjob = 1.014\ln loan - 0.585\ln insufee + 0.082\ln perstock + 4.870 \quad (5-12)$$

这说明普惠金融三指标与中小企业就业人数之间存在长期均衡关系，其中个人贷款与个人理财和中小企业就业人数均呈正相关关系，个人保险则与之呈负相关关系。但它们之间的因果方向性是否如上所述，还需要进一步加以验证。

（2）格兰杰因果关系检验

构建上述 4 个变量的多元 VAR 模型，并在此基础上进行变量的格兰杰因果关系检验。VAR 模型的滞后期根据 AIC 准则确定为 4 期，在做滞后阶数显著性检验时发现，联立方程总体显示滞后 3 阶不显著，于是将滞后 3 阶数的变量进行了附加约束条件的处理。处理之后的 VAR 模型分别进行了残差正态分布检验、残差序列相关检验和 VAR 系统稳定性的检验，均得以通过（检验结果省略）。最后，格兰杰因果检验结果如表 5－23 所示：

表 5－23　中国普惠金融三变量与 ln*emsjob* 格兰杰因果检验的部分结果

原假设 不是格兰杰原因	自由度	F 值	P 值	判断
$\ln loan \rightarrow \ln emsjob$	3	6.7601	0.0014	拒绝
$\ln insufeep \rightarrow \ln emsjob$	3	3.5466	0.0271	拒绝

续表

原假设 不是格兰杰原因	自由度	F 值	P 值	判断
ln*perstock*→ln*emsjob*	3	3.5597	0.0267	拒绝
All	9	4.3436	0.0013	拒绝
ln*emsjob*→ln*loan*	3	0.1975	0.8972	接受
ln*emsjob*→ln*insufee*	3	3.7746	0.0216	拒绝
ln*emsjob*→ln*perstock*	3	0.8126	0.4977	接受

注：“→”代表前者不是后者的格兰杰原因。

表 5－23 结果显示，普惠金融三个指标均是中小企业就业人数的格兰杰原因，反之则不然，中小企业就业人数仅为个人保险的格兰杰原因。结合协整方程（5－11），可以认为个人贷款和个人金融理财增加 1% 可以分别促使中小企业就业人数增加 1.01% 和 0.03%。由于个人保险和中小企业就业人数之间是负的双向因果关系，那么，当个人保险支出增加 1% 时，中小企业就业人数将下降 0.703%，反之中小企业就业人数上升 0.703% 时也会导致个人保险支出相应减少 1%。总的来说，普惠金融的变动是中小企业就业人数变动的格兰杰原因，其主要作用机制是个人贷款。

（3）脉冲响应与方差分解

基于上述 4 个变量的 VAR 模型，可进一步探索如下短期动态信息。第一步是研究当 4 个变量分别遭受外界冲击后会对中小企业就业人数产生何种影响。本书所做的正交脉冲响应图如图 5－14 所示：

左上图是 ln*emsjob* 受到外界 1 个单位标准差冲击后对自身产生的影响。前两期，ln*emsjob* 会有一个微弱的正向波动，第 2 期达到峰值 0.032，随后逐渐下降接近 0，然后在第 8 期后在 0 以下附近波动。但从 95% 的置信区间来看，从第 3 期开始的波动趋势实际上是不显著的。

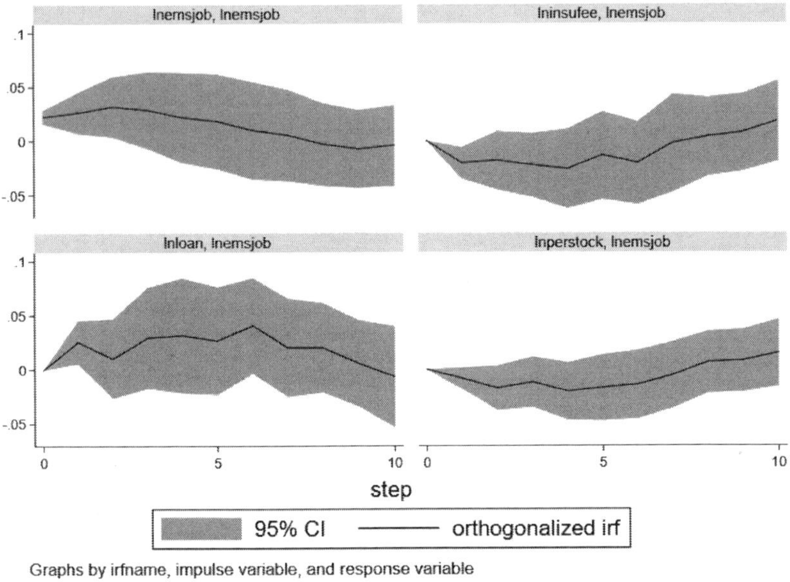

图 5－14　4 个变量的正交脉冲响应

右上图是个人保险受到外界 1 个单位标准差冲击后对 ln*emsjob* 的影响。从第 1 期到第 6 期个人保险对中小企业就业产生的是微弱的负向冲击，最低波谷值是第 4 期的 －0.260，到第 8 期后产生微弱的正向冲击。但从 95% 的置信区间来看，从第 2 期往后的波动趋势实际上是不显著的。

右下图是个人理财受到外界 1 个单位标准差的冲击后对 ln*emsjob* 的影响。个人理财与个人保险的影响类似，前 7 期也是导致中小企业更加微弱的负向波动，从 8 期产生更加微弱的正向波动，且整个过程的波动趋势也是不显著的。

左下图是个人贷款受到外界 1 个单位标准差的冲击后对 ln*emsjob* 的影响。个人贷款在前 9 期对中小企业就业带来的是正向冲击，在第 6 期达到峰值 0.0401，在第 10 期开始产生负向冲击。但整个过程的置信区间从第 2 期开始包含了 0，因此各个短期时点来看个人贷款对中小企业就业并没有产生显著的正向影响。

分析完脉冲响应之后，再来看看当中小企业就业人数发生波动时，这 4 个变量各自的贡献率。

图 5－15，第 1 期，中小企业就业人数的变动完全是有自身变动引起的，贡献率达到 100%，但第 2 期自身贡献陡然降低一半，随后呈逐渐下降趋势。这是因为个人贷款、个人保险和个人理财的贡献在不断增加，其中个人贷款的贡献率最大（18.82%～42.06%），其次是个人保险（18.14%～21.66%），最后是个人理财（0.03%～11.46%）。从 95% 的置信区间来看，ln*emsjob* 前 4 期的贡献率具有显著性，第 5 期后显著性不高；而 ln*loan*、ln*insufee* 和 ln*perstock* 3 个指标的贡献率在观测期内均不显著。

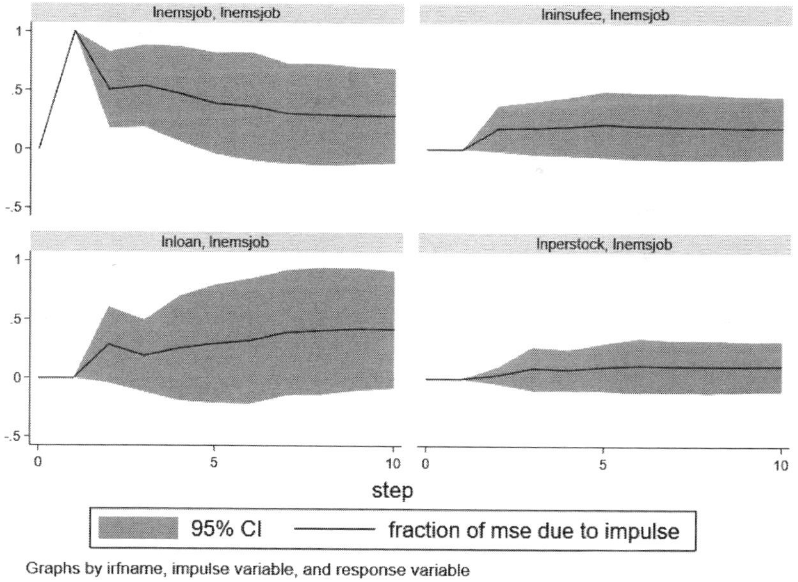

图 5－15　4 个变量的方差分解

综合脉冲响应和方差分解结果，个人贷款对中小企业就业有短期促进作用，个人保险和个人理财则为微弱的负向作用；3 个指标对就业变动的贡献顺序是个人贷款、个人保险和个人理财。但从显著性来看，这些短期影响都不太显著，说明过去40年来中国普惠金融发展对中小企业的服务渗透力度欠佳，并未见在短期内显著推动中小企业扩大规模或增加数量，对中低收入就业水平的助力并不高。

（4）小结

从长期来看，普惠金融三项指标均与中小企业就业有着长期均衡关系，其中个人贷款和个人理财有助推小企业就业增长的长期趋势，即就业方面存在“涓滴效应”；个人保险会反向减少小企业就业人数，产生负向“涓滴效应”。这是因为无论是小额贷款还是理财均有助于满足小企业在融资和投资方面的需求，可保持企业日常经营稳定发展；而保险费用对于任何一个小企业来说都是一笔不小的人工成本开支，减少工作岗位则有利于削减这项支出。穆怀中、张楠（2018）也发现，保险缴费是企业的一项重要成本支出，缴费率越高对企业的就业抑制性越强。钱雪亚等（2018）通过实证研究提出同样的结论，即企业用工规模会因保险缴费负担而有所缩减，这种缴费负担对中小企业的成本压力不可忽视。总之，从短期来看，3个指标有对小企业就业并没有的显著影响。

5.5.4 检验结果总结

改革开放40年来，借助全球化分工体系，我国工业资本得以快速增长，第二产业成为我国重要的经济支柱，城镇化建设也迅猛发展，目前常住人口城镇化率已经达到60.6%（2020年），“十四五”期间更是将目标定位到65%的水平。金融是助力工业化、城市化建设的重要工具，但普惠金融在这一过程中的发展是相对滞后和缓慢的。随着中国经济的快速腾飞，收入基尼系数业已突破国际警戒线，不平等程度的加剧促使包容性经济增长模式或经济发展再平衡战略成为中国未来部署经济工作的重点方向。联合国开发计划署倡导在全球范围建立普惠金融体系，我国政府积极响应，并将其作为助推包容性经济增长的重要工具之一。包容性经济增长关注于收入结构平衡、弱势群体的收入增长和就业率的提升。本书对我国过去 40 年来普惠金融的发展进程进行了分配改善、增收和小企业就业三大包容性增长维度的效果检验，得出的检验结果总结如表 5－24 所示。

表 5－24　1978—2019 年中国普惠金融的包容性增长效果

包容性维度	个人借贷		个人保险		个人理财	
	长期效果	短期效果	长期效果	短期效果	长期效果	短期效果
分配改善	弱改善	弱改善	弱恶化	弱恶化	不显著	不显著
收入“涓滴”	正向	正向	负向	不显著	不显著	不显著
中小企业就业	正向	不显著	负向	不显著	正向	不显著

（1）普惠贷款对收入不平等有长期性改善趋势，短期对收入不平等的改善效果很微弱；对农民为代表的弱势群体有长期正向增收的推动作用，在短期有一定显著性改善作用；对中小企业就业人数有长期助推趋势，但短期的推动作用并不是很稳定。总之，普惠贷款存在长期性的包容性增长机制，但对小企业的短期性包容机制较为欠缺。

（2）过去 40 多年，我国的保险服务水平一直较为低下，一方面覆盖率低，另一方面社会保障补贴也低（2010—2019 年中国社会福利支出占 GDP 的比重均在 3% 以内），导致保险既不充分也不均衡。于是形成了对贫富差距、收入和就业方面的长期逆向改善效果；虽然在短期内这些效果较为微弱或不显著，甚至可以忽略不计，但是长此以往所积累的负向效果却无法忽视。

（3）过去 40 多年，我国金融理财的普及程度更是偏低，根据西南财经大学公布的 2017 年中国家庭金融数据，中低收入家庭的无风险金融资产持有率高达 81.2%，其中主要是持有存款

（66.6%）和现金（14.0%），风险性金融资产持有比率仅18.8%，其中股票5.8%、借出款4.3%、银行理财产品5.9%、基金2.0%等。弱势群体参与金融理财活动非常低，我国个人理财并未对收入差距和农民收入产生长期改善效果，仅对中小企业就业有一定的长期正向作用，而短期效果依然不显著。

（4）以上是单个维度普惠金融指标的包容性检验结果，还有一个关于普惠金融在各个包容性维度上的综合传导作用的结论。根据VEC模型的调整系数可知，普惠金融整体上对收入差距扩大、农民收入增收和中小企业扩岗均有负向传导作用。这意味着维持过去的普惠金融水平对抑制收入差距扩大有一定作用，但由于过去我国的普惠金融整体发展水平并不高，导致这种抑制作用并不显著；同时，农民和中小企业常常因为资金缺口、支付高昂保险费用和少有理财投资收益而难以大幅增加收入和扩充就业岗位，普惠金融显著地压抑了农民的收入水平和中小企业的就业规模。从传导强度来看，普惠金融对收入不平等改善的传导要低于对于农民收入和中小就业，因为将金融资本融入全阶层的收入再分配，再达到均衡结构调整需要经历一个相当复杂的过程，而微金融服务直接服务弱势个体和小企业，金融效益会更直接、更快速。这给我国普惠金融资源配置带来的启示是：普惠金融可以成为相对贫困减缓的长期改善机制，但短期效果可能并不显著。此外，普惠金融的配置要快速达到社会福利增加的效果，应向农民为代表的中低收入群体和中小企业偏移。这一点看似所谓的“理所应当”，但是如前文理论部分所述，普惠金融福利已经逐步有了“右移”的倾向，将其泛化为所有阶层，并最终演变为商业化的普金供给机构攫取高额利润的工具。因此，普惠金融需要市场单位的合理化参与，但是更离不开政府的参与引导，甚至局部地区可以成为主导。此外，改善弱势群体和企业的经济福利，仅增加金融供给是远远不够的，还需要与改善他们的经营环境（如乡村振兴战略规划）、理财环境（农民产权赋权），并关注他们的平等金融权益的保护，以及防止平台金融垄断独大等方面相结合。

综上所述，过去 40 多年来，我国普惠金融发挥出了长期包容性效果，但短期效果仍有待加强。随着中国进入工业发展中后期，生物技术、人工智能、区块链等高端生产力的发展，新个体经济也正在被重新定义，普惠金融势必产生更为显著的“涓滴”效应，短期包容性效果也会随之进一步强化。现阶段，我国政府已经开始积极推进普惠金融的深度改革，并将其作为设计为国家顶层战略的重要一环。未来，普惠金融应从提升中低收入群体自营能力、“抽肥补瘦”提高社保普惠力度和弱势群体财产权赋能等多方面来打通金融资源的包容通道。

5.6　检验结果对比

美国 70 余年跨越工业中后期和后期的检验结果表明：按商业化运行的普惠金融通过自由化市场配置方式向全社会大力推广时，很明显地产生了收入再分配的逆向改善作用，产生了贫富差距的致贫趋势，其中，第二次世界大战后工业中后期时代的全民理财是一个例外；借贷、保险和理财基本上对中低产阶层收入和小企业就业产生了正向“涓滴”作用（其中理财对小企业就业有负向“涓滴”作用），但这是在美国政府强大的包容保障机制的支撑下所维系出来的效果，而这种效果正在逐渐势微。

我国 40 年跨越工业初期和中期的检验结果为：当政府主导的普惠金融资本向社会逐步普及时，个人借贷从无到有的过程中产生了收入再分配为国改善效果，且在农民收入和中小企业就业方面有正向“涓滴”作用；保险服务的增加有拉大收入差距的微弱趋势，效果尚不十分显著，但对农民收入和中小企业就业则有较为显著的负向“涓滴”作用。股市可获得性并未形成改善收入分配的显著趋势，对农民收入亦如是，但因为我国“新三板”中小资本市场的建立为小企业解决融资、扩增就业岗位方面产生了正向“涓滴”效果。

美国给我国有三大重要启示：

第一，我国进入工业中后期，客观要求普惠金融在效率性包容增长上的提高，以适应中国服务型经济结构的转变。通过美国这一时期的检验效果来看，我国如果也选择商业化运作模式的话，长期形成收入不平等趋势是必然现象，因为这是向普惠金融市场化供给主体让利的一个必然结果。但是因为普惠金融在这一时期会产生改善中低产阶层收入水平改善和就业的“涓滴效应”，总的来说还是推动了效率性包容增长局面产生的。只要我国政府在这一时期关注和警惕可能因为过度市场自由化的普惠金融供给体系所引发的收入差距加剧，防止金融供给主体的高风险、高垄断行为发生，阻止过度甚至是非法的消费信贷产品的出现；并将普惠金融供给与产业布局结合起来，尤其是与农业结构性产业相联系，就不会产生如美国那样的普惠金融生产性排拒问题。我国现在经济发展确实有了很大提高，但仍有 7.2 亿多的乡村人口属于中低收入群体的主力，在未来大力发展普惠金融之时，需要加强对个人借贷经营方面的引导，防止消费信贷向农村地区的泛化推销；还须提高社会福利补贴，加强穷人收入保障机制以削弱保险费用支出对低收入的抵减效应；还有很重要的一点是，寻找到提升农民财产性收入的长效机制，既要符合中国公有制特色又能形成良好的长效收益的权益类资产的配置途径。

第二，我国离美国的第二个阶段可能并不遥远了，美国的实践让我们看到了普惠金融包容性边际效应降低的未来情形是怎样的。那就是，失去了以产业为依托的普惠金融最终会沦为金融资本家大肆超额攫取民众消费剩余的工具，而一旦金融普及率达到一定高度，渗透到普通老百姓生活方方面面的时候，人们将对普惠金融产品产生高度需求和依赖。从某种程度上讲，这虽然有利于一个时代金融文明水平的提高，但却也埋下了危险的种子。前文已经提到过，普惠金融是一种精巧而又昂贵的东西，财政政策和货币政策都将为此付出高昂的维护成本才能使其成为可供全层民众所使用的必需品。那么，我国未来在形成服务业为主的产业结构之后，也需要做足充分的保障治理机制准备才能放开普惠金融的市场化运作规模。此外，我们应该要意识到，普惠金融的后期维护可能并非是由于其益贫增长性（事实上，这种特性在后期会不断弱化甚至异化），而是因为它已经成为普通老百姓不可或缺的深度需要以及金融资本家赚取财富的重要源泉。

第三，美国实践让我国认清，我国需要进一步提高普惠金融效率性，但同时也要把握好结构性的根本性问题。过度依赖市场主导的效率配置机制，小微贷款会导致弱势群体生产性排拒；微保险会加深对弱势群体有限收入的抵扣，导致收入改善的异化；微理财会逐渐成为金融资本家随意操纵利润、转嫁风险的场所，不再成为弱势群体收入再分配的场所，导致理财交易公平环境的异化。要避免普惠金融产生的这一系列的排拒反应，就需要在均衡结构基础上坚持普惠金融的效率性，这一根本不可动摇。要做到这一点：一是坚持普惠金融与农村产业结构调整相结合；二是完善覆盖全民的社会保障体系，解决城乡社会保障供给不平衡和不充分的问题，尤其是对脆弱群体要发挥防止返贫的基础性兜底性作用；三是既要增加农民的财产权资产，又要形成农村专门的理财金融市场，农民财产权的确认、交易、分配和退出要统筹安排，不宜过快、过度向城市理财市场开放。总之，我国普惠金融配置仍须发扬国家为引导的宏观调控规划优势，自上而下、统一行动的行政执行优势，以及国有资本掌握话语权的金融制度优势。

第6章 普惠金融包容性增长效果的保障治理机制研究

通过第5章的实证分析基本可以得出一个结论：普惠金融的包容性增长效果与国家的社会经济体制、文化和历史背景等因素有关。以美国为代表的市场自由配置体系，缺乏国家对普惠金融的实体引导，导致对经济效率的作用有余，对结构不平等的改善严重不足，美式普惠金融属于单一效率性的经济特征。而且，这种普惠金融配置模式日益显示出三大异化问题：借贷对弱势群体消费剩余的过度掠夺、保险对弱势群体储蓄的过度市场化、理财对弱势群体民生领域的过度渗透。这些异化问题是美国普惠金融“益贫效应”由强至弱的原因，更是“益富效应”远超“益贫效应”的证据。但为了维持这种“效率性增长”的生态系统，美国构筑起市场激励、公平立法约束、福利保障与风险转化三大保障治理机制。此外，还有若干维持普惠金融三维度（信贷、保险和理财）市场效率的保障治理手段，包括政府的贷款担保制度、保险税延期抵扣制度、市场储蓄型理财配置机制等。我国的普惠金融很明显是“结构性包容为主、兼顾效率改善为辅”的特征，与美国形成鲜明对比。中国建立的是政策激励、行政约束和“扶贫支农”的三大保障治理机制；为了提升普惠金融的效率性，采取的是符合中国特色的政府担保上下联动机制、第三支柱养老保险制度试点改革、金融理财创新等措施。

本章从宏观和微观两个层面来对比中美两国维护各自普惠金融包容性增长效果的保障治理机制。前三部分从激励机制、约束机制和均衡治理机制三方面进行对比分析。这三种机制并不是独立的环节，而是相互联系、相互影响的有机整体。按照“先普及”，“后普惠”，“再促进包容经济增长”的逻辑，激励机制首当其冲，通过激活供给主体的生产积极性，让普惠金融形成一定的产业规模；然后，对维护弱势群体的金融权益和供给主体的义务约束两个方面进行相应约束，以体现普惠金融不同于一般金融的社会关切面；最后，对普惠金融可能产生的异化问题配以相应的均衡治理措施。第四部分则从普惠金融的3个服务维度对两国进行微观运行机制的对比。通过各个层面的分析，可以更全面地理解中美两国普惠金融包容性增长效果的保障治理机制差异与联系。

6.1　政策激励机制与市场激励机制的对比

激励机制是调动相关主体积极性的方式。显然，不同的经济运行体制决定了在激励普惠金融供给主体方面会选择不同的方式。

6.1.1　政策型激励机制

（1）政策推动普惠金融发展迅速进入新的台阶

普惠金融最早是由国内学者作为金融扶贫工具引入我国的，后期的大力推进则源于国家政策的激励。我国普惠金融供给侧改革起步较晚，2013年11月，在党的十八届三中全会通过的《中共中央关于全民深化改革若干重大问题的决定》中正式提出深化供给侧改革助推中国普惠金融发展的决议。同年，国务院印发了《关于金融支持小微企业发展的实施意见》，截至2018年，国务院和各部委陆续下达关于扶持小微企业金融的政策文件就多达89份。2014

年6月，央行率先落实党的决议，对普惠贷款比例达到要求的商业银行下调存款准备金率0.5个百分点的激励。同年10月，财政部和国家税务总局紧随其后，规定截至2015年12月31日，将小微企业的增值税和营业税免税额提高至3万元。2015年12月，国务院发布《关于印发推进普惠金融发展规划的通知（2016—2020年)》，首次明确将普惠金融纳入国家战略发展体系，也展现出国家高层对推进普惠金融未来发展的决议和决心。从2016年正式开始，我国各大部委有计划落实《发展规划》要求，央行、民政部、银监会、证监会、保监会联合印发了《关于金融支持养老服务业加快发展的指导意见》，首次将普惠养老服务业务纳入供给侧改革范畴。2017年，《政府工作报告》提出鼓励大中型商业银行设立普惠金融事业部，国有大型银行发挥先行带头示范作用的倡议。仅用了半年时间，工、农、中、建、交五大国行全部完成设立任务并开始营业。2018年6月至2019年6月，国务院常务会议前后共召开了五次关于小微企业融资的工作会议，央行等五部委联合发文，在精准推进小微企业的金融扶持方案中做了详细规划。央行定向降准释放2000亿元流动性资金来支持小微企业；财税政策方面，提高了小企业贷款的利息收入免征增值税单户授信额度上限，明确了国家担保基金支持的担保公司对小微企业融资担保贷款的最低比例；货币政策方面，在支小支农再贷款和再贴现额度、完善小微企业金融债券发行、小微企业抵押品范围等方面制定了措施。2018年1月1日开始实施新版《中小企业促进法》不仅有专门章节规定中小企业普惠金融条约，还为小微企业融资促进搭建了一个大体的政策框架。2019年11月，财政部修订的《普惠金融发展专项资金管理办法》中，对小微企业创业担保贷款贴息、额度、期限方面给予了再规定。2020年4月，财政部、税务总局发文继续延续普惠金融的相关税收优惠政策。2021年12月和2022年1月，中国人民银行和银保监会分别布了《金融科技发展规划（2022—2025年)》

和《关于银行业保险业数字化转型的指导意见》，这两份重量级文件提出了多项数字化转型的措施，其中包括加强普惠金融服务、推进金融科技创新、促进数字化金融风险管理等方面，以推进银行业和保险业数字化转型，并为普惠金融提供更便捷、更高效的金融服务。2022 年，中国人民银行采取了多项措施，包括降低 LPR 利率、降低支农支小再贷款利率、降准释放资金、推进普惠型小微贷款等，以促进中小微企业融资成本下降、流动性充裕，实现普惠金融持续发展。总之，中国的激励政策文件还会持续，我国高层对普惠金融的重视之深、投入力度之大前所未有。

（2）国有大中型商业银行是普惠金融主力军

我国推行的普惠金融更加注重对经济发展不平衡的调节作用，“三农”和边远地区的经济发展需要国家金融力量来扶持，这种关乎金融资源均衡调配的重大系统性任务，需要一个能快速响应国家号召、执行力强的金融机构来执行，国有大中型商业银行业作为“国家队”，舍我其谁。

2017 年 6 月，作为普惠金融第一梯队的排头兵和主力军，工、农、中、建、交 5 家大型商业银行总行率先完成了普惠金融事业部的设立任务，各省市一级分行也紧随其后。尤其值得一提的是，农行本来在 2008 年就成立了三农金融事业部，专门负责落实国家对“农业、农村、农民”建设的金融政策，但为了响应国家号召也在 2017 年再次组建了普惠金融事业部，形成了具有农行特色的普惠金融双系统。普惠金融的第二梯队主力是各大股份制商业银行，也积极投身设立事业部的相关事宜。例如，兴业银行最先成立普惠金融事业部，其他中型银行也都陆续展开相关部署工作。

为了增强大中型商业银行从事普惠金融活动的内生动力，政策激励也随之而来。2017 年 9 月 30 日，央行发布对支持普惠金融业务的商业银行实施定向降准的具体规定。普惠金融领域贷款增量比例达到 1.5% 的，可在基准档上下调 0.5% 的存款准备基金率；如果普惠金融领域贷款增量比例达到 10% 的，可在第一档基础上再下调 1% 的存款准备金率。在政策激励下，国有大中型银行深入开展普惠金融业务，普惠金融已成为推动机构业绩稳步提升的重要动力。根据年报显示，2018 年末，工、农、中、建、交，包括邮储 6 家国有大行发放的小微企业贷款规模达到 5.87 万亿元左右，涉农贷款规模约为 8.76 万亿元。2020 年末，这 6 大行的小微企业贷款余额达约为 11.72 万亿元，根据同期中国银保监会发布的数据，这 6 家国有大行的涉农贷款余额合计约为 11.61 万亿元。

6.1.2 市场型激励机制

（1）普惠金融的市场激励方式

美国对小企业的金融包容始于从 20 世纪 50 年代出台的《小企业法》，但大规模向弱势个体开放金融则是伴随着 20 世纪 80 年代金融监管放松后开始的。

①美国中小企业局是激发小微企业融资市场的关键力量。1953 年，美国国会通过的《小企业法》奠定了小企业在美国的创新创业战略地位，还成立了美国联邦小企业管理局（SBA），专门负责对小企业融资担保资金的监督、执行和汇报工作。小企业管理局的政府担保基金成为撬动市场供给主体参与小企融资的重要力量。

中小企业局并不直接向小企业拨付款项，而是遵循金融市场运作原则，通过与合作往来的商业银行、非银行金融机构或组织等提供融资担保。一般地，15 万美元以下的贷款，SBA 可提供 85% 的担保，15 万美元以上的提供 75% 的担保；成长型的小企业可获得固定低息的中长期担保贷款。除了担保外，SBA 还在 1958 年成立了小企业投资公司（SBIC），通过政府担保形成的公募资金增加对小企业的风险投资，形成了多样化的资助形式。SBA 善于运用政府信用优势，激发了市场资本参与小企业风投的积极性，成功将大量私人资本引向了技术初创企业。除了直接的融资渠道激励外，中小企业局每年还会协助小企业获得政府采购订单，每年不低于联邦采购预算 23% 的合同会给小企业。为了保证公平竞争机会，SBA 会组织符合条件的若干小企业进行招投标，或者将单一合同分拆多个小合同再对适合的小企业进行投标。SBA 的这些操作手法防止了政府腐败，也遵循了市场规则，择优而定。

②利率市场化后迎来美国普惠金融发展的黄金期。从 20 世纪 70 年代末到 80 年代初，美国国会通过了两项基本法案，1980 年的《对存款机构放松管理和货币控制法案》和 1982 年的《加恩 - 圣·杰曼存款机构法案》，这两个法案的颁布预示着美国金融管制放松时代的来临。1986 年 4 月，美国取消了存款利率上限限制，自此 1929 年颁布的 Q 条例完全终结，利率市场化得以全面实现。美国商业银行在解除限制后，开始向市场扩大业务版图，积极投身各种业务创新活动来抢占市场份额。由此形成了银行业之间激烈的竞争态势，也正是在这样的情形之下，美国各个商业银行凭借着自身的条件优势开始深入小微金融业务领域，并关注起曾经不重视的中低收入群体。事实上，在利率市场化条件下，普惠金融业务高收益是激励商业银行扩大弱势群体金融服务的重要动力。2010 年，美国富国银行的小微企业贷款余额占到总贷款余额的 11.70%，利息收益率达到 6.47%，比商业贷款平均利率高出 2.04%，很多银行都不愿涉猎的小微企业贷款成富国银行利润丰厚的业务之一，个人贷款业务更是一个高盈利领域。个人部门中贷款收益中有一半以上是由中低收入群体贡献的，因为他们的收入有限，对信贷的黏性需求非常高。从图 6 - 1 可以看到，美国个人部门利息支出占贷款总额的比例在 1984 年突破了 40%，历经 20 年到 2003 年才跌出 30%。这一时段也是普惠金融在放宽金融监管、利率市场化后发展的黄金时期。而且个人部门的贷款收益在后期即使遭受次贷危机的冲击快跌出 20%，但在 2017 年又回归到 30%，2019 年又快突破 40% 的

高位水平（见图6－1）。

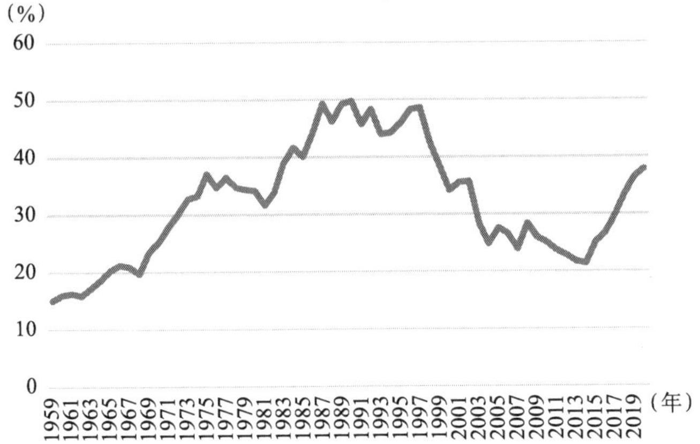

图6－1　美国1959—2019年个人部门利息支出占贷款总额比例

（2）私营大中型商业银行是普惠金融的主力军

20世纪80年代以来，美国开启了金融自由化时代，形成了竞争激烈的市场环境，各类私营化金融机构争相将普惠金融作为差异化竞争的重要业务板块。但大中型商业银行凭借自身突出的优势条件，仍是普惠金融领域的服务主力。大型银行中的富国银行有渠道优势、美国银行有服务平台优势，中型银行如合众银行有多元化产品和网络服务优势。下面就这些银行及其微金融服务特色做如下简单介绍。

①富国银行的“金融商店”模式。富国银行（Well Fargo）成立于1852年，按市值排名是世界第四大商业银行。它属于全能型银行，包括贷款、保险、投资、信托、社区银行等。富国银行是美国小企业贷款的第一提供商，其开展普惠金融业务最大的条件优势是其广泛铺设的金融“零售商店”。类似于沃尔玛零售商的做法，客户到店可以根据自己的需求挑选若干项理财产品。为了给小微客户提供便捷、快速的服务方式，商店提供了ATM、手机银行、电

话银行、网上银行、24小时全天候客服中心，形成了客户至上的服务模式。富国银行拥有全美排名第一的线上银行服务体系，在信贷服务方面的认可度极高。最大化提高客户覆盖率并得到客户认同的是富国银行在小微金融业务领域取得成功的重要原因。

②美国银行的小企业商业社区。美国银行（Bank of America）创建于1968年，是美国资产规模第一的商业银行。与富国银行一样，美国银行也拥有全美较为广阔的金融服务体系，也是小微金融业务的重要提供者。它最具特色的是开发了小企业商业社区（SBC）的信用记录平台。美国银行通过建立一个小企业商业社区为有贷款需要的小企业建立信用分数（credit score），然后给拥有良好信用记录的小企业提供资金帮助。美国银行提供的信用评分体系对小企业的要求非常细致且严格的，它分为三个程序：A. 先通过企业的现金流、风险、创业或扩大再生产、采购、季节性调整5个方面来判断小企业的融资规模。B. 银行注重小企业主的性格、从业经历、信贷历史、声誉等人品因素。此外，美国银行还通过增加小企业与银行工作人员或其他咨询方进行有效沟通来帮助其提高信用值。C. 最后是根据“5-3-2”的最低原则帮助小企业建立信贷得分。即小企业要具备至少5个活跃交易账户、至少3个消费记录和至少2例偿还记录。数据越多、交易的对象越优质、越早提前还款的信用得分会越高。美国银行特别鼓励小企业与大企业进行合作，也会经常查询小企业人员和业主的消费记录，以此作为信用水平的判断基础。

③美国合众银行的小企业金融套餐服务。美国合众银行（U. S. Bancorp）成立于1895年，是美国第五大商业银行，其强大的金融服务网络和与美国小企业局（SBA）的密切合作使之成为中小企业的最佳服务银行之一。中小企业局为美国合众银行提供了大量担保兜底资金，极大地激励了其在小企业客户上业务拓展。小企业金融业务与个人金融业务、商业地产和批发银行业务一起构成了

美国合众银行的四大战略核心业务。美国合众银行最大的服务特色是为小企业提供了一揽子金融套餐，力求最大范围地包揽小企业的所有金融需求，包括生产设备融资、采购交易、抵押贷款、股权融资到员工工资卡、代扣税、雇员健康储蓄等各个方面。通过一揽子金融服务与小企业建立深度合作关系的同时也为合众银行提供了客户最全面、最翔实、最及时的信用信息。

6.1.3 对两种激励机制的评价

我国政策激励机制的优点很明显，一是目标明确，执行速度快；二是有规划、有引导，可以防止结构性失灵。前者促进了普惠金融供给侧的快速改革和体系搭建；后者保障了普惠金融深化过程不偏离包容性增长的轨道，这一点非常重要也很关键，是美国市场化激励机制所不具备的。但同时，弊端也很显著，例如：①政策激励下的可持续性不强。中国目前普惠金融的推动主要依靠《规划》和国务院相关部委出台的政策指引，“运动色彩”较为浓厚，促进包容性经济增长稳定后可能会回归常态，传统金融机构也可能会回归到过去风险收益配置原则的老路上去。②普惠金融的市场主体难以进入，且规模效应可能不大。因为政策制定有一个过程，需要明确准入条件、行业性质、业务范围及核心的监管指标，由此导致政策制定进程相对缓慢，在没有系统的办法、条例、法规拟定好之前，市场资本很难进入。普惠金融的政策指引对象针对性强、精准化配置是其主要特征之一，难以形成市场内生激励效果；政策的低息、高门槛，也使许多市场难以进入，达不到产业规模的效果。③闲置资金外溢或乱象频出。事实上，我国目前存有大量闲置资本，民众对财富的保值增值需求强烈，仅靠低效的政策激励忽视市场作用的话，容易错过普惠金融在本国的发展黄金期，导致资金外流或被国内大企业成功吸储助长其资本无序扩张形成垄断势力。

美国市场激励机制的优点有：有利于普惠型金融产品或服务的创新，可形成持续性和内生性强的普惠金融市场体系。但缺点也很突出：①容易造成消费信贷膨胀和对低收入群体信用的深度捆绑；②穷人还款能力脆弱也是造成金融系统不稳定，触发金融危机的重要因素；③加剧财富向私人金融资本家手中集中，导致贫富差距扩大，社会不平等恶化。

那么，我国进入工业中后期，随着服务产业占比的扩大，城镇化率的增加，消费增长极的到来，我国会走美国的金融市场化道路吗？我国现在的金融尚未开放，会学美国的按揭金融主义来提高消费经济增长吗？普惠金融作为我国经济下行的逆调节手段是不是意味着我国要放开金融自由化呢？本书认为不会，因为我国是公有化社会主义体制，国家发展需要金融深化和创新但并不意味着完全的市场化和自由化。金融对贫富公平的破坏力太大，即使以公平、平等为出发点的普惠金融在美国的案例中也已经窥视出明显的贫富恶化趋势，我国不能走这条金融自由化的道路，至少在带有民生改善使命的普惠金融领域中不能完全放开市场，政府对普惠金融资源的规划引导和风险干预不可缺位。我国仍须按“摸着石头过河”的方式相机抉择，既要给予金融创新留出足够的空间，又要对风险隐患有强烈预期并保有及时阻断之力。只要我国金融话语权还攥在国家手里，就能做到及时止损。因此，我国普惠金融须由国有控股的商业银行作为主力军，其他金融科技公司、网贷平台、消金融公司、理财投资公司、小额信贷公司都可以作为有益补充。普惠金融不能以恶化贫富差距为代价，在此前提下再满足尽可能多地惠及广大弱势群体和中小企业，在我国实施金融普惠，有时候还需要倡导金融供给主体的社会责任感和社会群体意识。

6.2 行政约束机制与法律约束机制的对比

约束机制是一种保证普惠金融活动公平化、民生化、诚信化、规范化的一种制约手段。普惠金融发展要效率和公平并举，即在可持续性前提下要强调金融公平性与社会责任；资本和民生并重，即在追求合理利益的同时注重改善民生；创新和诚信并行，即在创造快捷便利的同时要以财产安全性为核心；自由与规范并列，即在留有创新空间的同时注重有序运作和契约履行。

6.2.1 行政约束机制

Patrick（1966）在《欠发达国家的金融发展与经济增长》一文中提出，金融发展有两大模式：金融体系不健全的发展中国家会选择“供给引导型”模式，金融体系健全的发达国家则会选择“需求追随型”模式。中美普惠金融发展模式的差异性似乎正对应上了 Patrick 的观点，但还有一个不容忽视的关键因素是中美行政管理体制的巨大差异。美国是“小政府、大市场”，只要微型金融资本在规定法律边界内运行，一般会任由其形成自由竞争机制，以此达成一种新的供需增长平衡来推动经济发展。但法律体系再健全、再成熟，也很难完美警示“看不见的手”造成的市场失灵，经济危机几乎成为金融资本市场化不可避免的周期性问题，2008 年因穷人金融过剩引发的次贷危机还历历在目。诚然，美国的金融监管体系也是世界最为严谨的，但是次贷危机恰好表明美国的金融监管体系并不完美，预警能力存在滞后性，政府对风险的事前阻断能力更是薄弱。我国则是“大政府、小市场”，强调有为政府对经济活动的规划、指导和干预，这种“供给引导型”金融配置模式无论对过去的工业金融还是未来即将要强化的普惠金融都将起到路径指引、实践摸索和风险调节的作用。“去杠杆”的金融供给侧改革和最近阻断互联网平台垄断之势的实例无不证明了我国政府在出现重大经济危机之前的铁腕纠错实力。

（1）容错机制

早期，我国普惠金融的执行主体是农业金融机构、城镇银行、小额信贷联盟组织等，效果是区域性的、扶贫性的；随着互联网金融的兴起，网络贷款平台、金融科技公司等新兴金融机构的加盟，小微金融服务打破了地域限制、阶层限制，形成更具现代化的普惠金融服务体系。我国政府对互联网金融新形式一直采取的是包容和支持的态度，只要是有利于民生金融发展的创新都对其加以鼓励，这也是在探索中国特色普惠金融发展道路“摸着石头过河”的做法。从2006年网贷平台引进我国到2012年形成我国网贷的井喷之势，期初也多次得到国务院发文的大力支持，鼓励其为小微企业融资、个人理财提供交流平台。截至2017年末，我国P2P平台共计达到了5790家。P2P本身属于小型金融中介机构，资金依靠平台投资人，资金实力薄弱、经营成本高、信贷员缺乏资质、更是缺乏征信基础，这一切都不可避免促使小机构进入赚快钱的通道，于是导致了后来的高利率、欺诈、违规贷、坏账等的乱象频出。从2018年国家陆续开始对网络平台进行停业整顿，直到2020年11月的全部清零，网贷试错过程正式终结。靠着“摸着石头过河”行政管理手段，我国对金融创新方面给予了14年之久的实践时长，在造成更大泡沫危机之前雷厉风行地进行了风险阻断。P2P等理财实践过程让大家意识到，我国目前普惠金融供需存在严重的不匹配，一方面个人资金储备充足，有强烈的理财投资意愿；另一方面也存在很多缺钱的需求主体。P2P作为一个“鲶鱼”效应已经激活了这一微金融市场，接下来就是需要建立一个更具规范性、效率性、规模化的普惠金融体系来促进有效配置的产生。过去，小微金融业务是主要由小贷公司、网络平台、消费金融公司、金融科技公司等市场主体做起来的，传统国大行、股份制商业银行是严重缺位的。事实上，在一个金融自由化如此之高的美国，普惠金融业务也主要是由大中型商业银行来承接的，因为大银行体系有技术优势、信息优势、规模优势，有能力应对风险，使金融更普及、更实惠。那么，在引导国大行以及股份制商业银行方面，国家行政政令有时候确实比法律约束手段更加有效，且还能及时发现风险并进行有效干预。中国普惠金融发展研究院院长贝多广也指出，我国的普惠金融发展需要一个“指路牌”，防止走偏，这个指路牌就是市场主导，政府为引导。

（2）纠偏机制

除了大中型国有控股银行和股份制商业银行外，具有大数据和数字技术优势的互联网巨头公司也有各自独特的金融风控优势，可以成为承接普惠金融推广的有益补充。近年来，大型互联网科技公司也确实凭借其技术优势、信息优势、流量优势，不断向金融领域渗透发展，在促进创新创业发展，满足小微企业投融资需要和中低收入阶层的消费、理财需要，提供便捷金融服务等方面具有突出贡献。但互联网金融本质仍是金融，具有风险隐蔽性、传导性、广泛性和突发性的特征。加上互联网经济明显的资源聚合效应，科技巨头掌握着大量数据和市场份额，往往造成了垄断的局面，不利于公平竞争、创新创业。我国为此出台了《电子商务法》（2018）、《反不正当竞争法》修订（2020）等对互联网经济进行法律层面的约束；但与此同时，我国政府还发布了许多行政指令文件加以规范。2016 年，国务院办公厅印发了《互联网金融风险专项整治工作实施方案》，整治违法违规行为，加大整治不正当竞争力度。2019 年 8 月，国务院办公厅印发《关于促进平台经济规范健康发展的指导意见》，出台了网络交易监督管理相关规定，依法查处互联网领域滥用市场支配地位限制交易、不正当竞争等违法行为。对涉及金融领域的互联网平台，其金融业务的市场准入管理、事中事后监管都要依照相关法律法规执行。2020 年 9 月 18 日，央行发布《中国人民银行金融消费者保护权益实施办法》形成对银行部门的规章制度；2020 年 11 月，还出台了《关于平台经济领域的反垄断指南（征求意见稿）》，制止平台经济领域、金融领域的垄断行为。2020 年 12 月，中央政治局会议首次提出“强化反垄断和防止资本无序扩张”的行政工作任务。

普惠金融是涵盖社会全阶层，尤其是包含财务弱势群体的金融新业态，需要新生力量参与其中。但是，任由没有资质的经营者欺诈，或互联网巨头垄断侵蚀中小群体利益而实现的金融平等，并不是我们所追求的普惠金融。过去的经验教训不仅使中国丰富了金融消费者权益保护、金融欺诈、反垄断、征信等方面的法律框架，还积累一系列有中国特色的政策指引性文件资料库，这些对促进有中国特色的普惠金融发展大有裨益。2013—2018 年，国务院各部委陆续下达有关小微企业金融扶持的文件就多达 89 份，基本上为小微企业融资搭建了一个较为完整的行政服务框架。与此同时，自 P2P 被淘汰出局、平台反垄断整顿以来，国内个人理财创新有所收紧，一个新的、更有效个人理财市场有待挖掘，相关行政指引也会陆续出台。

6.2.2　法律约束机制

法律约束机制主要是对行为底线起约束作用。美国没有普惠金融的专属法案，一切都是围绕金融公平拟定的一系列法案。20 世纪 80 年代以前，普惠金融方面的法律主要关注的是小企业的金融平等权。第二次世界大战结束后，美国为了满足实体经济的发展需要，将小企业视为美国自由市场重要主体的美国政府非常重视其发展资金的需求，在 1953 年出台了《小企业法》，是有关小企业利益保护、经济资助的一部基本法。1958 年，《小企业投资法案》批准依法成立小企业投资公司，专门为创新型中小企业提供金融服务。1980年，《小企业投资促进法》通过审议，在该法的激励下，美国证券交易委员会在1982年颁布了《证券法》的A条例和D条例，对小额发行做出了具体的豁免规定。豁免制度的推出极大了减少了小企业的融资障碍。1992年后又陆续颁布了有关小企业的一系列法案，如《中小企业技术革新促进法》（1982）、《小企业研发强化法案》（1992）、《小企业出口扩大法》（1993）、《小企业就业法案》（2010）、《初创期企业推动法案》（2012）等。值得一提的是，《初创期企业推动法案》又称为JOBS法案，该法案旨在放宽监管、简化规则、对小额发行和私募发行进行一定的豁免、弱化小企业信息披露标准等。通过放宽了资本市场监管，使小企业融资现状进一步得到改善。

相比小企业的金融包容不同，美国对弱势群体开放信贷是伴随着一次又一次的民权运动。20世纪50年代中期，以黑人为主体的民权运动在美国日益走向高潮。1968年联邦政府颁发《公平住房法》，禁止对种族、肤色、宗教、性别、国籍等为由的住房贷款歧视行为（王春雨，2017）。该法案对保障黑人购房自由、促进种族居住融合有积极意义，该法案的影响效力直到现在还很强①。1974年美国国会通过了《公平信贷机会法》，明确规定基于种族、肤色、宗教、国际、性别或婚姻状态、年龄、收入全部或部分来自公共援助项目的贷款人有信用交易歧视的行为均属违法。20世纪70年代，由草根社区组织结成联盟对美国社区银行的“信贷漂移”②问题做出的全民抗议行动引起了国会立法部门的相关讨论，随后在1977年正式颁布了《社区再投资法》（CRA），将银行和储贷机构

① 2019年3月19日，花旗银行因为在种族、肤色、祖籍、性别上存在信贷手续费或利率上的优惠歧视，被货币监理署处以2500万美元的罚款，并对大约24000名受区别对待的客户进行赔偿。

② 商业银行分支机构在当地吸收了存款却拒绝向当地居民提供信贷，而是向城市高盈利地区转移贷款的现象称为“信贷漂移”。

满足所设立地区居民信贷需求用法律义务确定下来，要尽可能满足所在整个社区居民，包括中低收入社区、黑人聚集社区居民的各类金融需求。同时，CRA 还规定了监管机构对参与联邦保险的金钩机构进行是否执行社区信贷义务进行评估和监督。对评估结构较差的机构实施制裁，并将评估结构作为是否审批该机构设立分支、开设新业务、机构并购事宜的重要考量。

进入新千年，美国又先后出台了《公平信用报告法》（2003）、《公平准确信用交易法》（2003）、《信用卡责任与披露法》（2009）、《多德－弗兰克华尔街改革与消费者金融保护法》（2010）以及 2018 年《多德－弗兰克》法案的修正。这些法律制度进一步完善了美国金融市场公平运行的规则框架，对于减少信贷歧视，为少数族裔和低收入群体获得平等信贷权益带来了积极意义，也是美国强化、激励普惠金融市场化运作的基础规范。

6.2.3　对两种约束机制的评价

我国的行政约束机制是国家治理功能得以发挥的重要渠道，其最大的优点是能守住民意而不是仅对经济行为做最低要求。行政机构贯彻的是党的主张，党代表的是广大人民的利益，立法则是将党的主张通过法定程序成为国家意志。我国普惠金融监管体系的首要原则就是社会目标原则；我国《银行业监管管理办法》把维护金融稳定和保障社会公众利益放在首位。我国小额信贷机构的第一监管主体是银保监会这一行政机构，该机构风险监管的第一条就是守住不发生系统性风险，区域性风险的底线。此外，我国行政约束机制的另一个优点就是具有探索性和灵活性。例如，我国的行政部门在确定了普惠金融的指导思想、基础原则和方式方法后，会给市场留有一定尝试创新的容错空间；而对于一些未违反法律法规但违反公序良俗的经济行为，行政监管部门还可以采取约谈、出具警示函、下责改令、通报批评、记录征信库的方式进行纠偏。当然，行政约束机制也有缺点，容易导致监管盲区和约束力不强的问题。例如，在我国，对非政府小贷机构施行的是非审慎监管，大部分地区的监管责任交由地方央行县级分机构承担，由于缺乏适当的专业人员和有效的监管措施，很容易出现监管盲区。此外，我国目前有关于普惠金融机构的暂行规定或指引，但距离法律约束层面还很远，也容易形成执法力度不够、权威性不强的现象。

美国的法律约束机制是一种边界机制，用于规范个体或企业法人的经济行为底线，具有强制性、权威性、普适性、公平性、长效性等优点。美国多部普惠金融法案已成为我国构建普惠金融体系的有益借鉴，如《小企业法》《金融消费者保护法》《社区银行再投资法》等。但美国这一系列金融公平法律并不带有对广大人民利益的最初关切，而是美国政府对民众平权运动所做的票仓妥协或政治平衡，其本质目的是更好地培养和维护美国自由化经济的市场运营环境。这种法律约束机制追求的只是表面的个体民主，很难达到真正为民的层面。

美国金融发展已有 200 多年历史，金融法律体系各方面都非常完善，我国金融体制还欠发展，普惠金融又是一种创新形式，如何发展，如何融入我国包容性经济增长的过程，一切都需要不断尝试和实践。行政约束机制是一个代表国家民意，能防范和纠正普惠金融“走偏”的机制，也是一个不断摸索和探索性，符合我国经济发展的实践原则。而美国的经济注重利己主义个人的市场化实践，法律本身代表着美国自由化社会的发展意志，并不具备主动维护绝大多数弱势群体利益的立场，而且法治在赋予弱者自由民主公平权益的同时，也给资本和技术披上了为弱者造福的合法外衣，将金融创新演变为金融衍生品，造成了更大的金融系统动荡，美国的次贷危机就是最好的证明。总之，我国不会全盘接受美式促进普惠金融发展的各类公平法案，但也会保留有利于国情发展的部分。弱势群体的发展权、普惠金融促进法未以立法的形式加以固定，只以行政指令出现于政策文件中，规范不具有普遍意义的经济行为，为的就是防止以“普惠”为名的市场失灵对经济系统稳定性带来的冲击。

6.3　扶贫支农与社会福利/风险转嫁均衡保障机制的对比

保障机制是维持普惠金融与包容性经济增长达成和谐共生的重要物质条件和制度基础。与约束机制不同的是，约束机制是防止普惠金融偏离公平性、规范性、使命性的外部强制性治理力量，而保障机制是使普惠金融产生包容性增长的内部均衡条件。不少专家学者认为，普惠金融实际上是一个伪命题。这一概念源于联合国，其初衷是消除金融排斥、促进金融全阶层包容。但到中国后被翻译为普惠金融，金融福祉的色彩顿时浓厚起来。从客观上讲，让本来以防范风险、追求利益最大化为原则的金融资本让利给弱势群体是行不通的，也是难以持久的。除非剥离普惠金融的金融属性，使之成为福利性公共物品或准公共物品，且仅让公益金融组织或政策性银行参与调配，私营金融机构合理参与。亦或者承认普惠金融会发生包容异化的客观事实，让私营化金融机构广泛参与，同时使用强大的社会福利保障体系和风险转嫁体系对异质性进行对冲。显然，过去很长一段时间里，中国选择了前者；美国选择了后者。

6.3.1　扶贫支农均衡机制

改革开放以来，在我国经济高速发展的同时，人口占比最大的农村地区发展却严重滞后，贫困人口也尾大不掉。如果不能很好地解决农村落后和贫困两大难题，我国经济就不是包容型经济。因此，我国普惠金融最大的一项任务是助力农村协同发展和脱贫攻坚。但是，金融扶贫支农任务交给商业银行是做不好的，委托给乡镇县一级也是难以搞成的。资金只能出自于中央和各级财政部门拨付专项资金，并由中央政策进行指导调配才可能办成。当时的私有化资金参与比例很低，早期的农信社、农村互助资金组织甚至遭遇了“一刀切”的命运。进入21世纪后，联合国开发计划署与我国政府成立了普惠金融合作项目，也陆续有非营利性的小额信贷联盟、网贷平台、金融科技公司开始从事普惠业务，但这些资金的总比例都非常小，涉农资金比例就更低了。

在我国扶贫开发的五个阶段中，中央财政累计拨付扶贫专项资金共计4104.44亿元，尤其在进行脱贫攻坚战的第五个阶段达到了1898.22亿元的规模。“三农”建设投入资金则更多，中国社科院发布的《中国农村发展报告（2019）》数据显示，财政用于“三农”的支出更是从2004年的2337.63亿元激增到2018年的20782万亿元，增长近8.9倍，年均增速达到了15.68%。

这些由财政拨付的资金基本都用于产业扶贫和农村基础设施建设。事实上，过去40年来的扶贫和基建投入已经在农村地区积累了上千万亿的巨量资产，这极大地改善了农村经济发展的物质基础条件，农村经济增长环境的改善也吸引来了资本、技术、人才等要素流入农村。随着2020年脱贫攻坚战的胜利，我国也彻底摘掉了绝对贫困的帽子。这种生产型金融资本对农村产业结构和技术水平升级、生产关系的变革还将在未来继续产生深远影响，对农村包容性经济增长带来结构性、持久性的战略意义，对农民经营收入和就业收入将起到显著提升。

由此看来，过去我国的普惠金融的确被剥离了大部分金融属性，基本流向了扶贫和农村经济建设领域，其社会功能主要用于调整中国经济结构的不平衡，这本身就是对普惠金融包容性增长最佳的保障机制。但是，美国普惠金融走的是商业化发展道路，保留这普惠金融大部分金融属性，并在承认普惠金融存在包容异质性的基础上，美国以强大的社会福利和风险转嫁均衡机制来与之对冲，形成了与中国鲜明对比的保障机制。

6.3.2　社会福利/风险转嫁均衡机制

由市场机制驱动的普惠金融在美国大行其道，导致透支消费过度、个债比例过大、个险费用过高、理财公平性异化、贫富分化加剧等非正义性现象愈发突出。但是，美式普惠金融依然在工业中后期和后期两个阶段产生了对弱势群体显著的“涓滴效应”，而维持这一效应最大功臣之一便是美国强大的社会福利制度。这种福利制度的保障逻辑是：只要维持弱势群体的基本收益不受损害且有一定增长，就不会影响微金融市场运行的客体基础，普惠金融供给主体就能获取更加长久的利益。

（1）财政保障手段：提高社会福利支出比

美国财政支出预算中的社会福利支出，包含收入保障支出和社会保险基金两大项目。其中，收入保障是对无劳动能力的退休、残疾、受灾、失业群体的基本生活开支的保障。收入保障和社保基金基本是一半一半的比例，从 1952—2018 年两项共占政府财政总支出的 30% ~52% （图 6 -2 上面曲线），这一占比从 1959 年后就一直在增加，到 2008 年突破了 50% 的比重。其中，基本收入保障占财政总支出的 20% 左右（图 6 -2 下面曲线）。按人均来算的话，2018 年，美国人均收入保障补贴达到 4945. 76 元美元/年，外加人均社保基金 5878. 82 美元/年，共可获得 10824. 58 美元/年的低保金额。这些保障资金完全可以覆盖同年人均 2958. 34 美元/年的个人部门负债，即意味着美国的社会福利支出是人均债务的近 4 倍水平。

对比我国的社会福利支出项目，也包含收入保障和社会保险基金补助两大部分，2010—2019 年共占财政总支出的 10% ~12% ，其中，收入保障占比不到 5% ，社会保险基金补贴占比为 5% ~7% 。按人均来算的话，2018 年我国人均社会福利保障支出总计约为 1944. 67 元/年，而人均个人部门负债为 2831. 84 元/年，显然个人社会福利支出是完全无法覆盖个人债务金额的。因此，可以认为我国的财政手段在保障普惠金融"涓滴效应"方面并无多大作用(见图6-3)。

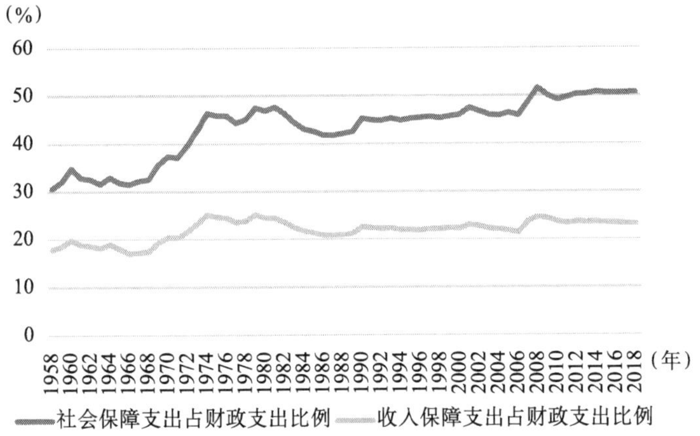

图6-2　美国1958—2018年社会保障和收入保障占比

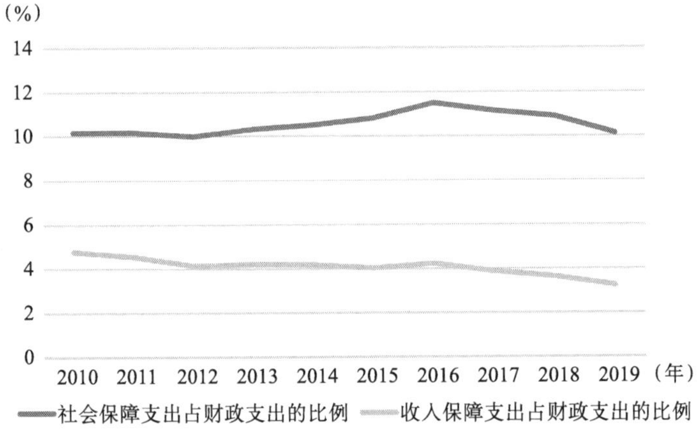

图6-3　中国2010—2019年社会保障和收入保障占比

资料来源：2010—2014年的摘自《中国财政年鉴2015》，2015—2019年的来自国家统计局。

（2）货币保障手段：美元风险转嫁工具

美国除了强大的财政保障手段外，还有强大的货币保障手段，这一手段在美国遭遇 2008 年次贷危机后表现得淋漓尽致。造成这场危机的原因是多方面的，但是不可否认的是，过度超发穷人偿还能力以外的住房次级贷款是其重要诱因。一般来说，金融资本赚钱的方式有两种：一加快流动性，二扩大规模。流动性就是要加快放贷速度；扩大规模就是尽可能扩大放贷群体，其中就要覆盖到了没有还款能力的穷人。为了将次级贷的风险转嫁出去又生成了许多金融衍生工具。购买经过层层打包后的金融衍生品的人没有人去关心买房的究竟是什么样的人，他们只管在转手交易金融产品中赚得不亦乐乎。穷人认为美国有很好的社保福利，即使到时候还不起还可以将日益涨价的房子卖掉来偿还，房贷的金融公司也认为即使穷人还不了，房子收回来卖了还能赚。于是在房地产公司和金融公司疯狂推销下，买房者越来越多，房价也越来越高，2005 年美国房价达到 27 年最高，次级抵押贷款规模也达到了空前的 1.1 万亿美元，占当时整个房贷市场的 14.1%。泡沫越吹越大，直到 2006 年下半年美联储出手加息，这场狂欢才终于落下帷幕。加息后房贷款暴涨导致很多穷人无力偿还贷款了，于是市场上突然出现了大量抛售，房价开始暴跌。随之而来的是大面积违约，次贷包装的金融理财产品变得一文不值。买这种垃圾债券的雷曼兄弟首先倒闭了，房地美和房利美也应声崩溃，保险公司、房贷经销公司也破产了，危机就此爆发。

为了应对危机，美联储推出了史无前例的量化宽松货币政策（QE），第一次 QE 印发了 7000 亿美元和 1 万亿美元，第二次 QE 是 6000 亿美元，前后共计向金融体系注入了 2.3 万亿美元的流动性。两轮 QE 将风险和灾难转嫁给了世界各个国家，美元长期进入贬值通道，大量资金流向了新兴经济体，由此催生了这些国家的资产泡沫。显然，美国有向世界转嫁金融危机风险的能力，这也是美国稳定金融体系、保障金融运行机制的强有力的手段。这使美国在次贷危机后尽管颁布了《多德－弗兰克法》，加强了对借款人的审慎态度，将许多社区中小银行纳入进美联储的压力测试体系，使其小微业务大幅缩减。但时隔10年，随着特朗普上台后，国会又通过了放松银行监管法案，对《多德－弗兰克法》进行修订，降低了对小型银行的监管要求，重新恢复对个体消费者和小企业的低信用门槛。

6.3.3 对两种均衡保障机制的评价

无论是财政福利手段还是货币风险转嫁手段，都是极具美国特色的普惠金融均衡保障机制，不是任何一个国家或地区能够轻易跟随和模仿的。如果没有美国强大的社会福利和美元的硬通货实力，实施美式普惠金融的深化模式显然是相当危险的。对于中国这个一个金融欠发达、经济结构不均衡、非福利型、人民币国际影响力还较弱的发展中国家来说，自由市场运营模式的普惠金融并不适合中国。

6.4 普惠金融微观运行机制对比

除了宏观机制存在巨大差异外，中美两国在信贷、保险和理财三个维度的微观运行机制方面也有区别。

6.4.1 政府担保贷款机制对比

（1）政府担保基金的引导差异。我国的政府担保体系有明确的引导原则，那就是服务于支小支农、战略性新兴产业集群。各级地方政府和合作机构之间有明确的行政任务使命，例如，融资担保、再担保机构有国家担保基金贷款的部分要确保支小支农业务占比不得低于 80%，其中单户担保金额 500 万元及以下的占比不得低于 50%。美国对政府担保基金并无引导机制，只要合作银行提供小企业或个体的财务能力和雇员人数相关的材料就基本可以通过资格审查；合作的商业银行也没有承担必须要完成行政任务方面的使命。

（2）政府担保执行主体差异。我国是通过构建从国家到地方上下联动的政府担保机构作为执行主体。这一执行主体主要依托于现有政府性融资担保机构体系，通过再担保、股权投资等方式与省及以下担保机构开展合作。培育出以省级担保机构为“龙头”，市级全覆盖的政府性担保体系。美国对小企业的政府担保执行主体是小企业局及其分支机构。1958 年，小企业局被美国国会确认为“永久性联邦机构”，总部在华盛顿，在美国十大城市设有分局，分局下设 100 多个地方机构，员工总数超过 4000 人。

（3）担保机构与银行的合作差异。我国政府的担保机构与银行之间是行政合作关系。要求银行业金融机构根据政策导向，主动对接，积极与政府性担保机构开展“总对总”的合作，统筹制定合作标准和模式，建立信息沟通机制。美国小企业局与商业银行开展的是“双赢”合作模式。对于小企业局（SBA），银行为 SBA 承担了资格审查、贷款事前、事中、事后监督之责，SBA 省去了直接为小企业发放贷款的审查、监管等职责，使贷款风险有了很好控制；对于银行，由于通过与 SBA 合作，可以突破风险收益的原则边界，有利于银行的业务拓展和营收增长，提升了市场竞争力。

（4）银担双方风险分担激励机制差异。我国政府部门对担保机构和银行均有政策激励措施。谁风险承担得比重越高，越有财税方面的正向激励；监管部门对支小支农业绩突出的担保机构可提高其放大倍数上限、扩大其业务规模；银保监会将银行与政府性融资担保机构合作情况作为单独指标，纳入商业银行小微企业金融服务监管评价体系，提升银行开展业务的积极性；央行对政策性融资担保机构接入金融信用信息基础数据库并予以重点支持。美国银行是按照市场竞争原则，自愿选择、协商与SBA合作所承担的风险比重。由于小企业贷款在美国商业银行之间是一项竞争较大的业务之一，从小企业局获得“优先贷款人”的特权意味着有更多拓展中小业务板块的机会，因此会激励合作银行承担更多的风险比例。

6.4.2 养老保险机制对比

（1）美国商业养老保险为主，我国以基础养老保险为主。美国从20世纪70年代末，经过40余年的发展，建立了多层次、账户制、税收优惠、市场化运作的现代养老金制度。美国是典型的养老三支柱体系，2019年第一支柱OASDI占比长年维持在10%以下；第二支柱雇主养老保险（401K计划）占比达到54.3%；第三支柱个人储蓄养老保险呈逐渐上升趋势，达到了37.8%的比例。1994年世界银行推荐三支柱养老金模式的时候，我国也积极探索，当前已初步基本建立起以国家基本养老、企业补充养老和个人储蓄型养老的三支柱养老体系。2019年我国第一支柱基本养老保险和全国社保基金占比为78.7%，截至2020年，基本养老保险参保人数已经覆盖近10亿人口；第二支柱企业年金和职工年金占比为17.3%，目前覆盖5800多万人；第三支柱个人养老保险占比极低，仅0.002%。第一支柱在两国都是用于保障国民最基本养老保障功能的，覆盖率最广；第二支柱和第三支柱则是给有条件的群体开放的，雇主养老计划一般民营企业和中小企业的员工较难进入，个人账户也主要覆盖有养老改善型需求的中高收入群体。

（2）美国通过税收优惠制度和社保法案改革加强了商业养老保险计划的推广。美国第二、第三支柱养老保险的覆盖比率之所以远远超过了第一支柱，与美国个税和立法两方面激励是分不开的。美国以个人所得税为基础，政府在推出401K账户和IRA账户商业养老保险计划时，采取了账户收入的税收递延制度，且力度非常大。以 IRA 个人账户为例，美国每年最高减税额度可达到 6000 美元，50 岁以上的可达 7000 美元，约为当年社会平均工资的 14% ~ 16%。此外，美国还给主动为雇员缴纳商业保险的企业一定的税收优惠。总之，美国所得税优惠政策大大激励了美国企业和中产以上民众纷纷开设商业保险账户。然后，随着美国 2030 年即将迈入超老龄化社会①，以及美国社保计划的合并信托基金即将在 2035 年入不敷出②，美国国会通过了《社会保障法案》修改决议，要加大第二、第三支柱覆盖面和强化缴费基数。此后，商业养老保险的参与门槛进一步降低，更多小企业和低收入者被纳入该计划。美政府继续加大对雇佣双方的税收优惠激励，以此扩大企业和个人的商业养老金的缴费基数；并且将 401K 等账户的提取年龄上限从 70.5 岁延长至 72 岁，还取消了 IRA 账户到了 70.5 岁不能再存钱的限制。除了国家制度方面的推动因素外，一些客观物质条件的成熟也是实现美国养老保险商业化的重要原因。例如，美国中产阶层占比高，创造了对优质、多层次养老保险产品的需求基础；美国成熟的资本市场和低通胀确保了美国商业化养老基金良好的保值增能力。

（3）我国高储蓄率、征税结构和养老保险制度的分割性决定了商业养老保险的低位机制。我国基础养老保险占大头，商业养老比例显著偏低的结构与我国养老保险制度发展缓慢不无关系，直到“十三五”期间我国才完成基本养老保险从省级统筹到全国统筹的目标。但之所以商业养老保险未向美国那样扩大，还有我国的国情因素。中国人有“爱存钱”的习惯，虽然近年来储蓄率有所下降，但依然是全球储蓄率最高的国家之一。2020 年，我国储蓄占 GDP 的比重为 44.6%，高于全球 20% 的平均水平。高储蓄率使人们自

① 资料来源：联合国《世界人口老龄化报告》（1950—2050 年）。

② 资料来源：美国 2019 年 4 月 22 日财政部发布的《2019 年社会保障和医疗保险受托人报告》。

觉没有必要在养老保险领域再另设储蓄账户。其次，我国以增值税为主体纳税结构，所得税的征收比例较低，2019 年城镇就业人口中仅 15% 的人缴纳了个人所得税，大部分人还达不到个税起征点 5000 元/月。美国个税没有起征点，几乎每个成年人都要纳税，年收入达 10 万美元以上的群体所那纳税款占个税总额的 60% 以上。因此，在美国行之有效的个税递延计划却在我国难有用武之地。最后，由于历史原因和各种制约因素，我国的养老保险制度还存在城乡分割、地区分割和身份分割等问题，盲目扩大商业保险计划容易造成整体不平等结构的恶化，只有在全国统筹层次下的养老保险金才会发挥收入再分配的良好效应。

（4）养老保险的管理投资机制对比。无论是中国还是美国，第一支柱养老计划是用于实现国民最基本的养老保障功能，覆盖率最广，具有强制性，基金统一纳入国家层面管理，美国则是财政部，我国是由人力资源和社会保障部管理。美国第一支柱 OASDI 专项账户基金是由财政部委托信托基金管理委员会来掌握、监督和投资。这部分资金美国政府是不允许入市的，投资策略偏保守，信托基金只能购买联邦政府发行的证券，如财政部特别发行证券和财政部公募发行证券。因此，OASDI 信托基金年化收益率与美国 10 年期国债利率高度相关，2000 年后，OASDI 的收益率维持在 2% ~ 6%。第二支柱雇主养老计划则由雇主选择的基金公司、保险公司、投资顾问公司等养老金运营商来共同管理，由此形成了共同基金规模的迅速扩大。共同基金的主要投资方向为股票基金。但雇主养老计划，因为企业压力，美国的民营企业和小企业一般较难覆盖上。第三支柱个人储蓄养老计划（IRA 计划），实行自愿参保原则，主流管理机构是共同基金和经纪商，多投资于股票型基金。后两种养老基金的配置收益率比第一种一般要高，其中最高的权益性上市交易 REITs 曾达到 11.95% 的平均回报率。我国的基础养老保险基金主要靠全国社会保障基金理事投资运作，主要涉及国债、股票等组合投资。历年投资收益率为：2017 年 5.23%、2018 年 2.56%、2019 年 9.03%。由于中国经济发展势头不错，目前保值增长的前景良好。

总之，美国以商业养老保险为主的结构，将多层次养老服务范围不断拓展到中小企业和中低收群体，通过提升了养老金替代率、税收优惠和养老金年化收益率切切实实让普惠群体获得了实惠，形成了就业和收入方面的双“涓滴效应”。但与此同时，美国全国统筹的基本养老金却被削减至 10% 以下，对整体收入再分配调节作用几乎可以忽略不计。从第 5 章的实证检验结果也证实了这一点，美国社会保险服务的不平等恶化趋势显著。我国当前的养老保险制度虽然发展缓慢，但基本养老保险已经覆盖了 10 亿人口，并形成了全国层面的统筹账户。我国个人保险从过去的恶化收入结构向改善收入结构转变，社保全覆盖的全国统筹机制可谓功不可没。未来，我国将在缩小待遇差距方面继续深化保险改革，并在经济条件较好的地区开展养老保险第三支柱改革试点，并开始在上海、福建（含厦门）、苏州工业园区三地采取个人税延养老险的产品推广。我国不会盲目扩大商业保险的覆盖面，会在立足国情和结构性包容原则下，有条件、有规划地层层推进。

6.4.3　理财市场机制对比

对于中低收入家庭来说，希望获得除工资经营收入以外的财产性收益的话，首选风险相对较低的基金来投资。但从中美两国理财实证检验环节可知，美国理财有助于弱势群体增收，但我国却基本上没有益贫效应，究其原因是因为两国采取的不同理财市场机制。

（1）市场储蓄型理财配置机制为美国基金理财市场夯实了长期资金基础。美国的共同基金市场已经发展了近百年，现已成为美国最大的金融产业，产业规模的扩大必须以充足的资金来源为基础。美国采取的办法是不断将美国民众的银行储蓄转化市场储蓄，从而为共同基金提供源源不断的长期资金。20 世纪 60 年代，受美国经济滞胀和“Q 条例”存款利率的管制影响，银行存款吸引力急剧下降，为了保住吸存能力，商业银行开始了金融创新，推出货币市场存款账户。开设这种账户的客户不仅可以获得较高的利率，还可以使用支票，保留了货币支付功能，受到包括中低收入群体在内的人们的广泛青睐。储蓄市场机制将传统“银行储蓄—贷款”的生息模式转为“货币基金—资本市场”的盈利模式，既迎合了人们的理财需求，又扩大了财产性收入的增收渠道，提高了普惠理财的效率包容性。此后，随着商业养老保险行业的兴起，美国更是将这种转化机制发挥到了极致。通过开设 401K 和 IRA 等养老金账户，将过去零散的货币市场储蓄资金转换为全民都参与的规模更庞大的养老账户储蓄资金。这些资金成为共同基金重要组成部分，截至 2018 年底，DC 计划的 56% 和 IRA 计划的 45% 的资金都投向了共同基金，占据共同基金资产总规模的近半壁江山，达到 46.33%。可以认为，几乎所有美国人民都将未来的晚年生活以养老保险储蓄资金的形式交付于资本市场，这就是为什么美国道琼斯指数基金的稳健与否关乎着每个美国人是否能安度“黄金晚年”的重要原因。

为了保障美国共同基金的稳健向上，配套的效率化保障机制随之而来。一是构建美元主导的全球金融体系的“硬机制”，确保美国证券市场的繁荣和长期牛市，以及对全球市场优质资产的筛选和布局，从而带动美国基金持续升值。二是建立高效的基金投资管理“软机制”，培养出一大批高规格、实力雄厚的基金巨头公司，如富达投资、摩根士丹利、黑石集团、贝恩资本、KKR 等。这些大牌基金公司负责在全球拓展资产版图，形成规模化、宽渠道、多品类的基金市场格局；还配备了高度专业化的研发、管理和咨询团队，这些均是提升基金服务品质和核心竞争力，以及保证基金价值增长的重要因素。

（2）我国的市场化储蓄机制尚未扩大开放，尤其是商业养老储蓄账户体系还未建立，我国的基金主要是向社会公众募集资金，再进行证券投资的公募基金。我国公募基金业的发展从 1998 年算起仅 20 多年。从最初的封闭式基金，到引入开放式基金，再到当前的混合型基金，即依赖于股票、债券组合投资的证券型基金，这类混合型基金在美国已属于小众投资领域了。相比美国，我国的公募基金缺少长期资金来源，也并非全民参与型基金，因为混合型基金的收益受基础市场影响较大，对一般投资者的吸引力不大。中低收入群体更倾向于将资金存入银行，最多购买一些银行理财产品或余额宝、P2P 等新兴金融理财产品。余额宝 2013 年伴随互联网金融业的勃兴所推出的一款创新型货币市场理财产品。其年化利率比银行存款利率要高（4% ~5%），且可随时取款或消费，深受包括中低收入群体在内的国民的青睐。余额宝在首推当年资产规模就突破了 1000 亿元，2020 年 4 月上旬更是达到了 1.26 万亿元的规模。余额宝其实就是将银行存款账户的余额转为货币市场存款的一种转换机制，但是随着我国实施宽松货币政策，资金价格快速下行，余额宝目前的年化收益率已跌破 2%，不再是低收入群体所青睐的理财产品了。除了余额宝，搭载互联网金融业发展快车的还有一种新兴理财产品——P2P，它是用于搭建个人与个人资金互通有无的一种平台中介，相当于将过去民间私下的借贷行为予以平台化运作。它与基金和理财宝不同，它是一种另类的储蓄市场化机制，个体资金参与市场活动的过程并无信托投资中介参与，这极容易造成平台的野蛮生长和交易的无序混乱。2020 年 11 月，我国金融监管机构宣布全面清退 P2P 行业，宣告网贷行业时代的正式结束。同年，最高人民法院宣布民间借贷利率的司法保护上限由原来的“两线三区”的 24% 和 36% 降至 LPR 的 4 倍，即 16% 左右。民间司法利率上限的下调，意味着超过 16% 的均属于不受法律保护的高风险投资领域，这也筑高了大众进入民间投资渠道的门槛。

第5章对我国实证分析部分的结果表明，普惠理财既未产生结构性包容效应，也未生成效率性包容，这是因为我国还维持着主银行储蓄机制，这一机制虽然未能显著提升民众的财产性收益，但是对我国经济整体结构发展是有利的。只要保证银行吸储地位不变，就能让我国政府牢牢掌握金融话语权，使银行储蓄资金能够配合国家经济发展总体规划和服务实体经济的战略目标。我国对银行储蓄机制的经济发展功能定位在当前和今后很长一段时间内都不会改变，但为了满足财富剩余群体的理财需要和与全球基金市场接轨，我国也会积极拓展公募基金市场，并在有条件的经济发达地区释放一系列政策红利（余军和康书生，2021）。

6.5 小　结

通过本章分析可知，中美两国在促进普惠金融发挥包容性经济增长功能方面存在极为鲜明的机制差异。美国是“市场原教义 + 福利/风险转移”的保障治理机制，用法治手段维护普惠金融自由市场的顺利运行，对所产生的包容性异化风险采取的是社会福利兜底与风险转移的治理机制；我国则采取的是“均衡 + 相机抉择”的保障治理手段，以政府为引导、行政立法为执行确保普惠金融实现和谐、公平、可持续目标，以维护人民利益为底线，“摸着石头过河”，给予市场一定的试错、容错空间，以激发金融创新和金融深化改革，对此产生的包容异化采取的是金融资源的结构性调整与产业融合的均衡治理手段，加大对弱势地区和产业的金融倾斜。

除了宏观保障治理的机制差异以外，两国在普惠金融三维度上显示的微观运行机制更具有鲜明特色。①在普惠信贷方面。我国在普惠信贷倾向于做支小支农方面的服务引导，并且以国家政府担保基金为基础构建了从上至下布局到各市的政府担保联动机制来实现支小支农、服务实体和新兴战略领域的目的；并且对各省、市、自治区政府、合作银行进行绩效评定和财政奖补激励等。美国的信贷措施主要突出对小企业的行政扶持，主要包含政府担保贷款和政府采购等；但对中低收入群体的信贷普及则是为了更好地掠夺其超额消费剩余。②在普惠保险方面。我国通过建立基础性养老金的全国统筹账户，已显示出对收入结构的减贫效果；但因无收入的益贫效应，我国也在加大对经济条件好地区进行第三支柱个人养老制度的改革试点。美国商业养老金的比重要远高于国家养老金，商业养老制度现已推广至中小企业和中低收入人群市场。由于养老金替代率和养老金投资收益的提高，以及个税递延优惠对中低收入群体产生了良好的收益“涓滴”效果；然而，具有收入再分配效应的国家养老金被商业养老金大大压缩，以至于美国的社会保险出现了恶化收入结构的趋势。③普惠理财方面。我国执行的是银行储蓄型的理财配置机制，基金理财市场以公募基金为主和主动投资为特征，吸引的是中高收入群体，大部分中低收入群体则仍以银行存款、银行理财产品和余额宝等货币理财产品为主。这种理财配置机制有利于银行资金的统一规划调配，而不是任由私人资本生产虚拟效率，因此对弱势群体的财产性收益改善不足，但对推动我国整体经济发展有利。美国则是通过市场储蓄型理财配置机制，获取了庞大的养老型、投资型资金聚集，为个体的财产性收益改善起到了显著作用，包括对中低收入群体；该配置机制对提升全阶层财产性收入有益，对收入再分配则显现出逆向改善趋势。下面将中美两国的普惠金融包容性增长的保障治理机制体系归纳总结于图 6－4 和图 6－5 中。

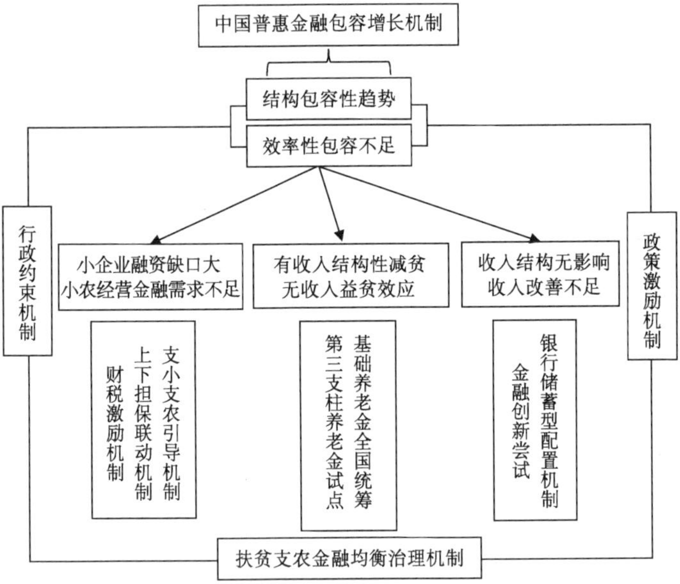

图6-4　中国普惠金融结构型包容增长的保障治理机制

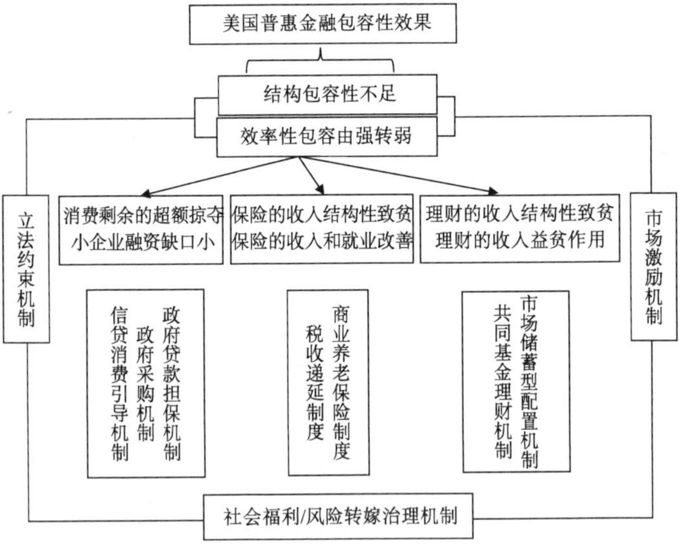

图6-5　美国普惠金融效率型包容增长的保障治理机制

第 7 章

深化中国普惠金融包容增长机制的相关建议

经过几十年的改革开放，我国的工业资本有了很厚实的积累，国内商品经济高度发达，拥有中低端产业可为农民和城市低收入群体提供大量的就业岗位；《中小企业促进法》已经颁布，一系列政策扶持文件也已下达，对中小企业和个体经济进入快速发展通道提供了政策激励；人民生活迈入小康，有巨大的个人资金储蓄量，也有追求日益增长物质文化生活的强烈意愿，国内消费市场有望大幅度提升；微金融创新市场正在国内形成新的孕育和发展；促公平、反垄断、保护金融消费者权益的金融公平法案层出不穷；也拥有世界非常强大且瞩目的扶贫机制。这些经济物质条件的成熟，意味着中国已具发展普惠金融的巨大潜力，在步入工业化中后期后亦如同美国一样，中国将迎来普惠金融的黄金发展期。

但是，我国要发展好普惠金融，一定要在借鉴国际经验的同时结合自身实际，不能盲目跟风。我国的实际情况是地区差异大、城乡发展不均衡，原有的金融业态和美国也不同，有必要探索出一条中国特色的普惠金融发展之路。虽然，我国目前普惠金融建设有了很大进步，但仍存在许多薄弱环节。普惠金融的包容性增长的未来方向和使命仍然是“调结构、缩差距”。目前仍有三大环节须继续深化治理：一是城乡居民金融需求差异大；二是城乡个人理财收益渠道差异大；三是城乡征信体系差异大。不缩减这三方面差距，普惠金融易产生包容性异化问题，会在潜移默化中进一步加剧城乡经济发展的不平衡，达不到结构和效率双包容增长的效果。解决城乡居民需求差异大的问题，当前须从提高小农户个体金融需求入手；解决城乡理财收益渠道差异大的问题，须在发展城市个人理财市场的同时扩增农民财产性收入渠道；解决城乡征信体系差异大的问题，则需要根据城乡不同特征加强构建二元征信体系。

7.1 现代小农户身份转变机制

我国农村中低收入人口众多，在收入保障机制上短时间难以达到美国的高福利水平。实施乡村产业振兴战略、落实产业扶贫支农政策才是符合中国国情、确保农民增收的关键，也是促进农村金融包容性增长的长效机制。但是，多年来“三农”金融的投放主要集中于“农业、农村”两个维度，农村基础设施建设和农业产业发展取得重大成就的同时，针对“农民”个人金融服务的产出效果却并不理想。首先，大多数农民对银行信贷需求较低所致，其实在日常钱荒时他们是可以通过亲朋好友互通有无来解决，不需要向银行、农信社等机构寻求帮助；其次，多数农民对贷款、保险、理财等金融产品认知有限，往往因怕麻烦而拒绝参与金融活动。事实上，更深层次的原因是旧式家庭经营模式导致的经营规模小、盈利水平低，小农户既无扩大业务的意愿，也无资金方面的需求。正是过去这种独立、小规模、封闭式的经营模式阻碍了农户的金融需求增长。这也是为什么即使农村普惠金融工作推进多年，在农村“金融空白区”和“最后一公里”问题都得到解决，金融宣传和游说力度都到位的情况下，农村小额信贷发展依旧缓慢的主要原因了。可见，深耕农村农业金融供给侧改革，积极探索新型小农经营模式，挖掘农民金融需求潜力才是破题的关键。

7.1.1　“放权、赋能、入市”促使现代小农户身份转变

现在，随着产业资本逐渐下乡，现代化、集约化农业生产方式正在悄然取代旧式小农经营模式。但即使高水平、规模化的经营主体强势出现，小农户也不会全部撤离农村、转向城镇地带，中央农村工作领导小组副组长陈锡文曾指出，即使中国城镇化率达到了70%，农村至少还有超过 4 亿人口。如何安置农村庞大的剩余劳动力是农业现代化进程中亟待解决的现实问题。诚然，发展乡村产业可以提供不少就业岗位，但农村人口众多，完全吸纳所有人就业是不现实的，须将小农户从过去的生产经营模式转变为服务管理模式。

事实上，政府主导的农业基础设施和扶贫兴农产业项目已深耕多年，已经积累了上千万亿级别的投资总量。现在这些农业资产依然是由政府各个部门在大包大揽进行“售后服务”，农民自主管理和经营能力的长期缺位使这些下沉资产的管理效率十分低下。不仅管理自主权缺位，而且由于农村剩余劳动力长期从事封闭式的小农生产，依照国家补贴和收购的农作物进行种植，导致生产的粮食作物同质、低质问题突出，竞争力缺乏，更使大多数农民缺乏技术更新、自主创业的动力和能力。如何能激发小农户的生产积极性和提升技术是当下农村经济改革过程中非常重要的课题。随着乡村基础设施面貌的改善，现代农业的蓬勃发展和新型农业经营主体更替的出现，小农户要适应新形势的变化，努力转变自身的功能定位，向现代农村资产管理型、农业经济服务型经营身份转变。2019 年 2 月 21 日，中共中央办公厅、国务院办公厅联合印发的《关于促进小农户和现代农业发展有机衔接的意见》做出了明确要求，要完善小农户社会化服务体系、推动传统小农户向现代小农户转变。同年，《政府工作报告》指出，小农户社会化服务转型是中国农业未来的发展方向，事关中国产业扶贫和农业现代化建设的成败。解决

小农户经营身份转变的问题，应做到“放权、赋能、入市”三个方面。具体而言，“放权”是以自然村或行政村为边界，将所在的农业农村资产交付农民自行打理，以提高农民经营管理的主观能动性，政府只在农资评估、监督、技术服务方面发力；“赋能”是通过相关技能和文化方面的培训让小农户成为推广农村特色文化、旅游、养老、农业种植体验产业的服务型农民、创业型农民；“入市”则是要融入城乡结合部市场，加强农民对农业生产服务、托管服务、销售服务方面的动能。

7.1.2 现代小农户的金融新需求

通过逐步融入现代化农业，农户金融也会随之产生结构性需求和消费性需求的变化。结构性需求方面，过去主要是种植同质化程度很高的农作物，对生产经营资金的需求不是很高；遇到红白喜事、人情世故的资金周转也主要是在亲戚朋友之间进行借贷或赊账，对银行借贷需求很低。未来，随着农村市场的逐步打开，互联网销售小农、城镇社区服务小农，农业生产服务型小农，农村旅游生态小农等多种小农经营形式将会出现，由此将新增直播带货、城乡运输、农舍旅社装修、农作物加工、旅游养老服务等方面的资金需求。过去，仅靠民间借贷恐难满足小农服务业兴起的结构性需求了。在信贷消费需求方面，以往农民对信用消费需求很低，但随着城乡一体化的发展，农民会在附近城镇地区买房、求学、逛街购物等，与城市化生活方式越贴近在吃穿住行就会产生相应的消费欲望，信用消费也将逐渐会成为农民消费和支付的流行方式，信贷消费不仅为他们的交易提供便利，更有利于增加他们的信用积分和信用额度。

从金融机构看来，服务小农户确实存在成本高、风险大、盈利低、难推广的情况，但这是受到非市场化的小农经济所限制，并未充分挖掘出小农户巨大的需求潜力。随着小农经济对接城市、融入市场，成为现代农业生产链条的一个组成部分时，传统的旧式小农经济的金融需求（低需求或无需求）会逐渐萎缩，取而代之的是融入现代化农业市场后全新的金融需求。既然普惠金融在优化城市小微金融制度建设上贡献卓越，未来也必将在现代化农户金融中发挥制度优化功能，届时，将释放小农户更多的经营自主、创业自主、理财自主方面的巨大金融潜力。

7.2　发展城市和农村财产性收入的双向渠道机制

培养适合中低收入群体的金融理财场所，增加他们的财产性收益是保障普惠金融发挥包容性增长的重要内容。但中国的情况比美国复杂，长期的城乡二元金融结构问题突出，因此应该在城乡二元结构基础上去探讨增加财产性收入的普惠理财渠道。现阶段，城市地区金融基础设施较为完备，金融市场交易活跃，城市居民的财富、收入和学历都相对较高，适宜在城市地区大力发展个人理财市场；但对于占我国中低收入人口 80% 左右的农村居民来说，依靠金融理财市场来提升他们的财产性收入短期恐难有成效，应积极探索农民理财增收的新渠道。

7.2.1　拓展城市理财市场渠道

我国城市个人理财市场的发展势头强劲但参与率严重不足。根据 Oliver Wyman 数据显示，我国个人可投资金融资产总体规模在 2019 年达到了 160 万亿元，2025 年预计还将增至 287 万亿元；但人均金融资产投资量仅为 11.45 元/人，美国人均个人部门金融资产则为 270844.5 美元/人；2019 年底，中国现金及存款外的金融资产占可投金融资产的 42%，美国这一比例高达 88%。可见，中国城市的个人理财市场由于缺乏扩大广大城市群体的参与，导致人均理财率严重偏低。未来中国须拓展城市理财市场的普惠渠道：

（1）扩大纳入金融监管的规范型互联网理财产品渠道。其实，在2012年后我国陆续出现了余额宝、理财通、度小满、滴滴金融等新型货币存款产品，以及2016年火爆的P2P平台理财。这些由互联网金融发展起来的创新产品确实一度丰富了中国老百姓的理财选择，其中不乏获得高额回报的。但是，随着互联网金融监管的收紧，2020年末违规的互联网平台存款业务已经全部下架，火爆一时的P2P也在2020年11月全部清退。至此，中国个人理财“狂热期”就此结束，进而进入理性降温、合理规划时期。未来，互联网理财产品的方向是打造老百姓信得过的、安全性高的、收益稳健的创新理财项目。

（2）扩大城市商业养老保险基金产品渠道。城市地区的中产及以上群体比例较高，可以鼓励拓展企业年金养老保险和个人养老保险业务，提升第二、第三支柱商业养老险的缴纳比重；并由过去的养老险产品管理模式转为账户管理模式，以此扩充公募基金的长期资金来源，打造更多公募基金产品品类。目前除了上海、苏州和福建三地外，还可以适当扩大更多经济良好地区的第三支柱试点工作。

（3）大力培养高素质、高资质的理财专业人才渠道。个人理财不是依靠自己有限的认知能实现财富保值增值的，需要专业化极高的职业理财师帮助客户合理、科学规划才能办到。判断一个国家理财业的专业化高低有一个非常重要的资格认证指标，那就是一国拥有的注册财务规划师（RFP）数量，该认证考试覆盖了106门学科，是全球最权威的理财资格认证。目前美国是全球拥有RFP人才最多的国家。中国内地目前尚无这类资格考试的资质，国内银行保险业推出的一些理财规划考试与该标准相去甚远。因此，中国需要积极与国际接轨，鼓励国内理财人员参与RFP认证考试，培养出本国高端理财团队。

7.2.2 构建农民产权收益渠道

城市理财市场一般很难在农村地区推进，因为它对客户的剩余财力、金融知识储备和风险承受能力均有较高要求，这对大部分农民来说门槛还是太高。那么，适合农村地区的理财增收渠道是什么呢？目前来看，农村两次产权改革是打造这条增收渠道的关键突破口。第一次是赋予每个农民土地、宅基地的承包经营权法律认证；第二次是对集体资产进行量化入股，增加农民的集体产权持有量。两次产权改革拓宽了农民获得权益类收入的渠道，无论是通过流转，还是入股等方式都会给农民带来实实在在的收入红利。但就目前情况来看，前者的收益基础较为薄弱，后者的潜力更大。

（1）农民财产性收入的经营权渠道

从改革之初的土地“两权分离”到如今的“三权分置”是我国继家庭联产承包责任之后农村土地改革的又一次具有革命意义的制度创新，也使农民拥有了创造多样性财产性收入的法律保障基础。经过确权后的耕地、宅基地、团体建设用地的经营权可承包给别人，以此获得租金收入；也可以抵押给银行获得贷款开展创业项目；还可以入股农业生产合作社取得分红收益。农民的土地宅基地经营权登记确权工作的全面开展始于 2013 年 1 月 31 日国务院下发的中央一号文件，历经 5 年时间于 2018 年基本完成任务。那么伴随着近几年我国农村土地流转的加快和非农产业的发展，农民获得的土地权经营权流转收益如何呢?《农村绿皮书：中国农村经济形势分析与预测（2018—2019)》显示，2018 年，农民流转承包土地经营权租金收入和出租房屋净收入分别比上一年增长了 13.6% 和 19.4%，带动农民人均财产净收入比上年增长了 12.9%，达到 342 元，但这个收入仅占农民个人年度总收入的 2.34%，可见还是比较低的。当然，我国农村地区土地流转收益是存在差异的，好一点的地区每亩土地租金年收入可达到 400 ~ 1400 元/亩不等，一些落后偏僻地区就只有200～300元/亩的水平。有的是跟落后地区农业企业的产业布局不理想有关，也有的则是为了获得政府农业补贴为动机，象征性地安排一些农业生产。这样的农业实体根本承担不起较高的土地租金。如果一个地区有很多这样的情况，那么农民的租金是不可能有多少提升空间的。为了解决这一问题，现在国家在大力推行乡村振兴战略，加强农村农业产业布局、拓展农村观光、休闲、文教等配套项目，其目的就是通过盘活农村资产来提高农民财产性收益。

（2）农民财产性收入的集体产权渠道

除了土地经营权外，近年来，在我国农村地区还展开了另一项财产收入增收渠道，那就是进行集体产权改革。2016年底，中共中央、国务院正式印发了《关于稳步推进农村集体产权制度改革的意见》，其基本指导思路是将农村资源变资产、资金变股金、农民变股东，农民拥有集体资产的股权，并有权获得集体资产的经营红利。土地、宅基地、山、水、滩涂、历史建筑物、农民自愿作集体资产的农车、工具等资源都可以作价入股。入股前需要对我国农村的集体资源资产做一次全面的清产核资，历时3年，截至2019年底，农业农村部公布全国农村共有集体土地账面资产6.5万亿元；集体所属全资企业资产总额1.1万亿元。如果按照全国60.2万个村计算，每个村将分得平均约1079.7万的集体资产，这样村集体干部就是坐拥数上千万资产公司的负责人。同时推进农村集体的公司化改制，将这些资产作股量化到每一户，村民变股东，这就是中央推进农村的“三变”的改革思路。

接下来再来看看集体产权机制下的村民财产性收入状况。其实在2016年中央正式出台改革文件之前，2012年就已经在全国29个县开展了改革试点。2015年，这29个试点县的集体资产为1125.6亿元，确认集体成员918.8万人；共有13905个村组完成改革，量化集体资产879亿元，累计股金分红183.9亿元，平均每人

2000 元/年。再来看一组数据，截至 2018 年，对全国超过 15 万个村完成了经营性资产股份合作制改革，确认集体成员 3 亿多人，累计向农民股金分红 3251 亿元，人均近 1000 元/年。从这两组数据可以看出，集体产权改革对农民财产性增收起到了显著作用，这比土地流转收益要高出很多。因为经营权流转只是对接了农民原来土地的自营收益，而集体产权改革是一次重塑集体经济关系，为农民创造更大财产红利的空间。

总之，集体资产产权的量化扩容将在农村产生巨大的要素财富效应，农民的财产性收益的再分配潜力巨大。农村集体产权制度改革是推动农村发展、完善乡村治理、保障农民权益的重要举措，亦是我国步入工业中后期落实在农民这一低收入群体身上最实惠、最长远、最顾全大局的普惠性理财收入保障机制。

7.3　构建全社会征信机制

信用既是市场经济良性运行的基础，一旦融入商业化运作可以产生巨大的经济效益。因此，建立全社会信用征信体系是普惠金融健康运行的基本前提，更是推进普惠金融包容性增长的重要机制。

7.3.1　美国的征信体系概述与启示

历经 100 多年发展，美国的征信体系现已成为世界上最成熟、最严苛的体系之一，也是美国社会治理系统重要的构成部分。现如今，每个美国公民都拥有一个社会安全码（Social Security Number, SSN），相当于一张“信用身份证”。美国的信用评估结果将影响人们生活的方方面面，一旦他们有不良的信用记录，日后会在银行开户、租房、贷款、入保、入职、入学申请等诸多方面受到限制。

美国覆盖全社会的征信体系造就了美国高水平的信用时代。美国社会非常重视对个人诚信品质的培养，包括他们的经济诚信和社会诚信，但主要是经济诚信。美国的个人信用评分在 300～850 分，得分在 700 分以上就是优质用户，高于 730 分的人在申请住房抵押贷款时可以轻松获得直通车的权利。信用评级还与贷款利率挂钩，信用级别越高，贷款利率越低。美国征信公司的信用评分主要依据五类信息：个人付款历史、未偿还债务、开户时间、贷款金额和信贷记录。其中，权重最高的便是付款历史。美国的征信公司非常注重人们的还款记录，对于不良还款行为的惩罚也是比较严厉的，如果忘记还款，哪怕是很小的金额，也有提高保费、降低贷款额度、提高利率的风险。

在高水平的信用社会里，金融业务也得以不断拓展，信贷产业的扩张成就了美国消费经济的增长。根据世界银行数据，2017 年美国有 65.6% 的成年人拥有信用卡，平均每人拥有 1～4 张信用卡。据统计，信贷消费使 66% 左右的美国人拥有了自住房；大约 16% 的美国人接受到了高等教育；超过 21% 的美国人可以出境旅游。这就是信贷刺激消费带来的经济增长，也是普拉萨德所说的信贷福利。

美国的征信体系采取的是市场化运作模式，征信主体由私人征信公司组成，包括全联（Trans Union）、艾贵发（Equifax）、益百利（Experian）三家传统个人征信所和美国个人消费信用评估公司（FICO），与三大征信所合作的还有超过 1000 家持牌的征信机构，FICO 为三大征信所提供信用分析技术模型。近年来，也涌现出像 Zestfinance 这样的互联网征信公司提供互联网用户的大数据信息。征信的一般征信流程为：银行等金融机构定期将开户用户信息传递给征信公司；用人单位、法院等社会部门机构将个人在就业、诉讼等方面的信息传递给信用局。征信主体将搜集的个人或企业的信息进行数据分析、评估和报告。全联公司会每月定期更新个人信息 12 次，以确保个人信用报告的及时性和准确性。由于是私人机构运营，个人信用报告的查询通常要花费 1 ~ 2 美元。三大征信所和 FICO 为核心的征信产业手握美国 1.7 亿成年人的信用档案，每年通过输出 6 亿多份信用报告可获得 100 亿美元的营业收入。输出的对象除了个人以外，还有许多相关的应用机构，如发放贷款的银行、考察承租客户的租赁公司、发放购物卡的商场、税务部门、用人单位、教育机构等，为了降低服务风险，这些机构都愿意为个人信用报告买单。也就是说，美国的个人信用信息只要通过正常付费就可以向社会共享。

7.3.2　构建中国全社会征信体系

从美国发达国家的信用实践来看，建立全社会征信体系有利于形成更加完善的社会信用生态环境，更有利于高水平、低风险的全民金融覆盖。全社会征信体系不仅包括传统的经济信用，还包括社会信用方面。当征信体系拓展到社会信用层面时，人的道德素质将与经济利益挂钩，有良好信用的人可以获得更多提升经济效益的机会，欺诈或失信者将付出昂贵的经济代价，只有这样才能使个人的自律、自觉、良好的道德风尚蔚然成风。众所周知，中低收入人群的经济能力普遍较弱，拓展社会信用有助于这一群体的金融覆盖。尤努斯教授创建的乡村银行其实就是一种以社会信用为基础的信贷方式，只要监督管理手段跟上，用社会信用代替传统的经济信用是完全可以实现在低风险水平上扩大金融普及度的。

过去，我国传统银行业专注于优质客户的信贷服务，对弱势客户信用信息是长期缺乏的。在互联网技术的推动下，电商平台的兴起和线上支付的流行使个人的消费意愿空前高涨，负债信息大大增多，悄然生成了一批互联网金融用户，其中不乏小额信贷用户群体。要建立全社会征信体系，首先需要最大化增加信息采集者的覆盖面，互联网金融用户必须纳入统一的征信系统。在 2015 年年初，我国政府通知国内 8 家传统征信企业以及几家知名互联网企业做好个人征信准备。2018 年 1 月 14 日，由央行主导、中国互金协会牵头，邀请芝麻信用、腾讯征信等 8 家征信企业正式筹建成立百行征信有限公司（业界称为“信联”），这就是现在我国征信体系的正式运营主体，这 8 家征信企业还有上百家关联的征信企业和若干家数据提供商。党的十八大明确提出要建立健全覆盖全社会的征信体系，需要在信息数量、功能维度和服务对象方面覆盖全社会。2020 年底，国务院政策理性吹风会上，中国人民银行征信管理局局长万存知指出，人民银行正在加紧将金融部门、政府部门和其他相关企业部门三个领域的有关征信信息统一纳入全社会征信体系中，进行互联互通和全量信息共享。

“信联”是我国实现全社会信用数据采集、分析、评估和共享的重要执行载体，它是一家独立的第三方公信平台。“信联”依托央行征信中心，采用兼具“政府 + 市场”的双重运行模式，是我国金融监管与行业博弈中产生的功能型机构，既服从官方的规划和指导，也遵循市场运行原则。通过汇集金融、政府和企业的所有信息，“信联”可从信用历史、行为偏好、履约能力、身份特质、人脉关系、居住搬迁、违法违规等多个维度，最大化地描绘出一个人的数据画像。一旦需要信用背书，贷款、担保、租赁等机构可以通过查阅中国人民银行个人征信查询系统快速获取个人信用评估报告。

“信联”的出现对推动普惠金融服务业有极大利好。过去，传统银行缺乏针对弱势企业和个人的征信；而大多数中小金融机构又不具备过硬的大数据采集和分析能力，风控能力薄弱，在覆盖小微市场时，往往不得不用高息覆盖坏账、强催收回本息的手段进行风险管控。可以说，正是个人征信数据共享平台的缺失，间接造成了大银行的信贷排斥，中小银行高利贷、违规贷、暴力贷等恶性行为的发生。“信联”的问世完善了信用信息的披露制度，有效解决了普惠金融信息不对称的问题，避免了大量逆向选择和道德风险的产生。但也要看到，“信联”只是信息提供者，而市场中的信息需求者更看重客户的经济数据，这会影响“信联”对经济数据的披露比重，从“信联”更加重视 200 多家网点、8000 家小贷和消费金融公司的数据可见一斑。要扩大社会信息的功能比例，还须国家出台更多激励政策和风险兜底机制才能让更多的弱势群体获得信贷实惠。

7.3.3　农村非财务型征信体系的探索与实践

尽管通过查询征信和平台大数据画像等方式可以轻松获得个人或企业的信用信息，但目前仍有一些地方征信机构未能覆盖，那就是我国的广大农村。虽然近年来农村地区互联网普及率有了较大提升，但这并不代表农村个人征信的大数据采集条件已经具备。事实上，有许多农户从未与银行等金融机构打过交道，在农商行、村镇银行办理农户贷款时无法提交个人征信报告。同样，农村还有很多人不会使用支付宝或者微信，芝麻信用、腾讯信用等征信服务机构也未能收集到农村客户的互联网信息。据相关数据统计，截至 2020 年 6 月，我国非网民规模为 4.63 亿，其中城镇非网民占 43.8%，农村非网民占 56.2%。其实，农村信贷市场很庞大，据目前有关机构估测，未来农村市场的金融缺口以及所创造的市场空间将近 8 万亿元。面对如此庞大的一个农村市场，征信体系建设缺失确实是一个亟待解决的问题。

（1）透析农村征信的实现条件

《中国普惠金融发展报告（2020）》所提到的“微弱经济体”，包括个体经济、庭院经济、小型合作经济、微型企业、小型企业等。“微弱经济体”由于规模小、经营风险高，缺乏现代化管理制度，财务随意性大等特征导致它们的信用核定难度大，一直处于被传统银行所排斥的边缘。而依靠大数据、互联网进行“网民画像”的方式亦难覆盖到农村大多数群体。因为现在农村年轻人外出务工，留守在家里的多为 50 岁以上的人，这群人对网购比较陌生，也天生排斥。他们并无网购需求，很勤俭节约；对网络诈骗心存芥蒂，对可能泄露自己银行卡信息的网络支付方式敬而远之。这就是为什么长期以来互联网金融很难在农村地区拓展的真实原因。

然而，随着农业农村现代化进程的加快，农村征信体系的滞后将严重阻碍商业金融融入农村现代化建设。在农村建设城市那样的征信体系虽非易事，但要衡量和评价一个农户的好坏也并非没有好的办法，只要找准适合乡土民情的有效征信思路就可以办到。其实，农村不缺乏信用，大量“人情”信用、“血缘”信用、“道德”信用、“权威”信用、“面子”信用等出自于农村这个熟人社会。本书将这些信用划归为非财务信用类型，因为整个过程不涉及任何有关借款人收入和财产方面的财务信息。这种类型的信用常运用于民间非正规融资渠道，一直未被官方作为正式授信的依据。现在，我们应该思考如何用现代理念去培育和引导这些非财务型信用信息，并将其与公认的市场经济契约和规则相融合，使之成为推动大农村包容性金融发展的一大保障机制。下面所要介绍的虞城县的案例正是将“道德”信用运用于构建乡村征信体系非常成功的典型案例。

（2）社会综合治理征信体系构建

虞城县是河南省商丘市下辖县，面积 1485 平方公里。截至 2018 年，全县辖 1 个开发区和 10 个镇、15 个乡，共计 126 万人。虞城县是全国农村运用“社会综合治理”机制建立乡村征信体系的成功典范，该县的“微治理撬动大综治”还曾荣获 2017 年全国创新社会治理最佳案例奖。近年来，为破解乡村群体社会治理活动参与度不高、与群众利益联系不紧、农村普惠金融工作难推进的现象，虞城县把综合治理、信用和金融有机结合起来，以综治信用评定为突破口，加大信用评定成果在金融领域的运用，使农民获得了实实在在的信贷红利。现在，越来越多的虞城县农户意识到原来道德也有好处，好品行可当“钱花”、诚信也可“生金”。虞城县在建立社会综合治理征信体系的具体做法如下：

①制定乡村民俗公约，采用标准化信用评定流程。虞城县各乡镇、行政村将爱党爱国、遵纪守法、诚实守信、孝善敬老、团结和睦等作为各村的基本乡俗民约，同时也会根据某一时期社会治理要求或本地情况，从有利于增强乡村社会治理实际效果出发，增设新的公约民俗的相关内容，如乡村绿化建设、治理彩礼超标、新冠疫情防治等。有了公约民俗之后，虞城县便开始制定信用评定程序进行标准化操作：先由村民代表对每一个农户家庭的社会治理行为进行初评，评完后在全村公示；然后上报到乡、镇派出所、司法所、土地所等进行犯罪记录审查；最后再上报到县里，县委政法委和银行进行数据验收、采集和统计。

②建立信用激励和惩罚机制。对社会综合治理评分高的家庭，可授予先进典型家庭荣誉称号，并加大对遵纪守法典型人物的宣传力度。不仅如此，县委、县政府还规定要给予农户实实在在的利益奖励，例如，在申请入党、申请农信社无担保信用贷款、用工招人推荐等方面具有优先权。当然，对违法乱纪和道德败坏的典型人和事予以曝光和记录，对不孝、赌博、家暴、懒惰等行为纳入扣分程序。有不良记录的家庭将在惠农政策兑现、低保、贷款等方面设置限制，以此增加乡民违反民俗公约的道德成本和经济成本，从而威慑和抑制不良行为的发生。此外，为了加强资金的安全保障，虞城县建立了贷款熔断机制。只要一个行政村有超过2%的逾期贷款时，就暂停对该村其他用户进行授信，其目的是加强群众之间的相互监督和自我约束。虞城县政府还拨出120万元用于购买保险，采取多种措施确保信贷资金的安全。

③构建乡村社综信用评定体系。虞城县建立的乡村社综征信体系是以家庭为单位的信用评定体系，家庭作为参与社会治理和创造信用条件的单元符合农村以家庭生产模式的主现实基础。目前，全县纳入虞城县乡村征信体系的农户家庭已达到15.3万多户。形成

了党委政府、政法治理部门、金融机构、广大群众共建共治的社会治理格局与信用信息共享系统。这显然与城市以央行主导的私营化信用经营模式不同，农村必然是由政府主导的非盈利性信用管理模式。由于乡村这一征信体系以“道德”行为为主要评定内容，需要具有“道德”权威认定资质的机构共同参与。于是，虞城县委、县政府构建了“三所+三干+三会”的社会综合治理联动组织体系。“三所”是指司法所、派出所、民政所，“三干”是指乡镇包村干部、包村民警、支部书记，“三会”是指公道会、治保会、红白理事会。

④征信体系下的信贷实施效果。虞城县政府规定，信用评定级别为1A、2A、3A的家庭可以从银行获得5万~30万元的无抵押无担保贷款，贷款利率比正常贷款利率要低得多，可按天计算，随借随还，3年内还可以循环贷款。虞城县稍岗镇韦店集村建立社会综合治理信用评级体系以来，解决了本村14个贫困家庭的经营贷款难题，助力他们建起了14座蔬菜大棚，并成功实现了增收脱贫。村民杨成杰一家以3A优质用户身份，顺利从县级规定银行申请到了25万元无抵押、无担保贷款，现在村里修建了一个养殖场，经营情况非常理想。综治信用评分让农民有了创新创业启动资金，也让农村的好风气变成了看得见、摸得着的现钱。截至2018年7月底，虞城县已授信185个村的2214户，累计授信金额达2.1亿元，放出授信贷款近8000万元，撬动流动资金1.5亿元。通过建设社综征信体系，不仅弘扬了文明新风，树立新风尚，还让农民真实获得了金融实惠，得到了创业致富的机会。

虞城县的实践经验证明，把信用建设与农村基层治理结合起来，探索以乡村社会道德行为为基础的征信体系，不仅可行，而且非常成功。既为农村带来了移风易俗、文化风尚的建设，还破解了农户金融难拓展的历史性问题，是符合乡村人文气候特征的征信体系的成功案例（康书生和余军，2021）。

7.4　完善城乡居民养老保险制度

美国养老保险业经过 40 余年的发展，已经建立起了多层次、账户制、私人主导的商业养老金制度。2019 年，商业化的第二支、第三支柱养老保险总计达到了 92.1% 的超高比例，且第二、第三支柱养老保险已经扩大到中小企业和中低收入群体。正是这种养老保险制度使之成为提升中低收入群体财产性增收效率的重要物质条件。我国当前也已初步建立起了三支柱养老保险体系，但形成的是以国家统筹养老保险为主体（78.7%，2019），企业和个人养老保险为补充（17.3%，2019）的格局。虽然，我国目前的基本养老保险参保人数已经覆盖近 10.5 亿人（2022 年底），但城镇职保和城乡居保的待遇差距还十分悬殊，如果不能提升城乡居民养老保险待遇水平，是不能说达到了包容性增长目标的。为此，我国学者刘海中（2020）提出应确保农村居民基础养老保险增速快于城镇职工的建议。

自 2014 年我国新农保和城居保实现并轨以来，居民养老保险制度实行了政府、集体和个人三层级筹资模式，其中，政府财政筹集的基础养老金要远远高于个人部分。我国新农保这种筹资模式在一定程度上减轻了农村居民的负担，让低收入居民也有能力参保，并短时间内快速实现了基础养老保险下限水平的全覆盖（2022 年底，全国基本养老参保人员已达到 10.5 亿），但只保下限还远远达不到缩小城乡养老保险待遇差距的目的。主要依靠加大中央和地方财政支出来实现新农保缴费档次提升，在我国当前社保收不抵支的背景下是很难在短时间内实现的，“小步渐进”式推进成了我国不得不选择的方式。2009 年我国新农保最低标准为 55 元/人，直到 13 年后的 2022 年才调高到 350 元/人，平均每年仅提高了 22.69

元/人。此外，低水平缴付标准让许多农民将新农保视为国家的又一惠民政策，并未将其作为老年生活保障的重要方式。当传统养老方式仍旧无法替代之时，农民是不愿为养老保险支出过多的，因此一般只会选择最低的缴费档次。乌日图（2018）认为，目前政府财政供给为主的城乡基础养老金模式是导致居民选择低档次缴付标准的重要原因之一。在这样一种养老保险制度框架之下，如何既能解决“保基本”的目标又能尽可能多地缩小与城镇居保的待遇差距才是本书所关注的核心问题。本书认为突破点有两个方面：

（1）完善多缴多得、长缴多得的激励机制。周延、吴晔鲜（2017）提出了目前学界和政策领域都公认做法，即增加缴费年限、延迟退休年龄、提高记账利率。但城乡居民大多数是灵活就业人员和农村务工人员，增加缴费年限和延迟退休年龄可能反而会激励他们做出“逆向选择”，即选择低档次缴付标准的做法。因为我国农民大多数还是依靠传统的儿女、土地和储蓄来养老，在对长缴多得激励机制未形成足以吸引他们放弃传统养老方式时是难以引起他们重视的。事实上，目前我国多缴多得的激励机制对居民参保者的缴费积极性调动不是很足。张国海、阳慧（2019）对此提出了按缴费比例补贴的方式，而不是当前的固定金额补贴方式。在长缴多得激励不足方面，本书认为可根据财政状况增加年限补贴，对缴费超过15年的参保居民每多缴1年可发放一定数额的长缴补贴；注重对不同群体的差异化激励政策，对于年轻城乡居民可通过青年补贴、个性化社保账户等方式鼓励其早参保、长缴存（王亚柯、李鹏，2020）。

（2）提高农村居民养老保险个人账户缴费金额。目前基础养老保险的个人账户的缴费金额远低于统筹账户，米红、刘悦（2018）的建议是引导农民将一部分土地流转收益和农业补贴用于补充个人养老保险缴费。在不加重中央和地方财政支付压力和不提高企业负担的条件下，周延、吴晔鲜（2017）认为，提高记账利率，使个人缴费账户替代银行储蓄账户，是促进农民个人缴付水平提升的有效方法。两位学者经过测算得出，当记账利率提高到5%以上时，对养老金替代率的贡献是最明显的。然而，城乡居民基本养老保险个人账户的记账利率是按照央行规定的一年期银行利率为基准设定的，远低于5%；城镇职工该账户的计息率却已达6.04%的水平（2020年）。作为《社会保险法》明确规定的私有产权，个人养老金账户理应按照长期积累账户配以长周期储蓄利率，哪怕规定为五年期银行存款利率也可大大激励农民选择个人养老金账户来替代储蓄账户。提高计息水平其实是缩小城乡居民与城镇职工社保个人账户缴费差距的一大有效途径，不仅能促进“保基本”目标的实现，还能大大降低基础统筹账户的财政支付压力。

参考文献

阿马蒂亚·森［美］. 贫困与饥荒：论权利与剥夺［M］. 北京：商务印书馆，2001. 当代农民权利贫困对中国共产党执政基础的影响［J］. 理论与改革，2004（5）：45－48.

阿玛蒂亚·森［美］. 以自由看待发展［M］. 任赜，于真，译. 北京：中国人民大学出版社，2002.

阿玛蒂亚·森［美］. 贫困与饥荒——论权利与剥夺［M］. 王宇，王文玉，译. 北京：商务印书馆，2001.

艾伦·格林斯潘［美］，阿德里安·伍尔德里奇［美］. 繁荣与衰退［M］. 北京：中信出版社，2019.

白钦先，张坤. 再论普惠金融及其本质特征［J］. 广东财经大学学报，2017（3）：39－44.

本刊评论员. 从"北京共识"到"中国方案"［J］. 实事求是，2016（4）：4－4.

蔡荣鑫. "包容性增长"理念的形成及其政策内涵［J］. 经济学家，2009，1（1）：102－104.

蔡荣鑫. 益贫式增长模式研究［M］. 北京：科学出版社，2010.

蔡向东. 包容性增长与中国特色福利社会的构建［J］. 江汉论坛，2011（6）：45－48.

曾敏. 我国城市贫困群体的权利现状分析——基于阿玛蒂亚·森的权利理论［J］. 特区经济，2009（1）：269－271.

陈宝森. 美国经济与政府政策［M］. 北京：世界知识出版社，1988：586.

陈凯．包容性增长背景下普惠金融发展战略分析［J］．管理观察，2019（29）：161－162.

陈强．美国穷人的日子——看病分期付款 吃穿最低保障［J］．党建文汇：上半月版，2011（2）：47－47.

陈文琪．金融科技对小微企业融资的影响研究［D］．长沙：湖南大学，2018.

程龙．阿玛蒂亚·森实质自由理论研究［D］．沈阳：辽宁大学，2018：7－9.

邓慧慧，桑百川．我国开放型经济发展路径选择：包容性增长［J］．国际贸易，2010（12）：4－7.

杜志雄，肖卫东，詹琳．包容性增长理论的脉络、要义与政策内涵［J］．社会科学管理与评论（4）：41－53.

段龙龙，李杰．轮贫益式增长与包容性增长的内涵及其政策要义［J］．改革与战略，2012（2）：31－34.

高东东．论包容性增长的法律保障［D］．杭州：浙江理工大学，2012.

何理．中华人民共和国史［M］．北京：档案出版社，1989：368.

胡德宝，苏基溶．金融发展缩小收入差距了吗？——基于省级动态面板数据的实证研究［J］．中央财经大学学报，2015（10）：23－31.

胡国晖，王婧．金融排斥与普惠金融体系构建：理论与中国实践［M］．北京：中国金融出版社，2015：35－100.

胡利琴．金融时间序列分析实验教程［M］．武汉：武汉大学出版社，2012：74－80.

焦瑾璞，王爱俭．普惠金融：基本原理与中国实践［M］．北京：中国金融出版社，2015.

金仲荷．美国“借贷经济”模式失灵对中国的启示［J］．中国经贸，2009（2）：40－43.

康书生，余军．客户非财务特征的金融排斥结构对家庭财产差距的影响研究［J］．现代财经（天津财经大学学报），2021，41（01）：61－77.

黎四奇．中国普惠金融的囚徒困境及法律制度创新的路径解析［J］．现代法学，2016（5）：93－103.

李建军．中国普惠金融体系理论、发展与创新［M］．北京：知识产权出版社，2014（8）．

李炯．共享模式切换：收入分配同步增长［J］．毛泽东邓小平理论研究，2011（10）：19－22.

李世平，江美丽，孙寒冰．失地农民贫困现状缘于中国农民权利贫困——换个角度谈征地补偿制度［J］．农村经济，2006（1）：29－32.

李韬．坚决破除“以GDP论英雄”的迷思［J］．红旗文稿，2013（23）：20－22.

李中建．规避“中等收入陷阱”风险的包容性体制构建研究［M］．北京：经济科学出版社，2013.

林丽娟．农村金融支持农村产权制度改革的探析——以海南为例［J］．智富时代，2015（2）：70－71.

林毅夫，李永军．中小金融机构发展与中小企业融资［J］．经济研究，2001（1）：10－18.

林毅夫，庄巨忠，汤敏．以共享式增长促进社会和谐［M］．北京：中国计划出版社，2008.

刘笔利．包容性增长视角下的我国教育与经济协同发展研究［J］．学术论坛，2013，36（1）：141－144.

刘中海．农村居民养老保险财政补贴的福利效应研究［J］．社会保障评论，2020（1）：146－159.

龙静云．共享式增长与消除权利贫困［J］．哲学研究，2012（11）：113－119.

卢明威，罗华．包容性发展中社会保障法的立法公平［J］．西部法学评论，2011（4）：45－49.

鲁公路，李丰也，邱薇．美国 JOBS 法案、资本市场变革与小企业成长［J］．证券市场导报，2012（8）：10－18.

陆彩兰，张郁．普惠金融支持下小农户与现代农业发展有机衔接的探讨［J］．经济与管理，2020（8）：77－86.

罗诗钿．论“包容性增长”理念中的效率与公平——社会伦理理念嬗变的视角［J］．理论导刊，2011（2）：8－11.

毛增余．从“华盛顿共识”到“后华盛顿共识”再到“北京共识”［J］．政治经济学评论，2006（2）：40－59.

毛增余．斯蒂格利茨对“华盛顿共识”的批判［J］．当代经济研究，2004（9）：34－37.

孟久儿．包容性增长与包容性财政政策设计研究［D］．天津：南开大学，2014.

米红，刘悦．参数调整与结构转型：改革开放四十年农村社会养老保险发展历程及优化愿景［J］．治理研究，2018（6）：17－27.

苗天尧．我国促进区域产业转移和协调发展研究［J］．中国商界，2011（10）：106.

穆怀中，张楠．城镇养老保险缴费对就业影响的门槛效应研究［J］．经济体制改革，2018（4）：20－25.

彭建刚，周行健．弱化二元经济结构的加速器：地方中小金融机构［J］．当代财经．2005（10）：36－39.

彭魏倬加，李中．农村土地确权与农村金融发展关系——基于湖南县域的实证研究［J］．经济地理，2016，36（7）：160－166.

钱启东．国际社会反思五大问题［M］．党政论坛，1999（4）：21.

钱雪亚，蒋卓余，胡琼．社会保险缴费对企业雇佣工资和规模的影响研究［J］．统计研究，2018（12）：70－81.

邱慈观．阿玛蒂亚·森：经济学的专业良心［J］．金融博览，2018（3）：70－71.

任迎伟，黄刚．涵盖关键创业要素的包容性创业体制构建——来自政府视角的分析［J］．科技进步与对策，2016（11）：7－13.

盛天翔，范从来．金融科技，最优银行业市场结构与小微企业信贷供给［J］．金融研究，2020（6）：114－132.

世界银行．2006年世界发展报告：公平与发展［R］．清华大学，2006：14－16.

谭西漠．中西部地区经济增速快于东部［J］．工程机械，2010，41（9）：1.

田春生．"北京共识"与中国模式［J］．人民论坛，2008（24）：20－23.

田翰．金融创新，财政补贴支持企业科技创新的效应研究［D］．武汉：武汉理工大学，2019.

王春雨．浅析《1968年公平住房法》出台背景［J］．现代交际，2017，466（20）：190－191.

王冠华．包容性增长背景下的普惠金融发展战略研究［J］．时代金融，2019（19）：75－76.

王书华，杨有振．信贷约束与我国农户收入差距的面板门限回归——基于微观面板数据的实证分析［J］．山西财经大学学报，2012（9）：36－44.

王曙光，王东宾．双重二元金融结构、农户信贷需求与农村金融改革——基于11省14县市的田野调查［J］．财贸经济，2011（5）：38－44.

王伟，朱一鸣．普惠金融与县域资金外流：减贫还是致贫［J］．经济理论与经济管理，2018（1）：98－108.

王亚柯，李鹏．我国农村养老保险的财政补贴激励和再分配效应［J］．求索，2020（3）：175－183.

王雨林．对农民工权利贫困问题的研究［J］．青年研究，2004（9）：1－7.

王泽山，邱晓荣，范剑平等．我国普惠金融供给侧结构性改革的演进路径分析［J］．经济研究，2022（6）：98－113.

文建龙，肖泽群．城市低收入群体住房权利贫困的经济学解释及对策［J］．财贸研究，2007，18（5）：19－23.

乌日图．社会保障顶层设计亟待明确的三大问题［J］．社会保障研究，2018（3）：4－15.

吴军，杨玉玲．农村金融发展的难点及对策［J］．农村金融研究，2007（7）：42－43.

伍锦峰．互联网金融服务小微企业融资的模式研究——以蚂蚁金服为例［D］．南昌：江西师范大学，2017.

项卫星，刘晓鑫．美国的借贷型经济增长模式及共对中国的影响［J］．当代亚太，2006.

小企业管理局［美］．第三个黄金时代：21世纪的小企业与企业家精神［M］．华盛顿，1995：22.

星焱．普惠金融：一个基本理论框架［J］．国际金融研究，2016（9）：21－37.

邢乐成．中国普惠金融：概念界定与路径选择［J］．山东社会科学，2018，280（12）：49－55.

熊芳．商业化演进下微型金融机构使命漂移影响因素实证分析［J］．西南民族大学学报（人文社科版），2017，38（2）：156－161.

徐俊峰．国外市场经济与社会主义兼容模式实践及其启示［J］．商业时代，2009（30）：6－7.

扬·普里韦，汉约尔格·赫尔，等．发展与减贫经济学：超越华盛顿共识的战略［M］．成都：西南财经大学出版社，2006.

尹兴宽．政府支持普惠金融发展的理论基础［J］．纳税，2019（25）：154－157.

余军，康书生．普惠金融禀赋、弱势客户红利与时效性［J］．财会月刊，2018（22）：117－123．

余军，康书生．中美家庭普惠金融服务的包容性经济增长效果对比研究［J］．武汉金融，2021（09）：49－60＋70．

袁道强，王燕．大数据运用：小微企业信贷产品的创新与思考［J］．金融理论与实践，2018．

张丛军，王曼．包容性增长理念下的农村社会养老保险法律制度的构建［J］．安徽农业科学，2011，39（18）：11254－11256．

张国海，阳慧．制度缺憾、有限理性与城乡居民养老保险缴费［J］．经济研究，2019（12）：52－59．

张建波，郭丽萍．关于普惠金融影响收入分配差距的理论机制及实证分析——我国普惠金融发展对城乡居民收入差距的影响［J］．武汉金融，2017（8）：13－17．

张晋武．单纯经济增长的人本缺陷［J］．经济学家，2004，3（3）：114－115．

张亮．改革开放三十年以来中国私营企业发展综述及展望［J］．山东经济，2009，25（1）：60－67．

张庆红．益贫式增长的内涵及其实现路径：一个文献综述［J］．新疆财经大学学报，2014（3）：5－12．

章嘉琳．变化中的美国经济［M］．上海：学林出版社，1987：148．

赵建．普惠金融的现实困境与突破思路——基于技术可能性曲线与机制设计理论［J］．山东社会科学，2018（12）：26－35．

赵锦春，范从来．收入不平等、金融包容性与益贫式增长［J］．世界经济研究，2020（8）：101－116．

郑尚植，张茜．经济思想史视域下政府作用的理论争议和实践路径——兼对“更好发挥政府作用”的思考［J］．东北财经大学学报，2020（2）：14－26．

郑中华，特日文．中国三元金融钢结构与普惠金融体系建设［J］．宏观经济研究，2014（7）：7－51.

衷金玲．我国经济规模、财政支出与银行信贷互动关系分析［J］．云南民族大学学报（自然科学版），2013（22）：91－92.

周明海．农民权利贫困及其治理——基于阿马蒂亚·森“可行能力”视角的分析［J］．甘肃理论学刊，2009（5）：80－83.

周延，吴晔鲜．养老金替代率影响因素及其优化问题研究［J］．经济体制改革，2017（4）：35－41.

Ali I. Inequality and the Imperative for Inclusive Growth in Asia［J］. Comparative Economic & Social Systems, 2011, 24（2）.

Amin, S., A. S. Rai and. Topa. 2003. Does microcredit reach the poor and vulnerable? Evidence from northern Bangladesh, Journal of Development Economics, Vol. 70（1）, pp. 59－82.

Bank W. The World Bank Annual Report 2009［J］. World Bank Publications, 2009, 16（1）: 1－64（64）.

Beatriz Armendariz. Microfinance for Self－Employment Activities in the European Urban Areas: Contrasting Crédal in Belgium and Adie in France［R］. 2009（09）: 09－041.

Bentul Mawa. Impact of Microfinance: Towards Achieving Poverty Alleviation?［J］. Pakistan Journal of Social Sciences 5（9）, 2008 ISSN: 1683－8831 Medwell Journals, 2008: 876－882.

Brahm, E. 2000. Can Microfinance Eliminate Poverty? A Literature Review, in Continuities and Change in the Global Economy, edited by Dr Ed Greenberg.

Buckland J, Dong X Y. Banking on the Margin in Canada［J］. Economic Development Quarterly, 2008, 22（3）: 252－263.

Coleman, B. E. 1999. The impact of group lending in Northeast Thailand, Journal of Development Economics, Vol. 60（1）, pp. 105－141.

Collard Sharon, Kempson E. Affordable credit for low – income households [M]. Bristol: Policy Press, 2005: 12 – 18.

Devlin J F. A Detailed Study of Financial Exclusion in the UK [J]. Journal of Consumer Policy, 2005, 28 (1): 75 – 108.

Dollar, D. and Kraay, A. (2001) Growth Is Good for the Poor. World Bank Policy Research Working Paper, Vol. 2587, The World Bank, Washington D. C. [Online] Available from: wwwwds. worldbank. org/servlet/WDSContentServer/WDSP/IB/2001/05/11/0000 94946.

Erhardt, Eva. Microfinance beyond self – employment: Evidence for firms in Bulgaria [J]. Labour Economics, 2017: S09275371163 02561.

Greenwood J, Jovanovic B. Financial Development, Growth, and the Distribution of Income [J]. Journal of Political Economy, 1990, 98 (5, Part 1): 1076 – 1107.

Hermes, N. (2014) . Does microfinance affect income inequality? Applied Economics, 46 (9), 1021 – 1034.

Inclusive Growth toward a Harmonious Society in the People's Republic of China: Policy Implications [J]. Asian Development Review, 2008, 25.

Ippei Tsuruga. What is meant by pro – poor growth? What is the evidence on whether or not growth is pro – poor? [R]. [S. I. : s. n], 2015: 1 – 20.

Jappelli C T. Credit Rationing and Private Transfers: Evidence from Survey Data [J]. The Review of Economics and Statistics, 1990, 72 (3): 445 – 454.

JN Barberis; DW Arner; RP Buckley; DA Zetzsche. From Fintech toTechfin: The Regulatory Challenges of Data Driven Finance [J]. Social Science Electronic, 2017.

Kai, H., & Hamori, S. (2009). Microfinance and inequality. Research in Applied Economics, 1 (1), 1 – 12.

Kakwani N, Pernia E M. What is Pro – poor Growth? [J]. Asian development review, 2000, 18 (1), 1 – 16.

Kakwani, Khamdker, Son. Pro – poor growth: concepts and measurements with country case studies [J]. The Pakistan Development Review. 2003. 42 (4): 417 – 444.

Kempson, Elaine. In or out? Financial exclusion: a literature and research review [J]. University of Bristol (2000). 35 – 56.

Khandker, Shahidur R. 1998. Fighting Poverty with Microcredit: Experience in Bangladesh. New York: Oxford University Press.

Lacalle – Calderon M, Maria Larru J, Rico Garrido S, et al. Microfinance and income inequality: New macrolevel evidence [J]. Review of Development Economics, 2019, 23 (2): 860 – 876.

Levitsky J. 19. Private – sector organizations and support for small and microenterprises [M]. Small Enterprises and Changing Policies. 1993.

Lfzal Ali, Juzhong Zhuang. Inclusive growth toward a prosperous Asia: Policy Implications [J]. ERD Working Paper Series No. 97, 2007.

Matin, I. And D. Hulmc. 2003. Programs for the Poorest: Learning from the IGVGD Program in Bangladesh, World Development, Vol. 31 (3), 647 – 665.

Morduch, J. 1998. Does Microfinance Really Help the Poor? Evidence from Flagship Programs in Bangladesh, Hoover Institution, Stanford University, July, draft.

Moser, Lauren, and Esther Park. Best Practices in Immigrant Lending, the American Bankers Association. Shorebank Advisory Services, May 25, 2004: 1 – 10.

N Hermes, R Lensink, A Meesters. Outreach and Efficiency of Microfinance Institutions [J]. World Development, 2011, 39 (6): 938 – 948.

Orozco M. The Remittance Marketplace: Prices, Policy and Financial Institutions [J]. Pew Hispanic Center Report, Georgetown University Institute for the Study of International Migration, Washington, DC, 2004: 8.

Osmani, S. R. 1989. Limits to the Alleviation of Poverty Through Nonfarm Credit, The Bangladesh Development Studies, Vol. 17 (1).

Patrick H T. Financial Development and Economic Growth in Underdeveloped Countries [J]. Economic Development & Cultural Change, 1966, 14 (2): 174 – 189.

Ravallion, M. Pro – poor Growth: A Primer [R]. Development Research Group, The World Bank, Washington, D. C. 2004.

Ravallion, M. and Chen, S. (2003) Measuring pro – poor growth. Economics Letters, Vol. 78, pp. 93 – 99.

Saibal Ghosh. Financial incusion, biometric identification and mobile: unlocking the JAM trinity [J]. International Journal of Development Issues, 2017 (02).

Santiago Carbó, Edward P. M. Gardener and Philip Molyneux. FINANCIAL EXCLUSION. Palgrave Macmillan Studies in Banking and Financial Institutions Series Standing Order, 2005: 82.

Sen, B., Mujeri, M. and Shahabuddin, Q. (2004) A Country Case Study on Bangladesh. Operationalising Pro – Poor Growth, The Department for International Development [Online] Available from: www.dfid.gov.uk/pubs/files/oppgbangladesh.pdf [accessed 30 December 2008].

Shahidur R. Khandker. Micro – Finance and Poverty Evidence Using Panel Data from Bangladesh [R]. The World Bank Development Research GroupJanuary 2003.

Swain R B. Is Microfinance a Good Poverty Alleviation Strategy? [R]. SIDA, 2004, Making Markets Work for the Poor Series.

T Hellmann, K Murdock, J Stiglitz. Financial Restraint: Towards a New Paradigm. Role of Government in East Asian Economic Development, 1997: 163 – 208.

The Bangladesh Institute of Development Studies (2001) Bangladesh Human Development Report 2000, Dhaka: BIDS.

White H, Anderson E. Growth versus Distribution: Does the Pattern of Growth Matter? [J]. Development Policy Review, 2001, 19 (3): 267 – 289.